FRIEDRICH WEISSENSTEINER

»Ich sehne mich sehr nach dir«

Friedrich Weissensteiner

»Ich sehne mich sehr nach dir«

Frauen im Leben Kaiser Franz Josephs

Mit 41 Abbildungen

Amalthea

Besuchen Sie uns im Internet unter:
www.amalthea.at

1. Auflage August 2012
2. Auflage Dezember 2012

Schutzumschlaggestaltung:
Kurt Hamtil, verlagsbüro wien
Lektorat: Martin Bruny
Herstellung: Franz Hanns
Gesetzt aus der 11,5/15 pt New Caledonia
Gedruckt in der EU

ISBN 978-3-85002-806-6

Inhalt

Für Maria und Siglinde

Vorwort

SCHON WIEDER EIN BUCH über Franz Joseph? Die Frage ist berechtigt. Unbedingt. Über den Langzeitkaiser, der mehr als zwei Lebensalter ein Großreich regierte und über das Wohl und Wehe von Millionen Menschen entschied, haben die Historiker längst ihr Urteil gefällt. Franz Joseph war ein verknöcherter Bürokrat, der sich zeitlebens als Herrscher von Gottes Gnaden fühlte, eine uncharismatische Persönlichkeit ohne Visionen und staatspolitischen Weitblick. Ein pflichtbewusster, fleißiger, pedantischer Verwaltungsbeamter eines multinationalen Staatsgebildes, ohne Verständnis für die politischen, gesellschaftlichen und technischen Entwicklungen seiner Zeit, denen er behindernd und hinderlich im Wege stand, sagen die einen. Mag sein, sagen andere. Aber er hat die k.u.k. Monarchie, dieses Kleineuropa, das uns heute als völkerverbindendes staatliches Vorbild dienen könnte, immerhin durch seine Herrscherpersönlichkeit zusammengehalten.

Franz Joseph war nicht nur ein seelenloser Autokrat, er war ein Mensch aus Fleisch und Blut. Er war Stimmungen unterworfen, die er allerdings nicht offen zur Schau trug, er wurde von Sorgen gequält und von Gewissensbissen geplagt, er musste schwere Schicksalsschläge verkraften, er konnte lieben und hassen, unerbittlich und nachtragend sein, aber auch fürsorglich und liebevoll, vornehm und ritterlich.

Diese menschliche Seite seiner Persönlichkeitsstruktur und seines Psychogramms kommt in vielen Darstellungen zu kurz, bleibt jedenfalls unterbelichtet. Ich lege darauf meinen Schwerpunkt. Meine Darstellung, die erzählerischen Charakter hat, fußt nicht nur, aber doch auch, auf Briefen von und Berichten über die handelnden Persönlichkeiten, die ich in den Text einwebe und die ihm Direktheit und Unmittelbarkeit verleihen. Kernstück dabei ist jeweils die Erziehung, sind Kindheit und Jugend, die bei allen Menschen prägenden Charakter haben. Das Wissen über diesen Lebensabschnitt Franz Josephs wurde vor ein paar Jahren durch die Veröffentlichung der Jugend-Tagebücher des Kaisers vertieft und bereichert. Davon ist im ersten Kapitel meines Buches ausführlich die Rede. In den weiteren Abschnitten schildere ich die wechselseitige Beziehung Franz Josephs zu seiner Gemahlin, seinen geliebten Töchtern und seiner Lieblingsenkelin. Die Tochter des Kronprinzen Rudolf, die einige Jahre nach seinem Tod zur Sozialdemokratin mutierte, war ihm besonders ans Herz gewachsen.

Franz Joseph war für weibliche Schönheit durchaus empfänglich. Er unterhielt ein langjähriges Liebesverhältnis zu einer bildhübschen Frau namens Anna Nahowski, von dem seine Sisi wahrscheinlich nichts wusste und das in manchen Biographien nur nebenbei erwähnt wird. Die Begegnungen mit dem Kaiser und ihr Leben danach hat die Tochter eines Korbwarenfabrikanten in Tagebüchern festgehalten. Ein Teil ihrer Aufzeichnungen wurde vor längerer Zeit veröffentlicht, vor Kurzem wurden sie zur Gänze publiziert. Ein überzeugender Hinweis auf die Vaterschaft Franz Josephs für Helene und Franz, die Kinder Anna Nahowskis, findet sich in beiden Publikationen nicht.

Die jahrzehntelange Beziehung des Kaisers zu Katharina Schratt, die ich im abschließenden Kapitel meines Buches darstelle, war abwechslungsreich, platonisch war sie meiner Meinung nach nicht.

Jüngst sind Briefe aufgetaucht, die auch eine leidenschaftliche Liaison zwischen dem prominenten Grafen Hans Wilczek und der lebenslustigen Schauspielerin dokumentieren. Der Kaiser und der Graf waren allerdings nicht die einzigen Liebhaber und Verehrer der Schratt. Franz Joseph war zu Recht auf seine Nebenbuhler eifersüchtig.

Schon wieder ein Buch über Franz Joseph? Ja. Aus den dargelegten Gründen.

FÜR WERTVOLLE HINWEISE und die Erlaubnis zur Verwendung von Passagen aus seinem Nahowski-Buch danke ich Prof. Dr. Herwig Knaus sehr herzlich.

Der gehorsame Sohn

Franz Joseph und seine Mutter Sophie

AN EINEM DONNERSTAGNACHMITTAG mitten im Herbst, am 4. November 1824, geben einander in der festlich geschmückten Wiener Augustinerkirche Prinzessin Sophie und Erzherzog Franz Karl das Jawort. Die Heirat zwischen der Tochter des Bayernkönigs Maximilian Josef I. und dem Sohn des österreichischen Kaisers Franz I. ist von den beiden Höfen in München und Wien eingefädelt worden. Der Kardinal-Erzbischof von Olmütz, Erzherzog Rudolf, der den Lebensbund besiegelt, segnet eine dynastische Ehe. Das Brautpaar passt rein figürlich nicht gut zusammen. Das ist augenscheinlich.

Die 19-jährige Braut bietet einen herzerfrischenden Anblick. Sophie ist zwar keine Venus, aber sie hat ein hübsches, anmutiges Gesicht und eine attraktive, ein wenig mollige Figur. Sie wirkt frisch, gesund und natürlich.

Der Bräutigam ist eine völlig unattraktive Erscheinung. Er ist klein und schmächtig, sein länglicher Schädel sitzt unproportioniert auf seinem Körper, sein ausdrucksloses Gesicht wird von der typischen Habsburger-Unterlippe beherrscht.

Schwerer noch als diese körperlichen Unterschiede wiegt die charakterliche und geistige Unterschiedlichkeit des Paares. Sophie ist hochintelligent, ehrgeizig, energisch und willensstark, Franz Karl geistlos, gutmütig, träge und entscheidungsschwach. Er ist in jeder Hinsicht unbedeutend. Aber er ist eine gute

Sophie, die Königstochter aus Bayern, war am Wiener Kaiserhof in jungen Jahren eine herzerfrischende Erscheinung.

Partie. Es ist freilich gar keine Frage, wer in dieser Ehe die erste Geige spielen wird. Die beiden Partner haben nur eines gemeinsam: eine tief wurzelnde Religiosität.

Der Vater des Erzherzogs, Kaiser Franz I., ist zum Zeitpunkt der Eheschließung 56 Jahre alt. Er ist nicht eben von robuster

Gesundheit. Er ist häufig unpässlich, laboriert an Erkältungen und Fieberanfällen und leidet immer wieder an heftigen Zahnschmerzen. Mit 60 ist er zahnlos. Der Biedermeier-Kaiser, der auch ungemütlich und unbequem sein kann, wenn es darauf ankommt, hat schwere Zeiten hinter sich. Die Krisenjahre, in die ihn Napoleon Bonaparte, der verhasste Emporkömmling aus Korsika, gestürzt hat, haben seiner körperlichen und seelischen Konstitution arg zugesetzt. Aber der »gute Kaiser Franz« ist zählebig. An seine Nachfolge muss er freilich schon denken. Sein ältester Sohn, der nach dem Gesetz der Primogenitur das Erbe antreten soll, macht ihm seit der Geburt große Sorgen. Ferdinand Karl ist Epileptiker und geistesschwach. Ob er das Erbe antreten kann, ist mehr als ungewiss. In Hofkreisen wird es bezweifelt, und auch der Herr Papa hat ernste Bedenken. Zufall oder nicht: Eben im Jahr 1824, als der nächste Anwärter auf den Thron die lebenslustige Wittelsbacherin Sophie heiratet, holt der Kaiser ein ärztliches Gutachten über die Regierungs- und Ehefähigkeit Ferdinands ein. Er sei beides nicht, lautet das Attest. Ferdinand neige zu Schlaganfällen und sei impotent. Nachkommen seien von ihm nicht zu erwarten. Für Franz Karl und seine Gemahlin eröffnen sich dynastische Chancen. Die durch die Heirat zur Erzherzogin gewordene Sophie hat eine rege Phantasie. Der 19-jährige Backfisch aus Bayern träumt davon, einmal Kaiserin von Österreich zu werden. Das lässt sie vergessen, dass sie einem Simandl, wie die Wiener sagen, das Jawort gegeben hat.

VON WIEN IST SOPHIE BEGEISTERT. Sie ist ein paar Wochen vor der Hochzeit in der Hofburg zu Besuch gewesen. Karoline Auguste, die vierte Gemahlin des Kaisers, die eng mit ihr verwandt ist, hat es sich nicht nehmen lassen, ihr die Donaumetropole zu zeigen. Die weitläufige Kaiserresidenz, die prachtvollen Palais, die herrlichen Kirchen machten auf sie einen überwältigenden Eindruck. Und auch die Umgebung der Stadt gefiel ihr. Schloss Laxenburg mit seinem riesigen Park, den verschlungenen Wegen, den Grotten, Teichen und Wasserspielen fand sie entzückend. Selbst die Kleinstadt Baden, wo der Kaiser im Sommer zur Kur weilt, imponierte ihr. Im Hofburgtheater erlebte sie eine großartige Aufführung von Shakespeares »Romeo und Julia«, doch entsprach die ungekürzte Fassung des Stückes nicht ganz ihren Moralvorstellungen. Die herzige, junge Frau mit ihren biedermeierlichen Ringellöckchen ist lieb anzuschauen, aber sie wurde streng puritanisch erzogen und hat stockkonservative Ansichten.

In die Wiener Hofburg passt sie ausgezeichnet, fügt sie sich geistig nahtlos ein. Der Kaiser und die Kaiserin erfüllen ihr jeden Wunsch. Sie hat ihren eigenen Hofstaat, sie bekommt jährlich eine ansehnliche Apanage. Der Vater hat sie neben dem üblichen Hausrat reichlich mit Perlenketten, Diademen, Armbändern, Ringen und Ohrgehängen ausgestattet. Trotzdem findet sich die tiefkatholische Erzherzogin, die zweimal am Tag die heilige Messe besucht, in ihrer Umgebung lange Zeit nur schwer zurecht. Sie hängt mit großer Liebe an ihren Eltern, vor allem an der fürsorglichen Mutter, die sie geradezu anbetet. Sophie hat Heimweh. »Mein Herz, meine Seele, ich kann nur sagen mein Enthusiasmus gehören noch ganz und gar München«, schreibt sie ihr. Die 19-jährige Erzherzogin fühlt sich in dem weitläufigen Gebäudekomplex der Wiener Hofburg einsam. Ihr Mann überhäuft sie mit Geschenken, aber er ist ein Langeweiler. Von Flitterwochen ist weit und breit keine Spur. Franz Karl lebt in den Tag hinein, er hat keinen fest umrissenen Aufgabenbereich. Neben ihrer Religiosität verbindet das junge Ehepaar nur ihre gemeinsame Theaterbegeisterung und das Tanzen.

Die wichtigste Ansprechpartnerin am Hof ist die Kaiserin. Sie, die ebenfalls aus Bayern stammt, ist das Bindeglied zur Heimat. Sie tröstet sie, wenn sie vom Heimweh geplagt wird, muntert sie auf, steht ihr mit Rat und Tat zur Seite. Sie teilt mit ihr die kaiserliche Loge im Hofburgtheater, vertieft ihre Liebe zur Schauspielkunst.

Karoline Auguste ist eine ausgesprochen gütige und liebenswerte Person. Die Kaiserin widmet sich im familiären Bereich ganz der Aufgabe, ihrem Gemahl zu Diensten zu sein. Sie stellt ihre eigene Person völlig in den Hintergrund, ist zu jeder Zeit für ihn da, geht ganz in der Obsorge für ihn auf. Sie kümmert sich buchstäblich um alles, was den geliebten Gemahl betrifft, von der Gesundheit bis zur Garderobe. Sie stopft ihm ab und zu sogar ein Loch im Gehrock und versucht, ihm den Alltag zu erleichtern, Verdrießlichkeiten von ihm fernzuhalten, ihn aufzuheitern. Sie umsorgt ihn mit rührender Hingabe, wenn ihr »bester Schatz« unpässlich ist. Und das ist er sehr oft. 1826 erkrankt der Kaiser so schwer, dass ihm die Sterbesakramente verabreicht werden. Karoline Auguste weicht nicht von seinem Bett und pflegt ihn mithilfe der Ärzte gesund.

Die Kaiserin ist auch ungeheuer kinderliebend und hat eine geschickte pädagogische Hand. Der Stiefmutter fliegen die Herzen der noch am Hof lebenden Sprösslinge des Kaisers aus dessen erster Ehe zu. Sie kümmert sich vor allem auch um den geistesschwachen Ferdinand.

Das Kaiserpaar bringt der jungen Erzherzogin aus Bayern großes Verständnis entgegen. Der Kaiser ist im Familienkreis ausgesprochen liebenswürdig, spricht ein unverfälschtes Wienerisch und pflegt seine Schrullen. Er sammelt Bücher und Porträts. Seine Bibliothek, in der er sich stundenlang aufhält, umfasst 10.000 kostbare Bände. Seine große Leidenschaft, wenn man bei seinem Phlegma überhaupt von einer solchen sprechen kann, gehört Blumen und exotischen Pflanzen, die er aus aller Welt herbeischaffen lässt. Im »Kaisergarten«, den er nach seinen Vorstellungen gestalten hat lassen, stutzt er mit einer Heckenschere eigenhändig die Sträucher zurecht, schneidet er mit einer Baumsäge die dürren Äste von den Bäumen. Die Parkanlage von Schloss Laxenburg, die man heute noch bewundern kann, ist seine ureigenste Schöpfung. Franz schätzt seinen Hofgärtner mehr als seine Hofräte, seine Blumen mehr als die Akten, die man ihm täglich zur Unterschrift vorlegt. Er kann aber auch familiäre Entscheidungen von großer Tragweite treffen. Sophie wird es noch zu spüren bekommen.

AM WIENER KAISERHOF lebt seit 1814 auch der Sohn Napoleons aus der Ehe mit Marie Louise, einer Tochter des Kaisers. Er soll hier, vom Vater getrennt und von der Mutter verlassen, zu einem »loyalen und redlichen deutschen Prinzen« erzogen werden. Keine leichte Aufgabe, wie sich bald herausstellt. Nur widerwillig lässt der Herzog von Reichstadt die vom Kaiser angeordneten Erziehungsmaßnahmen über sich ergehen und fügt sich nur unwillig in sein Schicksal. Der kleine Herzog ist zum Zeitpunkt der Verehelichung Sophies 14 Jahre alt und schwärmt die junge Frau mit pubertärer Verliebtheit an. Die Erzherzogin weiß sein Verhalten richtig einzuschätzen. »Fränzchen [so wird der Napoleon-Sprössling am Kaiserhof gerufen] war ganz verschämt und hoch errötend, als ich an sein Bett kam«, schreibt sie der Mama nach München. Sie kommt mit dem schwierigen Jüngling, der seinen Erziehern die Hölle heiß macht und für sein Verhalten ein paar Mal sogar die Rute zu spüren bekommt, ausgezeichnet zurecht. Er folgt ihr auf das Wort und frisst ihr, jovial formuliert, aus der Hand.

In den paar Jahren, die er noch zu leben hat, wächst Fränzchen zu einem hübschen jungen Mann heran. Mit seinen tiefblauen Augen, dem fein geschnittenen Gesicht und dem dichten

Der Sohn Napoleons, der am Wiener Kaiserhof aufwuchs, verliebte sich bis über beide Ohren in die hübsche Erzherzogin.

blonden Haar, schlank und großgewachsen, strahlt er vornehme Eleganz aus. Sophie macht er galant den Hof, schenkt ihr Blumen, »packte sie oft ungestüm an, um sie zu küssen«, wie sie der Mutter nicht ohne einen Anflug von Geschmeicheltheit berichtet. Und fügt hinzu: »Ich sagte ihm, dass nur Kinder solche

Dinge tun und nicht ein junger Mann wie er.« Sophie und das zum Franz gewordene Fränzchen gehen im Park von Schönbrunn spazieren, besuchen gemeinsam Vorstellungen im Hofburgtheater und schlagen sich beim Hofball die Nacht um die Ohren. Den Ehegatten bringen die harmlosen Vergnügungen seiner Gattin nicht aus der Ruhe, auch wenn Mitglieder des Kaiserhauses und vor allem die Bediensteten hinter vorgehaltener Hand tuscheln. Denn da ist noch einer, der Sophie unmissverständlich den Hof macht: Gustav Wasa, der ehemalige Kronprinz von Schweden. Franz Karl nimmt es gelassen. Als Gatte stellt er seinen Mann, kommt er seinen ehelichen Pflichten eifrig nach.

Bereits ein paar Monate nach der Hochzeit stellt sich bei seiner Gemahlin die erste Schwangerschaft ein. Aber Sophie erleidet eine Fehlgeburt, eine »fausse couche«, wie man das in Adelskreisen nennt. Sophie ist unendlich traurig, aber die Ärzte trösten sie. Das könne passieren. In den folgenden Jahren hat sie insgesamt fünf Fehlgeburten. Sophie ist verzweifelt, hat depressive Schübe. Die Mediziner sind ratlos, verschreiben ihr alle möglichen Rezepturen, verordnen Trinkkuren und Bäder. Sophie absolviert ein paar Kuren im Schwefel-Moorbad Pirawarth nordöstlich von Wien, wo sie sich unendlich fadisiert. Auch Solebäder in Ischl zeitigen keinen Erfolg. Längst schon schwirren am Hof die Gerüchte. Die junge, kerngesunde Prinzessin aus Bayern könne keine Kinder kriegen. Da müsse etwas nicht stimmen. Denn dass sie an dieser Misere die Schuld trägt, steht in dieser männerdominierten Welt außer Frage.

Den Gemahl berühren die seelischen Nöte seiner Frau wenig. Sophie stellt ihm auch ein gutes Zeugnis aus. Nein, nein, es stimme alles zwischen ihnen. »Ich bin recht glücklich und es wäre ja auch schwierig, daß ich es nicht wäre. Man kann nicht besser sein als mein Gatte und er liebt mich so zärtlich«, schreibt sie Anfang August 1827 an die Großmutter, und der Mutter berichtet sie ein paar Monate später: »Mein guter Franz hat mir diesmal so viel Freude gemacht, er ist so viel reifer geworden ...« Er ist so viel reifer geworden – wie das klingt. Franz Karl ist jetzt immerhin 25 Jahre alt.

ENDE DES JAHRES 1829 ist Sophie nach einer Kur in Ischl wieder schwanger. Zum sechsten Mal. Und diesmal vermeint sie zu spüren, dass sie die Leibesfrucht wird behalten können. »Ich für meinen Teil würde fast mit dem gleichen Vergnügen ein kleines Töchterchen empfangen als einen Buben, aber ich muß für den Kaiser und meinen Franz einen Knaben wünschen«, schreibt sie der geliebten Mutter zuversichtlich. Ein Sohn würde ihr Ansehen bei Hof natürlich erheblich stärken. Nichts anderes erwartet man von der Frau eines Erzherzogs, der in der Erbfolgeordnung an zweiter Stelle steht.

In der Hofburg löst die Nachricht von der neuerlichen Schwangerschaft Sophies Betriebsamkeit aus. Der angesehene Leibarzt der Erzherzogin, der aus Italien stammende Giovanni Malfatti, tritt in Aktion und verordnet der Schwangeren strengste Bettruhe. Malfatti gestattet es der Erzherzogin, nach dem Mittag- und Abendessen im Zimmer eine paar Verdauungsschritte zu machen. Nicht mehr. Sophie fügt sich zunächst widerstandslos den Anordnungen des Arztes. Nach ein paar Monaten Zimmerarrest begehrt sie auf und setzt durch, dass sie in einer Sänfte in das Kärntnertortheater getragen wird, um dort Aufführungen beizuwohnen, die sie interessieren. Im Mai übersiedelt sie dann mit dem Gemahl und dem Hofstaat nach Schönbrunn. Nach dem langen Winter in der düsteren Hofburg genießt sie bei kurzen Spaziergängen auf dem herrlichen Parkgelände die würzige Luft.

So ungetrübt, wie sie sich das vorgestellt hat, verlaufen die restlichen Schwangerschaftsmonate allerdings nicht. Der Kaiser will jetzt eine endgültige Entscheidung in der Frage seiner Nachfolge treffen und verlangt von seinem Leibarzt, Dr. Andreas Ferdinand von Stifft, ein neues ärztliches Gutachten über die Regierungsfähigkeit seines ältesten Sohnes.

Und siehe da, der prominente Mediziner, der sechs Jahre zuvor dem Kronprinzen die Throneignung abgesprochen hat, kommt diesmal zu einem ganz anderen Ergebnis. Ferdinand sei durchaus befähigt, das Erbe anzutreten, befindet er jetzt. Und auch gegen eine Verehelichung sei nichts einzuwenden.

Als Sophie die fachliche Meinungsänderung des Hofarztes hinterbracht wird, fällt sie aus allen Wolken. Das kann doch nicht sein. Sie hat vor ein paar Wochen einen epileptischen Anfall des Schwagers mit angesehen und den Vorfall gleich der Mutter geschildert: »Ferdinand war schauerlich entstellt, sein Mund stand ständig offen und sein Gesicht erschien dadurch noch um zwei Finger länger«, formuliert sie. Gott allein wisse, was aus diesem Unglücklichen noch werden wird. Und dieser Mann soll das Kaiserreich Österreich regieren, das nach Russland zweitgrößte Staatsgebilde Europas? Aber die Weichen sind gestellt, da hilft alles nichts. Sophie kann es einfach nicht fassen.

Noch ein zweites Ereignis erschüttert sie in diesen Tagen und Wochen. Im Juli 1830 ist in Frankreich (wieder einmal) eine Revolution ausgebrochen. Der König muss abdanken, aber das Land bleibt eine Monarchie. Allerdings mit einer liberalen Verfassung. Der revolutionäre Funke springt dann auf andere Länder über. Belgien trennt sich von den Niederlanden, die Polen erheben sich gegen das zaristische Russland, Griechenland schüttelt die osmanische Herrschaft ab, in einigen deutschen Staaten kommt es zu Unruhen. Auch in Österreich regt sich ideeller Widerstand gegen das polizeistaatliche Metternichsche Unterdrückungssystem. Die Schriftsteller mucken auf.

Die hellhörige, scharfsichtige Erzherzogin macht sich Sorgen um den Fortbestand der alten monarchischen Ordnung in Europa. Alles Übel komme von diesem hässlichen, verächtlichen Frankreich, wettert sie. Und fügt hinzu: »Warum zerstört der liebe Gott nicht Paris? Das ist meine Lieblingsidee.«

Die bevorstehende Geburt ihres ersten Kindes beschäftigt sie aber verständlicherweise mehr als die politischen Ereignisse.

Die Vorbereitungen für das freudige Ereignis sind längst angelaufen. Eine Kindskammer, die aus einer Kindsfrau, einem Kindermädchen, Leiblakeien, einer Kammerfrau und einem »Küchenmensch« besteht, wird eingerichtet. Solche Personen sind leicht zu finden. Der Lohn ist zwar karg, aber man bekommt Kost, Quartier und viele Zusatzleistungen mit der Chance auf eine lebenslange Anstellung. Eine Aja, eine Erzieherin, zu finden, ist natürlich schwieriger. Es muss eine Dame untadeligen Rufes sein mit entsprechenden pädagogischen Qualitäten.

Die Wahl fällt nach längerer Suche auf Luise Baronin von Sturmfeder. Die bei Antritt ihres Amtes 41-jährige Baronin stammt aus dem niederen preußischen Adel. Sie ist unverheiratet, aber ein erzieherisches Naturtalent, kinderliebend, einfühlsam und konsequent bei der Durchsetzung ihrer Grundsätze. Ihr verdanken wir wertvolle Berichte über die Geburt und die Kindheit des späteren Kaisers. Die Baronin findet sich Mitte Juli 1830 bei der Erzherzogin zu einem Einführungsgespräch ein und erhält von ihr zu ihrer Überraschung nur sehr allgemeine Anweisungen. Sophie, so scheint es, ist eine grundvernünftige junge Frau, die ihr einen erzieherischen Spielraum lassen wird.

DER TAG DER GEBURT naht heran, es ist alles vorbereitet. Das Obersthofmeisteramt hat genau festgelegt, wer dem Geburtsakt beiwohnen darf. Die Geburt eines Kindes am Wiener Kaiserhof ist beinahe ein Staatsakt, der sich vor den Blicken der nächsten Angehörigen und Anverwandten vollzieht. Sie drängen sich im Kreißzimmer um das Bett der werdenden Mutter, hoffen und bangen mit ihr, verfolgen mit gespannter Aufmerksamkeit jede Körperbewegung. In den benachbarten Räumen tummeln sich zahlreiche Hofbedienstete, Hofdamen und Zofen, Kammerherren und Adjutanten. Auch sie warten auf die entscheidende Stunde.

Der Kaiser hat die ruhigsten Zimmer zur Verfügung gestellt und kommt von seiner Sommerresidenz in Baden nach Schönbrunn, auch die Mutter und die Zwillingsschwester Sophies sind aus München angereist.

Die Erzherzogin ist guter Dinge. Sie »liegt auf der Chaiselongue und sieht vortrefflich aus und ist recht lustig, ich glaube, wenn man sie gehen ließe, wäre es besser, das Liegen ist ihr zuwider«, berichtet Luise Sturmfeder.

Am Nachmittag des 16. August 1830 teilt die Hebamme dem Ehemann mit, dass die Geburt für den Abend zu erwarten sei. Nun wird eilends im Gebärzimmer ein Altar aufgerichtet, und der Hofkaplan eröffnet einen Gebetsreigen, der erst nach der glücklichen Geburt des Kindes enden wird. Diese lässt allerdings auf sich warten. Ein Tag und eine Nacht vergehen, die werdende Mutter windet sich vor Schmerzen, ihr Wehklagen geht den Anwesenden durch Mark und Bein. Schließlich werden zwei Ärzte zu Hilfe gerufen, die eine Zangengeburt vornehmen müssen. Am 18. August 1830 kommt das Kind zur Welt. Es ist ein Sohn. Jubel bricht los, die Freude ist grenzenlos. Mit einem Dankgebet endet das für alle Beteiligten aufregende Ereignis. Die Erzherzogin ist total erschöpft, aber glücklich. »Meine arme Sophie hat sich während der zwei vollen Tage und Nächte dauernden grausamen Leidens wie ein Engel benommen«, berichtet Sophies Mutter nach München.

Die amtliche »Wiener Zeitung« teilt am nächsten Tag mit: »Ihre kaiserl. Hoheit, die durchlauchtige Frau Erzherzogin

Sophie, Gemahlin Sr. kaiserl. Hoheit des durchlauchtigen Erzherzogs Franz Carl, sind gestern den 18ten d. M. um ein Viertel nach neun Uhr Vormittags in dem k. k. Lustschlosse Schönbrunn, welches Höchstdieselben bewohnen, von einem Erzherzoge glücklich entbunden worden, und befinden sich sammt dem neugeborenen Erzherzoge, mit Rücksicht auf die Umstände bei erwünschtem Wohlseyn.«

DAS NEUE MITGLIED DES KAISERHAUSES wird zwei Tage nach seiner Geburt in der Schönbrunner Schlosskapelle auf den Namen Franz Joseph Karl getauft. Taufpate ist der kaiserliche Großvater. Dann kommt das Baby in die Obhut der Aja und des Pflegepersonals. Es besteht aus einer Kinderfrau, einem Kindermädchen, einer Köchin, einer Kammerzofe, einem Hausmädchen, einem Küchenmädchen und zwei Dienern.

Baronin Sturmfeder hat alle Hände voll zu tun. Sie ärgert sich über die Ärzte, die viertelstündlich die drei kleinen Wunden am Hinterkopf versorgen, die der Knabe bei der Zangengeburt erlitten hat. Sie versuchen die Wunden zunächst mit feuchten Umschlägen zu heilen. Vergeblich. Dann brennen sie die Verletzungen mit Lapis aus, was der Säugling mit herzzerreißendem Geschrei quittiert. »Vier Ärzte doktern an ihm herum, Gott sei Dank, dass er kerngesund ist«, vermerkt sie anklagend in ihren Notizen.

Die Aja steht den ganzen Tag unter Stress. Schon in aller Früh kommt der Vater, um nach dem Befinden seines Sohnes zu fragen. Dann wird das Kind gebadet, danach findet sich die Mutter ein, um es zu stillen – zweimal am Tag, die übrigen Male wird es von einer Amme gesäugt. Und auch der Kaiser will den Enkel täglich sehen. Zu jeder Zeit und Unzeit finden sich Besucher ein, die den Säugling voller Entzücken beäugen und eine Ähnlichkeit mit dem Vater, dem Großvater und anderen Persönlichkeiten aus der habsburgischen Ahnenreihe glauben feststellen zu können. »So etwas habe ich noch nie erlebt, das Kind von dem ärmsten Taglöhner wird nicht so gequält, wie diese kleine, unglückliche kaiserliche Hoheit«, jammert die Baronin. Die Aja muss sich mit den Ärzten und der Hebamme auch darüber streiten, ob sie mit dem Kind an einem warmen Septembertag an die frische Luft darf. Um Himmels willen, meinen sie, es könnte sich ja verkühlen.

Am besten versteht sich die Baronin mit der Erzherzogin. Sophie ist eine ausgesprochen fürsorgliche Mutter. Sie hilft dann und wann beim Wickeln und Anziehen, überwacht, als das Kind älter wird, die Ernährung, beobachtet dessen Entwicklung und gibt vernünftige erzieherische Anweisungen.

»Es liegt so hübsch in seinem Bettchen«, berichtet sie einen Monat nach der Geburt der Mutter in München. Und ein paar Tage später schwärmt sie: »Das liebe Kind ist so leutselig, die grantigsten Menschen sind ihm willkommen … auch den Kaiser lächelt er so freundlich an und das macht ihn glücklich.«

Die stolze Mama registriert mit Aufmerksamkeit den kleinsten Entwicklungsfortschritt des Buben: »Das liebe Kind hat zu unserer großen Freude seinen ersten Zahn bekommen und das ohne jede Unpässlichkeit mit Ausnahme der Nacht zuvor, in der er viel weinte«, berichtet sie Anfang März 1831 der »guten, verehrten Mama«. Zwei Monate später gibt es wieder eine bedeutende Neuigkeit zu vermelden. Der Kleine hat das erste Mal das Wort »Papa« über die Lippen gebracht. Ein paar Jahre später bewundert er den Großvater, der sich viel mit ihm beschäftigt. Niemand macht auf ihn einen größeren Eindruck als der Kaiser, der mit ihm täglich eine Stunde spielt. Er ist für ihn eine Respektsperson. Eine kleine Handbewegung genügt, und schon benimmt sich der Enkel, wie es sich gehört.

Der kleine Erzherzog entwickelt sich wie jedes andere Kind

auch, nur wird es am Kaiserhof eben mit besonderer Aufmerksamkeit registriert. Mit neun Monaten wird er entwöhnt und von da an mit Kuhmilch ernährt, mit 13 Monaten macht er ohne Hilfe seine ersten paar Schritte. Die Mutter schwärmt weiter von ihrem Sohn: »Du hast keine Idee«, schreibt sie nach München, »wie ausgezeichnet sich dieser Kleine entwickelt, wie hübsch, lebhaft, intelligent, gut, zärtlich er ist. Es ist süß mitanzusehen ... wie gerne er Reichstadt hat. Dieser besucht ihn oft und lässt sich nach türkischer Art mit gekreuzten Beinen vor ihm nieder. Da wälzt er sich auf allen vieren zu ihm hin und legt mit einem einschmeichelnden Lächeln sein hübsches Köpfchen auf Reichstadts Fuß ... Franzi ist derart lustig und lebhaft, daß man glauben könnte, er sei schon ein Kind von eineinhalb Jahren und nicht bloß ein Kerlchen von kaum zehn Monaten.«

Sophie ist in ihren kleinen Sohn vernarrt, und sie prägt schon im Kleinkind die spätere Vorliebe Franz Josephs für das Militärische. Sie lässt ihm eine kleine Uniform schneidern, beschenkt ihn mit einer Grenadiermütze, einem Säbel und einem kleinen Tornister. Und findet ihn zum Fressen gern, wenn er damit vor ihr posiert. Dem Kleinen bereitet es eine Riesenfreude, wenn er von seinem Kinderzimmer aus der Wachablöse im Burghof zuschauen darf. Im Alter von 18 Monaten, so wird berichtet, kann er bereits einen einfachen Soldaten von einem Offizier unterscheiden, im Alter von drei Jahren kennt er bereits die Rangabzeichen der Armee.

Dem kaiserlichen Großvater gefällt es. Er übt mit ihm den Gleichschritt und die militärischen Kommandoworte.

Das Exerzieren lernt Franzi von einem Korporal, der ihm gleich auch ein paar Brocken Ungarisch beibringt. Ansonsten spricht der Bub den am Hof Kaiser Franz I. üblichen Wiener Dialekt.

Auch zu Weihnachten bekommt Franzi in der Hauptsache

militärisches Spielzeug und militärische Ausrüstung. Der Fünfjährige jubelt über eine Kürassieruniform, der Sechsjährige über ein Flobertgewehr, mit dem er das Scheibenschießen lernt. Das Kriegsspiel ist seine Lieblingsbeschäftigung.

DIE BARONIN STURMFEDER erzieht ihren kleinen Schützling zur Ordnungsliebe, Höflichkeit und Pünktlichkeit. Sie weist ihn zurecht, wenn er sich ungebührlich benimmt. Sie achtet auch streng darauf, dass er jeden Tag sein Morgen- und Abendgebet verrichtet. Die Einhaltung der Gebote und Verbote der römisch-katholischen Kirche ist am Wiener Kaiserhof seit Jahrhunderten eine Selbstverständlichkeit, gehört gewissermaßen zum höfischen Zeremoniell.

Luise Sturmfeder ist eine strenge Erzieherin. Sie hält an ihren Erziehungsmaßnahmen, vor allem auch im Gesundheitsbereich, fest, selbst wenn sie auf ärztlichen Widerspruch stößt. Ein Kind darf man nicht verweichlichen, es muss abgehärtet werden. Als sie einmal an einem kalten Novembertag mit dem kleinen Franzi einen Spaziergang unternimmt und der Erzherzog mit steifen Fingern in sein Zimmer zurückkehrt, schlagen einige Hofbedienstete die Hände über dem Kopf zusammen. Aber die Baronin bleibt bei ihrer Linie. Und das Leben gibt ihr Recht. Franz Joseph ist bärengesund und er wird es zeitlebens bleiben.

Im Herbst 1831 ist Sophie wieder schwanger. Diesmal schlägt sie die verzopften ärztlichen Anordnungen aus dem Wind, macht Theaterbesuche, organisiert Diners und Konzerte in der Hofburg, schwingt im Fasching das Tanzbein und genießt den Frühling im Schönbrunner Schlosspark. Die Geburt des zweiten Kindes soll anders verlaufen als die erste. Sie möchte keinen Staatsakt mehr. Sie ersucht den Kaiser, zu veranlassen, dass das Obersthofmeisteramt eine Geburt ohne großen Aufwand und mit möglichst wenigen Anwesenden vorbereitet. So geschieht es auch.

Die Erzherzogin wird von der Hofhebamme am 6. Juli 1832 rasch und komplikationslos entbunden. Es ist wieder ein Sohn, der den Namen Ferdinand Max erhält. Taufpate ist diesmal nicht der Kaiser, sondern der von Sophie geringgeschätzte Thronfolger Ferdinand.

Für den Neugeborenen wird keine neue Aja angestellt. Er wird der Obhut der Baronin Sturmfeder anvertraut, die damit so gar keine Freude hat. Sie wird jetzt noch mehr Arbeit und Verantwortung haben und fühlt sich überfordert. »Seitdem ich nicht mehr geschrieben habe, werden Dir die Zeitungen gesagt haben, was bei uns vorgegangen ist. Ich habe nun zwei Kinder, ein rechtes und ein Stiefkind, um das ich mich für den Augenblick freilich nicht annehme, welches doch alle freien Augenblicke, die ich noch hatte, in Anspruch nimmt«, klagt sie einer ihrer Angehörigen ihr Leid. Sie nennt von nun an Franz Joseph »mein Kind« und Ferdinand Max »meinen Stiefsohn«. Das freilich wirft einen Schatten auf ihre erzieherische Tätigkeit.

Ein Jahr später kommt ein dritter Bub in der Kindkammer dazu. Die Erzherzogin hat ihn am 30. Juli 1833 nach einer fast schmerzlosen Geburt zur Welt gebracht. Er hört auf den Namen Karl Ludwig. Zur Entlastung der Baronin wird eine zusätzliche Kinderfrau eingestellt.

Die Schwangerschaften nehmen kein Ende. Im Mai des nächsten Jahres erleidet Sophie einen Abortus und muss zur Erholung eine Kur in Marienbad und danach in Ischl absolvieren. Im Jänner 1835 fühlt sie sich wieder schwanger. »Ich bin also zum neuntenmal am Beginn einer Schwangerschaft. Nun, in einem Zeitraum von zehn Jahren habe ich wenigstens meine Zeit nicht verloren«, schreibt sie mit einem Anflug von Galgenhumor der Mutter. Das Kind, dem sie am 27. Oktober 1835 das Leben schenkt, wird auf den Namen Maria Anna Karolina getauft. Das Mädchen ist eine Epileptikerin. Sein Lebensfaden ist dünn gesponnen.

DIE EHRGEIZIGE ERZHERZOGIN war in den ersten fünf Jahren am Wiener Kaiserhof auch mit unangenehmen Ereignissen konfrontiert. Am 28. September 1830, nicht lange nach der Geburt ihres Sohnes Franz Joseph, wird der Kronprinz in einem feierlichen Staatsakt im Dom von Pressburg zum König von Ungarn gekrönt. Die Nachfolgefrage ist damit endgültig entschieden. Sophie ist entsetzt. Sie vermutet, dass Fürst Metternich, der die politischen Geschicke des Kaiserreiches lenkt, seine Hand dabei im Spiel gehabt hat. Metternich kann es nur recht sein, wenn ein schwacher, in diesem Fall sogar ein regierungsunfähiger Herrscher an der Spitze des Vielvölkerstaates steht.

Ferdinand macht bei der Krönungszeremonie in Pressburg, die stundenlang dauert und Stehvermögen erfordert, keine schlechte Figur. Zumindest nach außen hin. Hinter den Kulissen schaut es anders aus. »Am Ende des Krönungsmahles fiel mir auf«, berichtet sein Kammervorsteher Franz Marcel von Ségur-Cabanac seiner Gemahlin, »daß sich der Erzherzog äußerst unwohl zu fühlen schien. Ich erhob mich unverzüglich und führte ihn in ein Nebenzimmer. Ich hatte gut daran getan, denn es ging ihm tatsächlich miserabel. Niemand von uns war überrascht, denn seine Paradeuniform musste ihn einengen. Es war also nicht weiter verwunderlich, daß ihm in der doch sehr knappen Kleidung schlecht geworden war und er keinen Bissen mehr hinunterbrachte. Diese Unpässlichkeit blieb glücklicherweise ohne Folgen, und am Abend fühlte er sich wieder wohl genug, um an der von der Kaiserin gewünschten Zusammenkunft teilzunehmen. Dort spielte er wie gewöhnlich Billard.«

Auf den ersten Schritt aus dem Thronfolger-Schattendasein folgt alsbald der zweite. Der zukünftige Kaiser von Österreich muss heiraten. Für ihn eine Frau zu finden, ist allerdings nicht einfach. Nach einigen Sondierungen durch den Hof fällt die

Wahl auf Maria Anna, einer Tochter Viktor Emanuels I. von Sardinien-Piemont. Sie ist fromm, hat eine sorgfältige Erziehung genossen, besitzt ein sanftes Gemüt, ist gütig, uneigennützig und mitfühlend. Eine Schönheit ist sie nicht. Ihr ovales, von der scharf geschnittenen Nase beherrschtes Gesicht sitzt auf einem Schwanenhals, sie ist schmalbrüstig, ihre Stirn ist auffallend hoch. Den Vergleich mit dem Bräutigam braucht sie allerdings nicht zu scheuen.

Nach den üblichen Formalitäten und der Unterzeichnung des Ehekontraktes tritt die bedauernswerte Braut die lange Reise von Turin nach Wien an. Der Bräutigam kommt ihr ein Stück Weges entgegen, dann zieht das Paar ganz im Gegensatz zu den sonst üblichen Gepflogenheiten unspektakulär in die Kaiserstadt ein. Und ohne viel Aufsehen geht in der Kammerkapelle der Hofburg auch im Februar 1831 die Hochzeit über die Bühne. Sophie ist erleichtert, als ihr das seltsame Ehepaar die Aufwartung macht. »Wir können dem Himmel nicht genug danken, uns ein solch gutes und sanftes Wesen gesendet zu haben«, schreibt sie ein paar Wochen nach der Hochzeit der Mutter. Und: »Ich glaube, wenn man Ferdinand nicht sagte, er solle von seinem Gattenrecht Gebrauch machen, er niemals daran denken würde, es zu tun.«

Die Jahre 1830 und 1831 waren übrigens Katastrophenjahre. Allein in Wien forderte eine Choleraepidemie 2000 Tote.

IM SOMMER 1832, als Sophie ihr zweites Kind erwartet, verschlechtert sich der Gesundheitszustand des Herzogs von Reichstadt. Franzi ist ein Bild des Elends. Er hustet Eiter, sein Körper wird von Fieberanfällen geschüttelt. »Er wird immer schwächer, seine Tage scheinen gezählt zu sein. Sein Schicksal geht mir wirklich nahe«, notiert Luise Sturmfeder. Metternich, der ihn ein paar Tage vor seinem Tod besucht, schreibt dem in

Linz weilenden Kaiser: »Es war ein herzzerreißender Anblick; ich erinnere mich nicht, jemals ein ärgeres Bild der Zerstörung gesehen zu haben.« Der Kaiser selbst äußert sich zwiespältig. Der unglückliche Charakter dieses Enkelkindes habe Grund gegeben, alles Üble zu fürchten, er habe politische Gesinnungen gehabt, die ganz pervers waren, aber er werde ihm abgehen. Die Mutter, die im letzten Augenblick an das Totenbett kommt, schreibt dem Kaiser: »Mein armer Sohn ist … verstorben. Der Himmel hat mein Bitten erhört und ihn sanft einschlafen lassen.«

Echt betroffen und erschüttert ist Sophie. »Ach, welch trauriger Anblick war es, das langsame Dahinwelken, das täglich Sterben dieses armen jungen Mannes im Frühling seines Lebens mit anzusehen und welch bittere Erinnerung an all die grausamen Leiden, gegen die es kein Mittel gab«, schreibt sie am Tag nach Reichstadts Tod der Mutter. Der Sohn Napoleons stirbt am 22. Juli 1832 im Alter von 21 Jahren.

Etwa zwei Wochen später verübt ein aus der Armee entlassener ehemaliger Hauptmann auf den Thronfolger in Baden bei Wien, wo er zur Kur weilt, ein Attentat. Ferdinand wird an der Schulter leicht verletzt und kurz ärztlich versorgt. Man misst dem Vorfall bei Hof keine Bedeutung bei, der Attentäter wird vom Kaiser begnadigt. Aber das Ereignis hat doch Folgen. Das darf man jedenfalls annehmen. Am 19. Dezember dieses Jahres hat Ferdinand so schwere epileptische Anfälle, dass ihm die Sterbesakramente verabreicht werden. Seine Gemahlin ist ständig an seiner Seite, betreut ihn Tag und Nacht. Sie ist am österreichischen Kaiserhof zu einer Krankenpflegerin geworden. Am Heiligen Abend wiederholt sich das schreckliche Schauspiel, am Christtag fällt der Thronfolger in einen totenähnlichen Schlaf. Sophie berichtet der Mutter nach München: »Das quälende Warten auf den letzten Augenblick dieses unglücklichen Menschen bringt mich ganz außer Rand und Band ... Aber wenn es schon sein soll, ist es besser jetzt als später.«

Es sollte nicht sein. Nach zwei Tagen erwacht der Thronfolger aus seinem Heilschlaf. Drei Jahre später wird er, sehr zur Bestürzung Sophies, die Nachfolge des Vaters antreten.

Der kränkelnde Kaiser laboriert seit September 1834 an einer chronischen Bronchitis, die sich zu einer Lungenentzündung auswächst. Der Leibarzt lässt den Patienten nicht weniger als achtmal zur Ader. Es ist damals das übliche medizinische Rezept gegen diese Erkrankung. Erfolg stellt sich keiner ein. Das Fieber steigt, der Zustand des Kaisers verschlechtert sich. Das Lebensende Franz I. zeichnet sich ab. Am Abend des 1. März 1835 empfängt der Kaiser das Sakrament der Letzten Ölung. Die Familie findet sich im Sterbezimmer ein. Selbst der kleine Franz Joseph wird geweckt, um beim Tod des Großvaters dabei zu sein. In der ersten Morgenstunde des 2. März haucht der Kaiser, 67-jährig, sein Leben aus. Sophie, die nicht von seiner Seite gewichen ist, schließt dem Toten die Augen und den geöffneten Mund. Für die Erzherzogin stürzt eine Welt ein. »Ach Mama«, schüttet sie in einem Brief ihr Herz aus, »wir sind zu unglücklich, nachdem wir während so vieler Jahre glücklich waren, gestützt, geliebt, geleitet durch ihn, unseren vielgeliebten Herrn. Wir sind seit dieser schrecklichen Nacht, die ihn uns entführt hat, ganz verwaist. Er war unsere einzige Stütze, unser einziges Heil, es schien mir als müsse die Welt zusammenstürzen ...« Und Luise Sturmfeder berichtet: »... Er segnete Alle und nahm Abschied von uns Allen. Auch seine beiden Enkel segnete er. Es war der erste Ausgang von dem armen kleinen Prinzen zum Sterbegang seines Großvaters ...«

Für Franz Joseph, noch keine fünf Jahre alt, ist der Tod des geliebten Großvaters die erste große schmerzliche Erfahrung seines Lebens. Am nächsten Morgen sitzt er schweigend und in sich

Ferdinand, der älteste Sohn Kaiser Franz I., war Epileptiker und regierungsunfähig. Er folgte zur Bestürzung Sophies dem Vater dennoch auf dem Thron nach.

gekehrt beim Frühstückstisch und will partout nichts essen. Das Erlebnis wird sich wohl tief in seine kindliche Seele eingegraben haben.

In der Bevölkerung hält sich die Trauer über den Tod des Kaisers in Grenzen. Franz I. hat in seinen letzten Lebensjahren viel von seiner Popularität eingebüßt. Der von der Zensur geplagte Franz Grillparzer bemerkte spöttelnd: »Es ist alles mit heiteren Gesichtern zum Begräbnis des abgöttisch verehrten Monarchen gegangen.«

DER ÜBERGANG DER HERRSCHERGEWALT auf den Nachfolger geht reibungslos vor sich. »Ich danke vor allem dem Himmel«, schreibt Sophie ein Vierteljahr später nach München, »daß wir nach jenem größten Unglück ruhig weiterexistieren können, aber unsere gegenwärtige Lage ist die merkwürdigste und sonderbarste der Welt. Die gesamte Geschichte bietet kein Beispiel dafür. Überall sonst hätte es in einem Falle wie dem unsrigen eine Regentschaft gegeben … Oft glaube ich mich eher in einer gut organisierten Republik als in einer Monarchie, denn wie kann ich mich an die Idee gewöhnen, daß unser armer kleiner Kaiser (mit all seinen Schwächen) wirklich mein Gebieter sei …«

Für den regierungsunfähigen Ferdinand führt die »Geheime Staatskonferenz« die Regierungsgeschäfte. Sie besteht aus drei Mitgliedern: dem Fürsten Metternich, seinem Gegenspieler Franz Anton Graf Kolowrat-Liebsteinsky und Erzherzog Ludwig, dem erzkonservativen Bruder des verstorbenen Kaisers. Franz Karl, der Gatte Sophies, der als der künftige Kaiser angesehen wird, tritt jetzt mehr in den Blickpunkt der Öffentlichkeit. Er kann nicht mehr nur in den Tag hineinleben, er muss seinen schwachsinnigen Bruder bei allen möglichen Veranstaltungen vertreten, Audienzen geben. Geduldig hört er sich alle Wünsche und Beschwerden an und beendet jedes Gespräch mit der stereotypen Wendung. »Adieu, mein Lieber, bleiben S' g'sund bis wir uns wieder sehen.«

Nach der Audienz lässt sich Franz Karl jeden Tag auf einem Sechsspänner in den Prater kutschieren. Bevor das Gefährt losfährt, streichelt er die Pferde, steigt ein und sagt: »Laß' mas füri geh'n.« Im Prater steigt er aus, geht ein Stück Weges mit seiner Begleitung zu Fuß und kehrt dann wieder in die Hofburg zurück. Am Abend besucht er eine Theatervorstellung oder eine musikalische Darbietung. Der Erzherzog ist gutmütig, leutselig und hat ein Herz für die Armen und Bedürftigen, die er nach Kräften finanziell unterstützt. Seine spontane Hilfsbereitschaft macht ihn bei der Bevölkerung beliebt.

Franz Karl ist ein Familienmensch. Er kriecht mit dem kleinen Franz auf dem Rücken auf allen Vieren durch die Kinderstube, spielt mit den Kindern Schwarzer Peter und unternimmt mit der Familie Ausflüge in den Wienerwald. Man kehrt dann oft in einem Landgasthaus ein und plaudert zwanglos mit den Leuten.

FRANZ JOSEPH UND SEINE BEIDEN BRÜDER verbringen in den ersten Jahren ihres Lebens den Winter in der Hofburg, den Sommer in Schönbrunn und im Großen und Ganzen eine frohe und sorglose Kindheit. Zur Freude und Zufriedenheit ihrer Aja und der fürsorglichen Mutter entwickeln sie sich gut, wenn auch ihren charakterlichen Anlagen entsprechend unterschiedlich. Franz Joseph ist ordnungsliebend, ernst, fleißig und gehorsam, Max liebenswürdig, charmant, lebhaft und phantasiebegabt, Karl Ludwig träge und schwer von Begriff. Die kleine Maria Anna Karolina freilich, das Sorgenkind der Familie, scheidet nach schweren epileptischen Anfällen am 5. Februar 1840 im Alter von nicht einmal fünf Jahren aus dem Leben. Der Schmerz der Eltern und der Geschwister ist tief. »Ich selbst habe ihre lieben und schönen Augen geschlossen«, schreibt Sophie der Mutter. »Meine armen Buben sind so rührend in ihrem Schmerz, besonders Franzi, der am tiefsten empfindet … Er weiß nichts aus sich zu machen, er geht nicht so aus sich heraus wie seine Brüder, aber er fühlt umso tiefer.« Entgegen dem üblichen habsburgischen Bestattungszeremoniell lässt die traditionsbewusste Erzherzogin den Leichnam des Kindes nicht öffnen.

Etwas mehr als zwei Jahre später, am 15. Mai 1842, bringt Sophie ihr letztes Kind zur Welt. Es ist wieder ein Sohn, Ludwig Viktor. Das Nesthäkchen der Familie wird seinem ältesten Bruder später durch zahlreiche Skandale so manche Scherereien bereiten. Vorerst aber wird das »kleine Bubi« von seiner Mutter gründlich verhätschelt.

DER ERSTGEBORENE, der von der ehrgeizigen Mutter insgeheim für die Rolle als zukünftiger Herrscher des Riesenreiches vorbereitet wird, erhält mit Vollendung seines sechsten Lebensjahres einen eigenen Hofstaat. Luise Sturmfeder, seine mütterliche Erzieherin, die seit seiner Geburt für sein Wohlergehen gesorgt hat, wird von ihrer Aufgabe entbunden. Sie ist tieftraurig darüber. »Es ist eine ganz harte Zeit für mich«, notiert sie, »seitdem ich meinen Franzi verloren habe. Durch ihn war mir alles leicht und sogar eine Freude, und jetzt, ohne ihn, ist mir alles eine wahre Last. Ich sehe wohl Franzi noch, aber es ist nicht mehr mein Franzi, er ist jetzt der Erzherzog Franz.«

An die Stelle der Baronin treten nun männliche Erzieher. Zum Obersthofmeister, zum Vorstand des erzherzoglichen Haushaltes, wird Graf Heinrich Bombelles bestellt. Bombelles, Sohn eines französischen Diplomaten, ist tiefgläubig, erzkonservativ, dem Haus Habsburg treu verbunden und zudem ein enger Vertrauter des Fürsten Metternich. Die Erzherzogin hat der Wahl des Staatskanzlers nach anfänglichem Zögern zugestimmt. Bombelles wird der 42-jährige Graf Johann Baptist Coronini-Cronberg zur Seite gestellt. Coronini ist streng. Er sucht gemeinsam mit der Mutter die Lehrer in den einzelnen Unterrichtsgegenständen aus und setzt mit ihr die erzieherischen Akzente. In ihrem pädagogischen Credo nehmen Pflichtbewusstsein, Ordnungsliebe und Pünktlichkeit die erste Stelle ein. Coronini ermahnt seinen Schützling zu besseren schulischen Leistungen, rügt ihn, wenn er sich schlecht benimmt, was selten, aber doch vorkommt, setzt ihm Ziele und Grenzen. Der Erzherzog bringt ihm kindliches Vertrauen und Anhänglichkeit entgegen. Als er einmal ein paar Wochen abwesend ist, jammert der Bub in seinem Tagebuch: »… ach wie geht mir der Grf. Coronini ab; was wird aus mir werden, wenn einmal meine Erziehung vollendet, und ich von ihm mich werde trennen müssen!«

Der Stundenplan ist zeitlich umfangreich. Bereits der Achtjährige muss 32 Unterrichtsstunden in der Woche über sich ergehen lassen, und diese Anzahl wird im Laufe der Jahre bis auf 50 gesteigert. Franz Josephs Ausbildung umfasst neben der religiösen Unterweisung, auf die die Erzherzogin besonderen Wert legt, Deutsch, Geographie, Französisch, Ungarisch und Tschechisch, Reiten und Tanzen. Später kommen eine Reihe anderer Fächer hinzu: Geschichte, Latein, ein bisschen Griechisch, Rechtskunde, Politikwissenschaft, Mathematik, Physik und Chemie.

Franz Joseph ist ein guter Schüler, dem die Erlernung von Fremdsprachen leichtfällt. Er schreibt seiner Mutter in fehlerloser Orthographie und mit grammatikalischer Richtigkeit Briefe in französischer Sprache.

Die tiefere religiöse Bildung überantwortet die Mutter ihrem Beichtvater, dem erzkonservativen Theologen Joseph Othmar von Rauscher, einem Mann von hoher Bildung und Beredsamkeit, der auf seinen Schüler einen nachhaltigen Einfluss ausübt. Schließlich leistet auch der Staatskanzler selbst einen Beitrag zum Erziehungsprogramm des jungen Erzherzogs. Metternich führt Franz Joseph in die Kunst des Regierens und der Staatsführung ein. Unterrichtsgegenstände, die die kindliche Kreativität fördern, sind in diesem Fächerkanon nicht vorgesehen.

Franz Joseph hat eine überdurchschnittliche zeichnerische Begabung. Seine Kinderzeichnungen sind von origineller Skurrilität. Für Musik, die am Wiener Kaiserhof eine lange Tradition hat, hat Franz Joseph wenig übrig. Die kulturbeflissene Mutter nimmt ihn zu Konzerten mit, im Mai 1846 sogar einmal zu einer Gastvorstellung der berühmten schwedischen Sängerin Jenny Lind in das Theater auf der Wieden. Das versetzt ihn zwar in keine Jubelstimmung, aber immerhin vermerkt er es trocken in seinem Tagebuch. Ein andermal notiert er unter dem Datum des 26. März 1846: »War um 8 Uhr ein sehr schönes Concert bey der Mama, in welchem Liszt … und einige Herren des Männergesangsvereines mitwirkten.« So unmusikalisch und unempfänglich für Musik, wie es zuweilen dargestellt wird, ist Franz Joseph doch wohl nicht gewesen. Jedenfalls war er ein eifriger und begeisterter Tänzer. »Donnerstag hatten wir hier einen Ball, wobei Karl und ich tanzten … Papa machte auch einige Walzer mit … der Herr Lanner dirigierte die Musik und machte dabei entsetzliche Grimassen«, schreibt der Elfjährige an die abwesende Mutter aus Schönbrunn. Und der kaum 15-Jährige notiert in seinem Tagebuch: »Um 8 Uhr gingen wir mit Mama zu Metternich, wo ein Adoleszenten-Ball [ein Ball für die adelige Jugend] war. Wir unterhielten uns prächtig, tanzten sehr viel, ich alles, und kamen erst um 2 Uhr nach Hause.« Über seine Tanzpartnerinnen schweigt er sich aus. Am Ball bei Hof nimmt der zum schlanken und hübschen jungen Mann herangewachsene Erzherzog zum ersten Mal im Fasching des Jahres 1847 teil.

Opernbesuche meidet der Erzherzog, dem Theater und dem Theaterspiel bringt er Interesse entgegen. Er besucht in Begleitung der Eltern im k. k. Hofburgtheater, aber auch auf Vorstadtbühnen die Aufführung zahlreicher zeitgenössischer Stücke und macht bei den Theateraufführungen mit, die die Kinder an den Namens- und Geburtstagen der Eltern und Großeltern zu

Gehör bringen. Großes schauspielerisches Talent wird ihm von seinen Lehrern und Erziehern allerdings nicht bescheinigt. Während sein jüngerer Bruder Max den Text mit Talent, mit Schwung und Temperament aufsagt, spult ihn Franz Joseph emotionslos herunter und wirkt hölzern.

Für Muße bleibt dem Knaben wenig Zeit, aber je älter der kleine Erzherzog wird, desto knapper ist sie bemessen. Als Bub balgt er sich mit seinen Brüdern und den aus dem Adel ausgewählten Spielkameraden, die einmal die Woche zu ihm kommen dürfen. Später spielt er im Winter im Kreis der Familie Lotto und Tombola. Im Sommer stehen Reiten und Schwimmen auf dem Freizeitprogramm, des Öfteren unternimmt er mit den Eltern Ausflüge in den Wienerwald. Auf Rastpausen verspeist man dann in Landgasthäusern zwanglos ein Jausenbrot. Beim sonntäglichen Diner an der Hoftafel des Kaisers, bei den Diners und Dejeuners, zu denen die verschiedenen Mitglieder des Hofes einladen, geht es dann zeremonieller zu. Er lernt dort die Beachtung höfischer Tischsitten, auf die er, wie auch auf die Einhaltung peinlicher Pünktlichkeit, später großen Wert legt.

Auch ein anderer Wesenszug Franz Josephs, die Begeisterung für die Natur und die Schönheit der Bergwelt, wird in der Kindheit und Jugend grundgelegt. Das Schwimmen erlernt der Achtjährige in Gegenwart der Mutter gemeinsam mit den Brüdern in einem Teich in Schönbrunn. Der Jüngling steigert dann in der Militärschwimmschule seine Schwimmkünste so erheblich, dass er sogar die Durchquerung der Donau schafft.

FRANZ JOSEPH IST EIN MUSTERSCHÜLER. Er ist fleißig, brav und gehorsam, aber der Leistungsdruck, der auf ihm lastet, ist groß. Er hat Prüfungsangst. »Nun fingen mit schrecklichen Ängsten die mündlichen Prüfungen an, welche gut ausfielen«, notiert er am 27. Oktober 1843 in seinem Tagebuch, und tags darauf heißt es da: »Waren wieder mündliche Prüfungen, welche gut ausfielen, und damit waren die Prüfungen geendet. Ich war froh, nun von so vielen Ängsten befreyt zu seyn. Doch nun muß ich wieder wacker an das Studieren gehen.«

Das völlig überzogene Erziehungsprogramm hat auch gesundheitliche Folgen. Franz Joseph leidet monatelang vor Beginn des Unterrichts an Magenschmerzen und muss sich übergeben. Die Mutter und die Erzieher nehmen das psychosomatische Symptom (wie man das heute medizinisch ausdrückt) nicht zur Kenntnis und sehen keine Veranlassung, die hohen Anforderungen an den Knaben zu reduzieren. Der muckt auf, wenn auch nur gelegentlich. »Ich war gegen Grfn. Morzin ungehorsam«, vertraut der 13-Jährige selbstkritisch seinem Tagebuch an. »Er hatte mir verboten, mit einem Lineale zu spielen, und ich spielte noch einen Augenblick fort. Dann war ich am Nachmittage nach dem Exercieren ausgelassen.« Und der Erzherzog bezweifelt auch die Sinnhaftigkeit manches Unterrichtsgegenstandes, etwa des Studiums des Griechischen. Er findet die Lektionen seines Griechischlehrers langweilig und meint dann: »Es thut mir auch leid, diese Sprache lernen zu müssen, da man meistens sagt, es sey unnöthig.« Aber an seinem 15. Geburtstag schreibt er einen Satz nieder, der heute keinem pubertierenden Teenager in den Sinn kommen würde. »Fünfzehn Jahre alt, nur mehr wenig Zeit zur Erziehung; also muß ich mich sehr anstrengen mich zu bessern.«

Zur Eigeninitiative und zum kritischen Nachdenken wird Franz Joseph nicht angehalten. Er verspürt auch keine Lust dazu, aber er hat ein vortreffliches Gedächtnis.

Die Mutter überwacht die Erziehung ihres Sohnes mit Argusaugen. Sie kümmert sich nicht nur um Reinlichkeit und Hygiene im Haushalt des Kindes, sondern auch um den geregelten Ablauf der Unterrichtsstunden, denen sie oft beiwohnt und in die sie, wenn sie es für richtig hält, auch eingreift.

Die militärische Erziehung überantwortet die Mutter Major Franz Ritter von Hauslab, einem Mann mit umfassender Bildung, der Franz Joseph auch das Grundwissen der Militärtheorie vermittelt. Hauslab unterwirft seinen Schützling natürlich ebenfalls einer strengen Disziplin. »Wer dazu berufen ist zu befehlen, muss zuerst lernen zu gehorchen«, lautet die bündige pädagogische Formel des Majors. Franz Joseph muss in drei militärischen Disziplinen eine Grundausbildung absolvieren: als Infanterist, als Dragoner und als Artillerist. Er fügt sich willig den Anordnungen des Lehrers und lernt dann auch noch, Geländestudien zu zeichnen und Verteidigungsanlagen zu entwerfen. Der Bub ist vom Militär angetan. Er liebt Uniformen, Paraden faszinieren ihn.

An seinem 13. Geburtstag ernennt ihn der Kaiser zum Oberst eines Dragonerregimentes. Die erste Eintragung in seinem Tagebuch gilt diesem Ereignis. »Dieß war mein 13ter Geburtstag«, hält er am 18. August 1843, an dem er sich in Ischl aufhält, fest. »Eine Überraschung war mir vorbereitet. Als aber die Thür zum Zimmer, in welchem meine Geschenke lagen, geöffnet wurde und Mama und Papa mich hineinführten und ich die Dragoneruniform auf dem Tische liegen sah, war mein erster Gedanke die Uniform sey nur ein Spielzeug, doch gleich errieth ich mit der größten Freude, daß es Wirklichkeit sey. Es freute mich besonders, daß ich ein Cavallerieregiment bekommen hatte und unter der Cavallerie ein Dragonerregiment.« Und am Schluss dieser Eintragung gelobt er mit kindlicher Naivität: »Ich nahm mir den Tag über vor, in meinem vierzehnten Jahre und als Offizier nie mehr Furcht zu zeigen und nie mehr eine Unwahrheit zu sagen.«

Auch die Mutter ist überglücklich. »Nie werde ich den Ausdruck unaussprechlichen Glücks vergessen, mit welchem er später mit seiner Uniform zu mir hereintrat«, berichtet Sophie

Für das Militär schlug sein Herz.
Der junge Franz Joseph als Oberst eines Husarenregiments.

ihrem Onkel Erzherzog Ludwig. »Die Bediensteten, darunter die Köchin der Kinder im Negligé liefen zusammen, um den frischgebackenen jungen Offizier zu sehen.«

Einen Tag nach seinem Geburtstag nimmt der junge Erzherzog dann zum ersten Mal an einer vom Vater organisierten Jagd teil und erlegt einen Gämsbock. Es ist der Beginn einer leidenschaftlichen Freizeitbeschäftigung, der er bis in das hohe Alter frönen wird. Auf einer Reise nach Bayern mit seinen Erziehern im September 1843 stattet man auch dem lebenslustigen Herzog Max in Possenhofen einen Besuch ab, der in seinem Schloss am Starnberger See mit seiner Kinderschar das ungezwungene Landleben genießt. Auch die damals sechsjährige Elisabeth ist darunter. Der Erzherzog aus dem fernen Wien macht auf sie keinen Eindruck, und auch er beachtet das Mädchen nicht. Ihre Lebenslinien werden erst ein Jahrzehnt später wieder aufeinandertreffen und sich schicksalhaft verknoten.

Anfang Jänner 1844 erkrankt Franz Joseph an den Schafblattern und muss zwei Wochen lang das Bett hüten. Mitte April 1844 bekommt er Scharlach und wird wegen der großen Ansteckungsgefahr in seinem Zimmer isoliert. Der Patient nimmt die vier Wochen Quarantäne gelassen hin. Er hält mit seiner Familie brieflichen Kontakt und schreibt an die Brüder, die in der Hofburg einen Stock tiefer wohnen: »An diejenigen, die unter Uns wohnen! Impertinente Kreaturen! Wie habt Ihr Euch unterstehen können, nicht Nachfrage zu führen, wie sich meine Hoheit befinden? Ich lasse mich herab Euch Impertinenten zu sagen, dass ich bläulichroth bin, mich ganz gut befinde und Euch in Gnaden gewogen bleibe. Dem Prinzen Hetzius [Ludwig Viktor] melde ich mit hoher Gewogenheit meinen Respekt und schicke ihm ein Bußl. Der mit Euren Impertinenzen Unzufriedene Erzherzog Franz Joseph mit Herablassung gegeben auf Unserem Bette den 15ten des Ostermonathes nach Chr. Geb. anno

1844.« Der Hofarzt stattet ihm zweimal in der Woche einen Besuch ab, die Eltern und Graf Coronini kümmern sich rührend um ihn, er zeichnet viel. Als er schließlich die Erlaubnis erhält, wieder in den Schoß der Familie zurückzukehren, freut es ihn. Aber er hat doch auch die Stille, die Enthebung von allen Alltagspflichten genossen. Der Gedanke, wieder »in die rauschende Welt hinauszugehen, um sich strengeren Studien in die Arme zu werfen«, mindert seine Freudenstimmung.

Der Unterricht wird wieder aufgenommen, er betreibt wieder Sport und legt seine Prüfungen ab. Ende Juni hat er einen gesundheitlichen Rückfall. Er fiebert stark, ist appetitlos, hat starke Kopf- und Augenschmerzen. Der Hofarzt setzt ihm Blutegel hinter den Ohren an. »Es wurde mir gegen Abend besser«, trägt er in das Tagebuch ein, »aber während das Blut noch rann, hatte ich schreckliche Kopfschmerzen.« Nach ein paar Tagen fühlt er sich wieder wohl, aber er muss sich noch eine Weile schonen und Diät halten. Wie jedes Jahr darf er den Sommer dann wieder in seinem geliebten Ischl verbringen.

ANFANG SEPTEMBER 1844 ist eine längere Reise geplant. Die Route soll über Salzburg, Berchtesgaden, Reichenhall und den Bodensee nach Südtirol und von dort über Kärnten und die Steiermark zurück nach Schönbrunn führen. Franz Joseph ist darüber gar nicht erbaut. »Ich freue mich sehr auf diese Tournée«, vertraut er dem Tagebuch an, »doch wenn ich aufrichtig gestehe, ich wäre lieber in Ischl bey der guten Mama in dem schönen, lieben Ischl geblieben. Ach, wann werde ich Ischl wieder auf längere Zeit sehen.« An Ischl, dem wunderschönen Ort im Salzkammergut, hängt sein Herz. Zeitlebens. Er verbringt dort jahrzehntelang die Sommermonate, und er fällt dort die beiden wichtigsten und folgenschwersten Entscheidungen seines Lebens, eine persönliche und eine staatspolitische: 1853 erwählt er seine Cousine Elisabeth, die Tochter des Zither spielenden Herzogs in Bayern, zu seiner Ehegattin, 1914 unterschreibt der greise Monarch das Manifest »An meine Völker« und gibt damit das Startsignal zum Ersten Weltkrieg.

Vor Antritt der Reise übergibt ihm Elisabeth Ludovika, die Gemahlin des Königs von Preußen, in dessen Namen einen Orden. »Dieser Orden freute mich sehr«, vermerkt er im Tagebuch, »nur fand ich, daß ich zu einem Orden noch etwas zu jung sey.« Genau so reagiert er, als er davon in Kenntnis gesetzt wird, dass ihm der Kaiser das Goldene Vlies, den höchsten Orden des Kaiserhauses, verliehen hat. Er weiß natürlich, dass die Verleihung des Ordens an ein minderjähriges Mitglied des Erzhauses den Statuten nicht entspricht. Auch in diesen beiden Fällen zeigt sich schon in der Jugend ein Charakterzug Franz Josephs: sein ausgeprägter Sinn für die Einhaltung bürokratischer Regeln und institutioneller Vorschriften.

Auf der anstrengenden Reise wird Franz Joseph vom Grafen Coronini, seinen beiden Brüdern Max und Karl Ludwig und ein paar Bediensteten begleitet. Es geht in drei pferdebespannten Kutschen auf teilweise schlechten Straßen von einer Station zur anderen. Das Wetter ist wechselhaft, es kommt zu zwei Unfällen, die glimpflich verlaufen, den Erzherzog jedoch ziemlich erregt haben dürften. »Ich war auch viel zu heftig gegen den Postillon«, vermerkt er im Tagebuch. Der 14-Jährige hat die einzelnen Etappen der Reise, seine Eindrücke und Erlebnisse nüchtern, trocken und floskelhaft, geradezu pedantisch festgehalten. Der Briefstil des Kaisers ist bereits vorprogrammiert.

Die kaiserliche Reisegesellschaft wird in den meisten Städten und Orten, durch die sie kommt, feierlich empfangen. Schützenkompagnien marschieren auf, Böller werden abgefeuert, Feuerwerke abgebrannt. Franz Joseph haben es vor allem die Tiroler angetan. »Wir begegneten schon auf dem ganzen Wege in Tyrol tyrolerischen Costümen und schönen Leuten«, notiert er, und ein andermal: »Je näher wir an Meran kamen, desto schöner wurden die Menschen. Sie tragen große runde Hüte, kurze Hosen, nackte Knie, breite Hosenträger.« Franz Joseph ist aber auch von den Naturschönheiten beeindruckt, von den hoch aufragenden Berggipfeln und den mächtigen Gletschern. Sein Schönheitssinn schließt auch die Städte mit ihren herrlichen Kirchen und Bürgerhäusern mit ein. Bozen bezeichnet er als ein sehr hübsches Städtchen. »Es ist ganz von Weingärten umgeben, die Häuser sind schon nach italienischer Art gebaut und mit Röhren-artigen Ziegel gedeckt.« In der »herrlichen gothischen Pfarrkirche« wohnt der fromme Erzherzog einer Messe bei.

Auf dem Rückweg beschleicht ihn beim Anblick der Ischler Berge ein wehmütiges Gefühl. »Ich kann eben die herrlichen Berge fast nicht entbehren, und in das flache Wien zurückzukehren, wird mir schwer«, lamentiert er. Aber das schöne Ischl ist eben nicht das Zentrum des Habsburgerreiches. Der geliebten Mama, nach der er sich sehr sehnt, schreibt der »treu ergebene Sohn« von dieser Reise drei Briefe. Seinem kleinen Bruder, dem damals zwei Jahre alten Ludwig Viktor, den er zärtlich »Hetzi« nennt, schickt er Küsse über Küsse. Er hat den Jüngsten, der ihm später noch sehr viel Kummer bereiten soll, sehr gerne.

Am 27. September 1844 kehrt die Reisegesellschaft nach Schönbrunn zurück. Aber es bleibt kaum Zeit, sich von den Strapazen zu erholen. Drei Tage später ist der Erzherzog schon wieder unterwegs. Diesmal geht es per Nordbahn in die mährische Garnisonsstadt Proßnitz (heute Prostějov), wo er seinem Regiment zum ersten Mal einen Besuch abstattet. »Ich unterhalte mich hier vortrefflich; ich reite, kutschiere, und was die Hauptsache ist, bin den ganzen Tag in Uniform, weil es hier nicht erlaubt ist, anders angezogen zu sein …«, schreibt er der Mutter. Die Uniform wird zeitlebens sein bevorzugtes Kleidungsstück bleiben. Der junge Herr Oberst defiliert dann auch noch hoch zu Ross und mit gezogenem Säbel wie ein alter Stabsoffizier vor Erzherzog Albrecht, dem kommandierenden General. Sein schneidiges Auftreten, das die Zustimmung des gesamten Offiziersstabes findet, hebt sein Selbstbewusstsein.

Eine weitere Reise führt den 15-Jährigen wieder mit seinen Erziehern und Brüdern nach Venetien und in die Lombardei, wo ihn der greise Feldmarschall Radetzky mit allen Ehren begrüßt. Radetzky inszeniert für seine Gäste Militäraufmärsche, zeigt ihnen Kasernen, Arsenale, die Befestigungsanlagen der Armee, die er vor Kurzem hat modernisieren lassen, und lässt militärische Aufklärungsballons in den Himmel steigen. Von der im Untergrund schwelenden Stimmung gegen das verhasste habsburgische Regime bekommt der Erzherzog nichts zu spüren. Von der Realität wird er ferngehalten, mit dem Volk gibt es keinen Kontakt. Italien interessiere ihn sehr, schreibt er der Mama, aber er sehne sich nach dem lieben Ischl.

Nach der Rückkehr geht es im alten Trott weiter. Eine Lektion folgt der nächsten, er legt Prüfungen ab, geht in das Theater, auf die Jagd und beginnt sich für das andere Geschlecht zu interessieren. Die Mutter glaubt erkannt zu haben, dass sich ihr pubertierender Sohn in ein Fräulein Marwitz verliebt habe, die im Gefolge der Königin von Preußen im August 1844 nach Ischl gekommen ist. »Franzi ist in zarter Art und Weise mit Fräulein von Marwitz beschäftigt. Es ist das erste Mal, daß solch ein Gefühl in ihm erwacht. Ich kann den Eindruck nicht genügend beschreiben, den mir das gemacht hat. Dieser Bub, den ich noch für ein Kind hielt, geht plötzlich, ohne daß ich es merke, zu den Neigungen und den Gefühlen eines jungen Mannes über. Das ließ mich eine vage Unruhe wie eine peinliche Sensation empfinden und es scheint mir, als gehöre er mir nicht mehr so wie früher«, hält sie mit angstvoller Besorgnis fest.

Dem verliebten Sohn ist die ganze Angelegenheit nicht einmal eine Zeile wert. In seinem Tagebuch finden sich allerdings andere Hinweise, dass er für weibliche Reize empfänglich geworden ist. »Sah ich bey einem Frühstücke bey der Mama zum ersten Male Hildegarden. Sie gefiel mir gut, sie ist hübsch, hat zu dicke Wangen, eine sehr hübsche Gestalt, ist recht aimable, hat aber, finde ich, nur zu viel von der Kaiserin Mutter, besonders das lange, starre Ansehen«, charakterisiert er beinahe wie ein Kenner die 19-jährige Prinzessin aus Bayern. Der Mutter fällt diesmal nichts auf. Hildegard hat erst kürzlich Erzherzog Albrecht geheiratet. Sie braucht sich nicht zu sorgen, dass sie Franzis Herz an eine andere Dame verliert. Am Abend dieses Tages, am 24. Mai 1844, sieht der Erzherzog in Begleitung des Vaters Fanny Elßler tanzen, deren Tanzkunst er auch später noch oftmals bewundert. Noch eine andere Dame erwähnt er eineinhalb Jahre später in seinem Tagebuch. Es ist die russische Großfürstin Katharina, die er »sehr hübsch und sehr lustig« findet.

Bis zu einer engeren Begegnung mit einer Frau dauert es dann noch ein Weilchen. Die Mama zieht auch bei den frühen Amouren des Sohnes geschickt die Fäden. Sie sorgt dafür, dass Franz Joseph sorgfältig ausgewählte Damen zugeführt werden, die ihn in die »ars amandi«, die Liebeskunst, einführen. Diese lohnenswerte Aufgabe der »initiatrice«, wie man das bei Hof nennt, übernimmt die um acht Jahre ältere Hofdame Gräfin Elisabeth Ugarte, die er nach einem Ball im Palais Kinsky im Fasching 1848 mit in die Hofburg nimmt. Die Liaison, um im Jargon zu bleiben, dauert einige Zeit und wird dann von anderen Liebesbeziehungen abgelöst.

DIE ERZIEHUNG FRANZ JOSEPHS ist noch nicht abgeschlossen. Der 16-Jährige erhält ein Taschengeld von monatlich 160 Gulden, über dessen Verwendung er auf Wunsch der Mutter in einem Wirtschaftsbuch penibel Rechnung führen, die Ausgaben präzise belegen muss. Bereits im nächsten Jahr muss der junge, gut aussehende Erzherzog Repräsentationsaufgaben übernehmen. Das reimt sich nicht gut zusammen. Aber es läuft so ab. In der zweiten Jännerwoche 1847 nimmt Franz Joseph am Begräbnis von Erzherzog Josef Anton in Ofen teil, der 50 Jahre lang als Palatin (königlicher Statthalter) in Ungarn gewirkt und sich große Verdienste um das wirtschaftliche und kulturelle Leben des Landes erworben hat. Im Herbst dieses Jahres wird er abermals nach Ofen geschickt, um bei der Amtsübergabe an den neuen Palatin den Kaiser zu vertreten. »Das Wetter war sehr schön aber kalt, und so flogen wir über Stock und Stein bis hierher«, berichtet er der Mutter über die Fahrt in die ungarische Hauptstadt, und in einem nächsten Brief: »Die Installation ist glücklich abgelaufen. Meine Reden, deren Zahl in Ofen noch gewachsen ist, habe ich glücklich angebracht und bin daher nur von den Eljenrufen der enthusiasmierten Magyaren unterbrochen worden. Mein Amt ist nun gottlob zu Ende und ich freue mich sehr, bald bei Ihnen zu sein.«

Auch in Ungarn gibt es eine ziemlich starke nationale, antihabsburgische Strömung. Zwei Wochen nach seinem Besuch in Ofen brennen Studenten in Pest, am anderen Ufer der Donau, das Deutsche Theater nieder. Im November 1847 wird in Pressburg der Ungarische Reichstag eröffnet. Franz Joseph nimmt im Gefolge des Kaisers an der zeremoniellen Eröffnung teil. Und auch diesmal ist sein Bericht an die Mutter völlig fern der Realität. »Das Ungarischsprechen vom Kaiser hat einen unaussprechlichen Enthusiasmus erregt, umsomehr, da es eine Überraschung war. Die Leute brüllten und schwenkten mit Mützen und Tüchern«, schwärmt er der Mutter vor. Macht auch er sich etwas vor?

Dem Reichstag gehört auch ein gewisser Lajos Kossuth an, der Führer der Radikalen, der längst seine Unabhängigkeitsparolen gegen das Haus Habsburg hinausposaunt. Sieht und hört er nichts, der künftige Kaiser, oder nimmt er ganz einfach nicht zur Kenntnis, was sich an Sturmgewölk in den einzelnen Kronländern des Großreiches zusammenbraut?

SOPHIE HAT SICH SEIT IHRER HEIRAT im Jahr 1824 am Wiener Kaiserhof zu einer beherrschenden Persönlichkeit mit unumstößlichen politischen Grundsätzen entwickelt. Ihr weltanschaulicher Standort ist klar und fest umrissen. Die willensstarke, intelligente bayerische Königstochter ist eine bedingungslose Verfechterin der monarchischen Ordnung. Der Herrscher hat seine Würde von Gott und ist für alle seine Handlungen nur ihm verantwortlich. Das ist ihre unerschütterliche Überzeugung. In ihrer Gedankenwelt haben die durch die große Französische Revolution freigesetzten politischen und gesellschaftlichen Triebkräfte, die nationalen und liberalen Strömungen, die in vielen europäischen Staaten virulent werden, absolut keinen Platz. Sophies weltanschauliche Position deckt sich vollkommen mit jener des Fürsten Metternich, des allgewaltigen Klemens Lothar Metternich, der als österreichischer Staatskanzler halb Europa seinen politischen Willen aufzwingt. Metternich ist jede Neuerung verdächtig. Sie wird von den zuständigen Behörden bereits im Keim erstickt. Die Bürger sind im absolutistisch regierten Habsburgerreich nichts weiter als Untertanen. Sie haben keine politischen Rechte, es gibt keine geistigen Freiräume, die Zensur ist allgegenwärtig. Die Zensoren überwachen nicht nur jede Äußerung, die in Druckform erscheint, sondern auch die private Korrespondenz. Sie untersuchen selbst

Zeichnungen und Aufschriften aller Art auf staatsgefährdende, unmoralische und religionsfeindliche Anspielungen. Sogar Libretti und Liedertexte bleiben nicht verschont. Franz Grillparzer, Johann Nestroy, Eduard von Bauernfeld und andere Schriftsteller bekommen diese bornierten Zensurmethoden zu spüren. Grillparzer spricht von den »unsichtbaren Ketten, die an Hand und Füßen klirren«. Charles Sealsfield, alias Karl Postl, der aus dem kaiserlichen Polizeistaat in die Vereinigten Staaten von Amerika flieht, klagt mit spitzer Feder: »Der österreichische Schriftsteller ist wohl das meist gequälte Geschöpf auf Erden. Er darf nicht freisinnig sein, nicht humoristisch, kurz, er darf nicht sein.«

Es gibt nicht nur keine geistige Freiheit im habsburgischen Überwachungsstaat, die Lebensbedingungen breiter Bevölkerungsschichten sind katastrophal. In Wien steigt die Einwohnerzahl rasant an, entsprechender Wohnraum steht nicht zur Verfügung. In den Elendsquartieren der Vorstädte leben bis zu zehn Menschen in einem Raum zusammengepfercht, es herrschen unbeschreibliche hygienische Zustände. Seuchen grassieren. Die Kindersterblichkeit ist hoch. Not und Elend prägen das Straßenbild. Die Arbeiter in den Fabriken müssen 14 bis 16 Stunden pro Tag arbeiten und verdienen doch nicht genug, um ihre Familien ernähren zu können. Einen Großteil ihres kargen Lohnes fressen die hohen Mietzinse auf. Frauen und Kinder müssen mithelfen, den Lebensunterhalt zu verdienen. Trotzdem hungern und verhungern viele Menschen.

Im Jahr 1847 verschärfen eine Missernte und eine Wirtschaftskrise die triste Situation. Unternehmungen brechen zusammen, die Preise für Brot, das wichtigste Nahrungsmittel der Armen, Milch und Kartoffeln steigen. In einigen Wiener Vorstädten plündern entlassene Arbeiter die Bäckerläden und Greißlergeschäfte. Der unter dem Ehrenschutz des Erzherzogs

Franz Karl gegründete »Wiener Allgemeine Hilfsverein« und andere private karitative Organisationen verteilen einen aus Blut und Knochen gekochten, angeblich nahrhaften Brei. Die Regierungsbehörden beschließen Erdarbeiten im Prater und Kanalbauten am Wienfluss, bei denen 15.000 bis 20.000 Arbeitslose beschäftigt werden. Zum ersten Mal in der Geschichte Österreichs versucht der Staat durch ein Beschäftigungsprogramm die soziale Not ein wenig zu lindern. Aber diese Maßnahme ist natürlich nicht mehr als der berühmte Tropfen auf den heißen Stein.

Dringen die drohenden Alarmsignale, der Unmut der Bürger über ihre politische Rechtlosigkeit und die Wutausbrüche der sozial Entrechteten bis in die Räume der Hofburg?

In den von Jahr zu Jahr immer schütterer werdenden Tagebüchern Franz Josephs spiegeln sie sich nicht wider. Der zum jungen Mann herangereifte Erzherzog notiert den Besuch von Konzerten und nicht ohne Selbstlob seine Schießerfolge bei verschiedenen Jagden. Unter dem Datum vom 21. Juni 1847 heißt es da: »… gingen Papa, Onkel Ludwig, Leopold und meine Wenigkeit im Kaiserzipf [im Tiergarten] auf Rehböcke. Es wurde getrieben und 2 Rehböcke, 2 Dammböcke und eine Damm-Geis geschoßen, wovon ich die beyden Rehböcke und einen Dammbock erlegte.«

Die politisch hellwache Mutter verfolgt das aktuelle Geschehen im eigenen Land und in den verschiedenen europäischen Staaten mit gespannter Aufmerksamkeit und wachsender Sorge. Sophie ist bestens informiert. Der Briefwechsel mit ihrer Familie verschafft ihr Einblick in die politischen und gesellschaftlichen Vorgänge in der deutschen Staatenwelt. Ludwig I., einer ihrer Halbbrüder, ist König von Bayern, ihre Zwillingsschwester Königin von Sachsen, die älteste Schwester, Elisabeth Ludovika, ist mit dem König von Preußen verheiratet. Sophie liest aber auch wichtige deutsche und etliche französische Zeitschriften, deren Lektüre im Kaiserreich unter Strafe verboten ist. Um die strengen Zensurvorschriften kümmert sie sich nicht. Aus der von dem berühmten Verleger Johann Friedrich Freiherr von Cotta gegründeten »Augsburger Allgemeinen«, ihrem Leibblatt, erfährt sie, was sich außerhalb der Mauern der Hofburg abspielt. Die weltoffene Linie dieses Blattes entspricht zwar nicht ihrem konservativen Weltbild, aber sie weiß, was sich in den Ländern ringsum abspielt.

Auch von der Zensur strikt verbotene Bücher, wie jenes des liberal gesinnten Freiherrn Viktor Andrian-Werburg, »Österreich und seine Zukunft«, gehen durch ihre Hand. Der ehemalige Hofsekretär und kaiserliche Kämmerer unterzieht darin das System Metternich einer vernichtenden Kritik. Das Buch, das 1842 im Hamburger Verlag Hoffmann und Campe anonym erscheint, findet in zahlreichen geschmuggelten Exemplaren auch den Weg nach Österreich und wird eifrig gelesen. Sophie ist mit vielen Passagen nicht einverstanden, aber die Kritik am Staatskanzler findet ihre Zustimmung. Ihr freundschaftliches Verhältnis zu Metternich ist längst abgekühlt. Sie verzeiht es ihm nicht, dass er dem völlig ungeeigneten und regierungsunfähigen Ferdinand den Weg zum Thron freigemacht hat. Das Habsburgerreich ist seither für sie eine »Monarchie ohne Monarchen«, die Staatskonferenz, die es regiert, ein Greisenregime. Zu Weihnachten 1847 notiert sie in ihrem Tagebuch, das sie von 1841 bis zu ihrem Tod in französischer Sprache führt: »Gott allein weiß, was die Zukunft für unser armes Land bereithält.«

SOPHIES DÜSTERE AHNUNGEN erfüllen sich bald. Das Habsburgerreich gerät in eine veritable existentielle Krise. Anfang Jänner 1848 treffen aus Italien die ersten missliebigen Nachrichten ein. In Neapel und Sizilien sind Unruhen ausgebrochen, in Mailand kommt es zu blutigen Straßenschlachten zwischen Rebellen und dem Militär.

Die Erzherzogin ist zutiefst beunruhigt. »Welch traurige Zeiten sind die unsrigen. Die leidenschaftliche Erhitzung der Geister breitet sich immer mehr aus und insbesondere in diesem armen, schönen Italien, das so glücklich sein könnte, wenn es vernünftig wäre«, vertraut sie ihrem Tagebuch an. Viele Italiener sehen das freilich ganz anders. Ende Februar verhängt Feldmarschall Radetzky im unter habsburgischer Herrschaft stehenden Königreich Lombardo-Venetien das Kriegsrecht. Aus Frankreich kommt die Nachricht, dass in Paris eine Revolution ausgebrochen ist, am 3. März fordert Lajos Kossuth vor den in Pressburg versammelten Abgeordneten des Ungarischen Reichstages in einer historisch gewordenen Rede eine Verfassung für alle österreichischen Erbländer. Die revolutionären Vorgänge in Frankreich und vor allem die Kossuth-Rede wirken in Wien wie ein Fanal. »Hier herrscht eine trübe, unheimliche Stimmung in allen Kreisen«, hält ein zeitgenössischer Beobachter fest. »Wie ein Donnerschlag hat die Pariser Revolution die Dunkelheiten unserer Lage erhellt. Die Vorstädte sollen in sehr gereiztem Zustand sein. Der kleine Bürgerstand befindet sich in offener Gärung. Die unheilvollsten Gerüchte zirkulieren.«

Der Ruf nach durchgreifenden Reformen wird laut. Die Studenten fordern die Abschaffung der Zensur und die Freiheit der Lehre, die Bürger politische Mitspracherechte. Der Hof und Metternich weisen die Forderungen zurück. Binnen Kurzem spitzt sich dann die Lage dramatisch zu. Am 13. März 1848 explodiert das Pulverfass. In der engen Herrengasse formieren sich die Studenten in den Morgenstunden zu einer Demonstration, der sich mehr und mehr Menschen anschließen. Die Menge dringt in den Hof des Niederösterreichischen Landhauses ein. Ein bislang unbekannter Arzt namens Adolf Fischhof hält eine flammende Rede gegen das bestehende Herrschaftssystem. Er fordert Presse- und Versammlungsfreiheit, die Einberufung einer Volksvertretung, eine Verfassung, die Abberufung des verhassten Staatskanzlers Metternich. »Nieder mit Metternich«, heißt die Parole. Es kommt zu ersten Ausschreitungen.

In der Hofburg stoßen diese Forderungen auf Ablehnung. Am Nachmittag schreitet das Militär ein, Schießbefehl wird erteilt. Es gibt vier Tote und einen Schwerverletzten. Unterdessen haben sich das Kaiserpaar, Erzherzogin Sophie und ihr Gemahl, Erzherzog Ludwig und andere Mitglieder des Hofstaates zu einer Krisensitzung zusammengefunden. Sie empfangen eine Abordnung des Volkes nach der anderen, suchen nach Lösungen. Am Ende des Tages entschließt sich der Kaiser, Metternich zu entlassen. Der 75-Jährige nimmt seinen Abschied. Sophie hat an seinem Rücktritt einen entscheidenden Anteil. Die Überlegung, der Kaiser möge zugunsten ihres ältesten Sohnes auf den Thron verzichten, weist sie zurück. Franz Joseph, der an diesem schicksalsschweren Tag nicht in Erscheinung getreten ist, sei noch zu jung, man müsse abwarten. Mit einer Eintragung über die Ereignisse am 12. März 1848, über die man ihn offenbar informiert hat, endet übrigens sein Tagebuch.

Mit der Entlassung Metternichs hat die Revolution einen ersten Sieg errungen. Am 14. März wird die Zensur aufgehoben, am nächsten Tag fährt der Kaiser in Begleitung Franz Karls und Franz Josephs in einer offenen Kalesche durch die Innenstadt und wird begeistert akklamiert. Zwei Stunden nach der Rückkehr in die Hofburg wird der Entschluss des Kaisers verkündet, so bald wie möglich eine verfassungsgebende Versammlung einzuberufen.

Die Lage beruhigt sich. In ihrem Tagebuch gibt sich die Erzherzogin über die Vorgänge an diesen drei Tagen wortkarg.

»Schreckliche, unheilvolle Tage, die in meinem Herzen einen Schmerz zurückgelassen haben, eine herzzerreißende Erinnerung, die mich niemals verlassen wird und eine Schande für mein teures Wien ist«, notiert sie.

In der Hofburg kehrt wieder der Alltag ein. Sophie unternimmt mit ihrem Sohn Spaziergänge und nachmittägliche Ausfahrten, versucht ihn vom politischen Leben fernzuhalten. Das gelingt ihr nicht ganz. Anfang April wird er mit dem Amt des Statthalters von Böhmen betraut, das er jedoch dann nicht antreten muss. Seine politische Unerfahrenheit spricht dagegen. Kurz darauf begleitet er das Kaiserpaar nach Pressburg, wo Ferdinand allen Forderungen des Ungarischen Landtages nachgibt, die praktisch auf eine Loslösung Ungarns aus dem habsburgischen Staatsverband hinauslaufen.

Bricht das Habsburgerreich in seine Einzelteile auseinander? Und: Auf welchen Platz soll man den jungen Erzherzog in dieser Umbruchzeit stellen? Nach langen Beratungen verfällt man auf die Idee, ihn nach Oberitalien zu schicken, wo Radetzky der italienischen Aufstandsbewegung militärisch die Stirn bietet. Franz Joseph ist sofort Feuer und Flamme. Er fühlt sich als Soldat, er will seinen Mut unter Beweis stellen. Das Herz der Mutter beschleicht Wehmut. Sie gibt dem geliebten Sohn einen Brief an den Feldmarschall mit auf den Weg. »Mein Teuerstes, mein Herzblut übergebe ich Ihren treuen Händen«, schüttet sie ihm ihr Herz aus. »Leiten Sie mein Kind auf Ihrer Bahn, so gut es geht und in Ehren. Seien Sie ihm ein guter Vater – er ist dessen werth – denn er ist ein braver, ehrlicher Junge und seit seiner Kindheit mit Leidenschaft dem Soldatenberuf ergeben …« Bei der Abreise zum italienischen Kriegsschauplatz begleitet sie ihren Sohn bis zur Auhofallee und nimmt dann einen tränenreichen Abschied von ihm.

FRANZ JOSEPH FIEBERT dem Kriegsabenteuer entgegen. Er will sich als Soldat bewähren, seinen Mann stellen. Er schreibt der Mama von jeder der Stationen, an denen er haltmacht, von Salzburg, Innsbruck und Bozen, einen Brief. In Verona begegnet er dem greisen Feldmarschall und übergibt ihm das Schreiben der Mutter. Radetzky ist über die Ankunft des Erzherzogs in seinem Hauptquartier keineswegs entzückt. Die militärische Lage ist bedrohlich. Falls Franz Joseph etwas zustößt, wird man ihn zur Rechenschaft ziehen. Der junge Erzherzog hingegen ist unbekümmert. »Ich hoffe bald ins Feuer zu kommen«, schreibt er der Mama. Sein Wunsch geht bald in Erfüllung. In der Schlacht bei Santa Lucia erhält er seine Feuertaufe. Kurz und soldatisch knapp meldet er am 6. Mai 1848: »Heute haben wir ein sehr starkes Gefecht, ich möchte sagen eine Schlacht mit den Piemontesen gehabt. Die Feinde haben viel gelitten und haben sich zurückgezogen. Ich habe zum ersten Male die Kanonenkugeln um mich pfeifen gehört und bin ganz glücklich.«

Unterdessen ist auch in Wien die Stimmung wieder umgeschlagen. Um ihren Forderungen Nachdruck zu verleihen, dringen am 15. Mai bewaffnete Studenten und Arbeiter in die Hofburg ein. Die kaiserliche Familie fühlt sich bedroht. Sophie in ihrem Tagebuch: »Wir müssen fort, denn wir sind ja hier wie in einer Mausefalle gefangen. So haben Franz Karl und ich mit unseren Kindern unsere traulichen Zimmer verlassen, wo wir liebe Dinge und Erinnerungen zurücklassen mußten, wo wir volle dreiundzwanzig Jahre ruhig und glücklich waren. Wir gaben eine Spazierfahrt in unserer gewöhnlichen Kalesche vor und taten so als würden wir zur Frau des Paladins fahren.« Am zweiten Reisetag erreicht man, von der Bevölkerung freudig begrüßt, Innsbruck.

In der zweiten Junihälfte muss Franz Joseph seinen Italieneinsatz beenden und in den Schoß der Familie zurückkehren. Er erhält in der Person des Obersten Karl Graf Grünne einen ultrakonservativ gesinnten neuen Obersthofmeister. Ab nun wird er auch in alle politischen Entscheidungen des Hofes mit einbezogen, bei denen die Mutter eine immer entscheidendere Rolle spielt.

Die kaiserliche Familie kehrt am 12. August in die Hauptstadt zurück. Sechs Tage später feiert man in Schönbrunn ausgiebig den 18. Geburtstag Franz Josephs. Seine Eltern schenken dem passionierten Pfeifenraucher zwei prachtvoll verzierte Meerschaumpfeifen.

Die Lage in Wien bleibt gespannt, es kommt erneut zu schweren Ausschreitungen. Der Hof flieht am 7. Oktober abermals aus der Haupt- und Residenzstadt. Diesmal findet man im mährischen Olmütz in der fürsterzbischöflichen Residenz Zuflucht und Unterkunft. Die Erzherzogin ist auf die Wiener bitterböse. »Gott erbarme sich der armen verblendeten Wiener«, schreibt sie ihrem Onkel, Erzherzog Ludwig, »ich fürchte aber, daß ihr Mangel an Verstand und selbständigem Urtheil ihre Heilung sehr verzögern wird.«

In den nächsten Monaten fallen die folgenschwersten Entscheidungen in diesem Epochenjahr. Die Revolution in Wien wird blutig niedergeschlagen.

Fürst Felix Schwarzenberg, ein energischer Militär und geschmeidiger Diplomat, wird zum Ministerpräsidenten und Außenminister bestellt. Die Mama und Franz Joseph, der ihn im Hauptquartier Radetzkys kennengelernt hat, schätzen seine Fähigkeiten. Sie erwarten von ihm die Wiederherstellung der monarchischen Ordnung. Der formvollendete Kavalier wird sie nicht enttäuschen.

Der Zeitpunkt für die Thronübergabe an Franz Joseph ist nun gekommen. Innerhalb der Familie finden intensive Gespräche

Die Hofbibliothek steht in Flammen.
Die Revolution des Jahres 1848 wurde Ende Oktober nach einer Beschießung der Innenstadt durch kaiserliche Truppen niedergeworfen.

darüber statt, zu denen Schwarzenberg und Fürst Alfred Windisch-Graetz beigezogen werden. Windisch-Graetz hat den Oktoberaufstand niederkartätscht und steht bei Sophie hoch im Kurs. Sie alle sind der Meinung, dass der Kaiser den Revolutionären zu große Zugeständnisse gemacht hat und ein monarchischer Neubeginn dringend geboten sei. Kaiserin Maria Anna fällt es nicht schwer, Ferdinand von der Notwendigkeit einer Abdankung zu überzeugen. Mit Franz Karl haben Sophie und Schwarzenberg kein so leichtes Spiel. Der Erzherzog ist schließlich der Nächste in der Thronfolge und hält sich durchaus für die Kaiserwürde geeignet. Er kann erst in mühsamen Gesprächen dazu gebracht werden, auf seine Thronrechte zu verzichten.

Der unerfahrene Franz Joseph kann sich mit der Vorstellung, Kaiser zu werden, nur langsam anfreunden. Er ist von innerer Unruhe erfüllt, er kann nächtelang nicht schlafen, er sieht blass und schmal aus. Schließlich fügt er sich in sein von der Familie beschlossenes Schicksal.

DIE VORGESPRÄCHE SIND BEENDET. Nun müssen die nötigen Vorbereitungsarbeiten für die Thronübergabe getroffen und durchgeführt werden. Sie soll im Thronsaal der fürsterzbischöflichen Residenz am 2. Dezember 1848 stattfinden.

Das Hofpersonal hat alle Hände voll zu tun, um den geräumigen Saal in aller Eile auf Hochglanz zu bringen. Der Parkettboden wird frisch gewichst, die venezianischen Kronleuchter, Spiegel und Fenster werden blitzblank geputzt, die Wände mit goldbestickten Teppichen behangen. An der Stirnseite des Saales wird ein Thron mit einem Baldachin aus scharlachrotem Samt aufgebaut.

Die Zeremonie beginnt um acht Uhr morgens. Die Festgäste werden in den Saal geleitet und nehmen die für sie vorgesehene Position ein. Nun erscheinen der Kaiser und die Kaiserin und nehmen auf zwei Lehnstühlen vor dem Thron Platz. Zuletzt betritt Franz Joseph mit seinen Eltern den Raum. Sophie hat sich für den Festakt besonders herausgeputzt. Sie trägt ein weißes Moirékleid, am Hals glitzert ein kostbares Geschmeide aus Türkisen und Diamanten. Es ist ihr Tag, der Tag, auf den sie jahrelang hingearbeitet und den sie herbeigesehnt hat. Es ist der freudigste Tag ihres Lebens.

Franz Joseph trägt einen weißen Waffenrock mit goldenem Kragen und eine rote Hose. Generalsuniform. Im Raum tritt

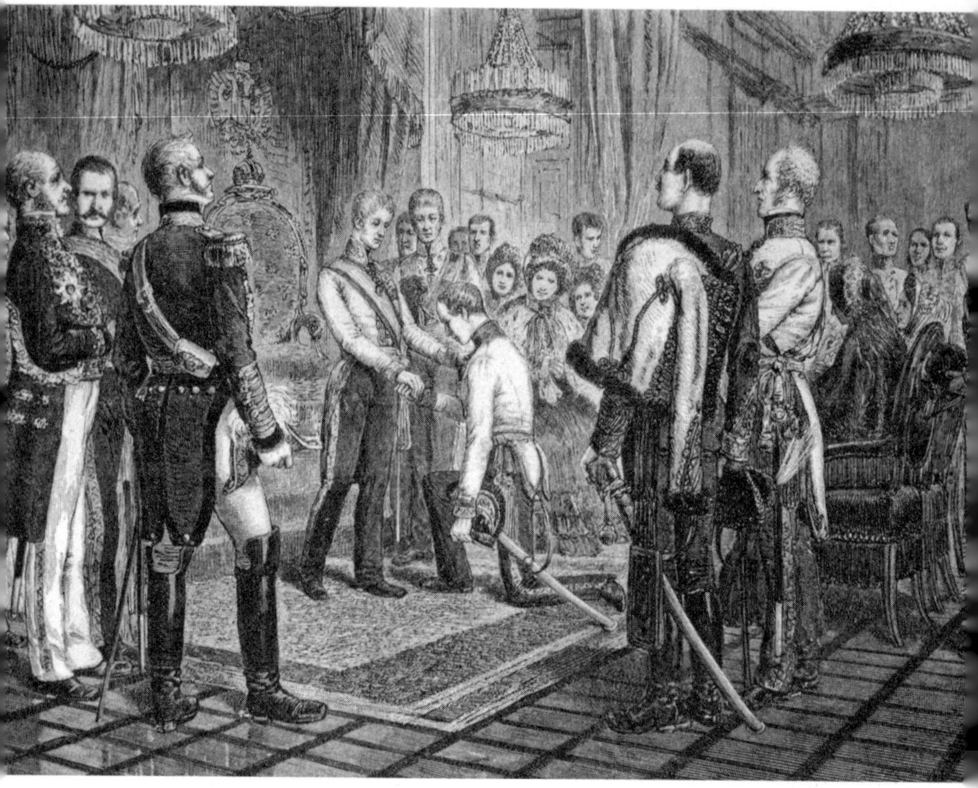

Am 2. Dezember 1848 übergab Kaiser Ferdinand I. in der fürsterzbischöflichen Residenz in Olmütz den Thron an seinen Neffen Franz Joseph.

atemlose Stille ein. Nun verliest der Kaiser mit leiser, müde wirkender Stimme die Thronentsagungsurkunde. »Die Funktion endete damit«, hält er später in seinem Tagebuch fest, »daß der neue Kaiser vor seinem alten Kaiser und Herrn, nämlich vor mir, kniend um den Segen bath, welchen ich unter Auflegung der Hände auf seinen Kopf und Bezeichnung mit dem Kreuz gab …«

Unmittelbar nach der Zeremonie in Olmütz verlassen der Kaiser und die Kaiserin die Stadt und ziehen sich auf ihr endgültiges Domizil, auf die Prager Burg zurück. Dort führt Ferdinand, von einem zahlreichen Hofstaat umgeben, das Leben eines reichbegüterten Privatmannes. Der bis in sein mittleres Lebensalter von epileptischen Anfällen schwer heimgesuchte Exmonarch erfreut sich in Prag großer Beliebtheit. Er stirbt dort im Alter von 82 Jahren.

Der junge Kaiser nimmt die Gratulationen des Hofes, allen voran der Mutter, entgegen. Dann wird die von Schwarzenberg verfasste Thronbesteigungsproklamation erlassen. Franz Joseph I., wie er sich offiziell nennt, will ein Kaiser von Gottes Gnaden sein. Für diese Form der Kaiserwürde ist er erzogen worden. Und er ist entschlossen, »alle Länder und Völker der Monarchie in einem großen Staatskörper zu vereinen«. Das ist eine deutliche Absage an die Unabhängigkeitsbestrebungen der Ungarn und Italiener.

FRANZ JOSEPH GEHT MIT JUGENDLICHEM ELAN an seine neue Aufgabe heran. Er präsidiert dem Ministerrat, empfängt Abordnungen, schreibt und beantwortet Briefe und liest stundenlang Akten. Er trägt bei allen Anlässen Uniform. Außer auf der Jagd. Die Mutter und Ministerpräsident Schwarzenberg sind die wichtigsten Ansprechpartner des jungen Kaisers. Sophie beobachtet wohlwollend und mit großem Interesse die Maßnahmen des Sohnes. Nach dem ersten Ministerrat am 5. Dezember notiert sie: »Mir war lieb für ihn, daß Franzis ach so junges Gesicht mitten in dem eindrucksvollen Kreis großer Staatsmänner saß. Sie können sich denken, wie ich an diesem Tag für mein Kind gebetet und den Heiligen Geist angerufen habe ...« Bei Tisch fragt sie ihn dann, ob er auch seine Meinung gesagt habe, und erhält zur Antwort: »Seien Sie ruhig ich habe meine Meinung gesagt.« – Seit seiner frühen Kindheit muss er die geliebte Mama per Sie ansprechen.

In den Stolz der Mutter mischt sich bald die Sorge um die Gesundheit des Sohnes. »Für unseren Kaiser habe ich in letzter Zeit wieder die marternste Angst ausgestanden«, jammert sie, »denn die Geschäfte häuften sich so, daß er mehrere Tage nacheinander schon nach 6 Uhr früh am Schreibtisch saß – oft geschieht es daß er ihn von 9 Uhr früh bis 4 Uhr nachmittags nicht verlässt – dann untertags auf Luft und Bewegung verzichten muß und täglich setzt er sich gleich nach Tisch wieder an den Schreibtisch ... Oft sieht er sehr müde und angegriffen aus – zumal an den Audienztagen – wo leider sich so viele dazudrängen. Und das Alles mit 19 Jahren!!! Wäre er 26 oder 30 alt so wollte ich mich noch zufrieden geben – aber in der Entwicklung, im Wachstum diese Anstrengung!«

Die militärische Situation ist ernst, die Revolution nicht endgültig besiegt. Die habsburgischen Provinzen in Oberitalien sind nur vorübergehend befriedet, die Ungarn haben den Thronwechsel nicht zur Kenntnis genommen. Die Hardliner am Kaiserhof, Erzherzogin Sophie, Schwarzenberg und der neue Generaladjutant des Kaisers, Graf Karl Grünne, der als graue Eminenz bald Einfluss auf alle kaiserlichen Entscheidungen nimmt, veranlassen Franz Joseph zu raschem, entschlossenem Handeln. Die Armee mit Fürst Windisch-Graetz an der Spitze wird in Marsch gesetzt. Als der Fürst nach militärischen Anfangserfolgen Rückschläge erleidet, wird er vom Kaiser kurzerhand seines Postens enthoben. Und das wird so bleiben. Macht sich ein Minister, ein hoher Offizier oder ein hoher Staatsbeamter bei Franz Joseph unliebsam, wird er gnadenlos entlassen.

Im Frühjahr 1849 unterwirft Radetzky Oberitalien wieder der habsburgischen Herrschaft. Am 5. Mai kehrt der Kaiser von Olmütz wieder nach Wien zurück, wo noch immer das Kriegsrecht herrscht. »Nach einer glücklichen und ziemlich schnell zurückgelegten Reise sind wir um ½ 6 Uhr im Wiener Bahnhof angelangt und ganz inkognito durch die Stadt nach Schönbrunn gefahren, wo man uns nicht im geringsten erwartete«, schreibt er der Mama. »Sie können sich denken, liebe Mama, wie traurig das große Schloß aussah … Ich ging gleich auf das Parterre und wartete dort, bis die Wohnung des Kaisers aufgesperrt wurde, wo ich dann von den öden Zimmern Besitz nahm. Doch werde ich wahrscheinlich früher als ich es gehofft, wenigstens auf einen Augenblick aus diesem Aufenthaltsorte befreit, um der Armee in Ungarn einen Besuch zu machen.«

Der Inspektionsbesuch stellt ihn zufrieden. »Ich bin sehr befriedigt, denn die Truppen sehen sehr gut und frisch aus, haben sich sehr gefreut mich zu sehen, und wenn sie gleich noch einiges zu wünschen übrig lassen, so sind sie doch vom besten Geiste beseelt und verlangen nur vorwärts«, berichtet er bald darauf der Mama. Aber es geht nicht nur vorwärts, es geht auch zurück. Der Widerstand der ungarischen Revolutionsarmee ist hartnäckig. Ende Juni fühlt sich der Monarch wieder bemüßigt, sich auf den Kriegsschauplatz zu begeben. Er nimmt seinen Bruder Max mit. Zum Entsetzen Schwarzenbergs, der auch mit dabei ist, begibt sich der junge Kaiser in Gefahr und setzt sich bei einem Gefecht dem Kugelregen der Feinde aus. Als Schlachtenlenker, der er gerne sein möchte, aber nicht ist, fühlt er sich wohl. Den Bruder und die Soldaten begeistert der mutige Einsatz. Schwarzenberg missbilligt ihn. Der Kaiser eines Großreiches darf nicht sein Leben auf das Spiel setzen. Franz Joseph und Max kehren nach Schönbrunn zurück. Der ungarische Aufstand wird erst mit russischer Waffenhilfe im August 1849 niedergeschlagen.

Franz Joseph feiert am 18. August in Ischl seinen 19. Geburtstag. Die Mutter organisiert wie üblich das Fest. Auf den Festtagstisch platziert sie eine Torte mit 19 Kerzen, Sänger aus Tirol stimmen »Gott erhalte, Gott beschütze unsern Kaiser, unser

Land« an. Dann geht es zur Jagd. Das Geburtstagskind erlegt sechs kapitale Gamsböcke.

Die Revolution im österreichischen Kaiserreich ist besiegt und findet mit der Erschießung und Strangulierung von 13 ungarischen Generälen im Festungsgraben der Stadt Arad ihr unrühmliches, rachsüchtiges Ende. Der Kaiser hat dazu seine Zustimmung gegeben. Sein monarchisches Image ist schwer belastet.

Franz Joseph ist fest entschlossen, den übrig gebliebenen Revolutionsschutt wegzuräumen. Zunächst wird der Reichstag in Kremsier aufgelöst, der die Stirn gehabt hat, eine Verfassung auszuarbeiten, in der im ersten Paragraph davon die Rede ist, dass alle Staatsgewalt vom Volk ausgeht. Die Volksvertreter werden von Soldaten aus dem Reichstagsgebäude vertrieben. Sophie jubelt. Das Ende der Volksvertretung versetzt sie in regelrechte Hochstimmung. »Über die Schließung des Reichstages jubeln alle Rechtlichgesinnten«, schreibt sie in einem Brief, »denn sie hat den letzten Rest von Schmach vom Kaiserreich genommen, für das es doch sehr demütigend war, Gesetze aus den Händen von solchen Menschen zu empfangen, die rastlos an seiner Vernichtung arbeiteten.« Und weiter: »Sieben der sauberen Deputierten sollen vor Gericht gezogen werden, zwei wurden noch glücklich in Kremsier erwischt. Die Übrigen hofft man bald zu bekommen. Gott gebe es!«

Der Kaiser nimmt jetzt Schritt für Schritt die Zugeständnisse zurück, die der Hof in den Revolutionstagen gemacht hat. Ende 1851 wird mit einer kaiserlichen Urkunde der Absolutismus wiederhergestellt. Franz Joseph meldet der Mutter: »Wir haben das Konstitutionelle über Bord geworfen, und Österreich hat nur mehr einen Herrn. Jetzt muß aber noch fleißiger gearbeitet werden. Danken wir Gott, daß wir in drei Jahren fast schon dort sind, wohin wir kommen wollten.«

DER JUNGE KAISER sitzt stundenlang beim Schreibtisch, unterschreibt Akten und versieht sie mit Randbemerkungen. Aber natürlich nicht nur. Er bespricht sich mit seinen Ministern, gibt Audienzen, nimmt Bittschriften entgegen, unternimmt Reisen durch seine Kronländer. Er besucht dort militärische Einrichtungen, inspiziert Manöver, nimmt Paraden ab, konferiert mit Behörden und ausländischen Herrschern, nimmt an Diners teil, geht ins Theater und auf die Jagd. Von einem Besuch in Venedig im Frühjahr 1851 schreibt er der Mama: »Wir sind alle ganz besonders wohl und ich unterhalte mich sehr gut, esse viel, rauche viel, werde viel sekkiert (sowohl hier als durch viele Schreibereien, die mir von Wien nachgeschickt werden) … Die Stimmung des Volkes ist hier recht gut und ich werde, wo ich mich zeige, angejodelt, – gebrüllt – und geklatscht wie nirgends, sogar viele Nobili und Nobile, die sich bis jetzt aus italienischem Patriotismus ennuyierten, erscheinen seit meiner Ankunft wieder im Theater … Ich werde morgen oder übermorgen von hier abreisen, mich in Triest noch ein oder zwei Tage aufhalten und dann nach Wien eilen, wo das Schreibtischsitzen wieder angeht.« Einen Monat später berichtet er über einen Jagderfolg: »Ich war zweimal auf Auerhahnen und blieb beidemale zwei Nächte und einen Tag in Reichenau und Umgegend. Ich unterhielt mich prächtig in der herrlichen Gegend und Luft und schoß zwei Auerhahnen.«

Von Kontakten mit dem gewöhnlichen Volk ist nicht oder kaum die Rede. Die Not der Menschen kennt er, die sozialen Probleme in seinem Großreich erkennt Franz Joseph nicht. Er ist nicht dazu erzogen worden, er hat dafür kein Sensorium.

Die Faschingszeit im Winter 1851 nützt er ausgiebig. Er nimmt an den Kammerbällen teil, die die Mutter in der Hofburg veranstaltet, und lässt keinen Tanz aus. Die Frauen himmeln den feschen, jungen Kaiser an, und Franz Joseph ist für weibliche

Reize nicht unempfindlich. Eine Dame, die sich in dieser Zeit seiner besonderen Gunst erfreut, ist Gräfin Elisabeth Ugarte. Sie ist eine geborene Berlinerin, acht Jahre älter als er und unverheiratet. Die lebenslustige Gräfin ist einem Gspusi mit dem Kaiser nicht abgeneigt. »Hofbälle interessieren mich am meisten«, schreibt sie einer Freundin, »da ich jedes Mal mit unserem deliziösen Kaiser tanze. Schon zweimal tanzten wir den Kotillon zusammen, was, wie Du Dir denken kannst, großes Aufsehen erregte und ma petite vanité doch etwas schmeichelte. Ich bin, so wie alle, entzückt von unserem allerliebsten Monarchen, der alles, was man sich Gutes, Edles denken kann, in sich vereinigt …«

Die Frau Mama beobachtet die sich anbahnende Liebesbeziehung mit Argusaugen. Als sie handfestere Formen annimmt, reagiert sie mit ihrer sprichwörtlichen Resolutheit. Sie zitiert die Dame zu sich und lässt durchblicken, dass sie in Wien nicht länger erwünscht ist. Die Gräfin versteht den Wink.

Am 5. April 1852 erleidet Franz Joseph einen schweren Verlust. Nach einer Sitzung des Ministerrates erliegt Felix Schwarzenberg unerwartet einem tödlichen Herzschlag. Der Kaiser teilt die Trauerbotschaft unverzüglich der Mutter mit, die sich mit ihren drei Söhnen auf einer Reise nach Venedig befindet. Sophie ist zutiefst betroffen. Sie antwortet dem Sohn: »Wie viel ich an Dich denke, für Dich bete, wie ich mit Dir Deinen theuersten Freund und Diener bedaure, kannst Du Dir leicht vorstellen. Und daß ich jetzt nicht bei Dir bin in den schwersten Augenblicken Deiner dornenreichen Lebensbahn, Dir nicht, wenn auch nur geringen Trost bieten kann, das thut mir gar so weh.« Und am nächsten Tag: »Ach, ich bin immer bei Dir in Gedanken, mein armes, einziges Kind und habe keine Ruhe! Fürchte so, daß den Einzigen einige zugleich ersetzen könnten und Du nur Plage davon und keine bestimmte Hilfe hast! Möge Gott Dich erleuchten und leiten …«

Der blutjunge Kaiser drei Jahre nach seiner Thronübernahme.

Franz Joseph ernennt keinen Ministerpräsidenten mehr. »Ich werde jetzt noch mehr selbst machen müssen, da ich mich auf niemand so verlassen kann, wie es bei Schwarzenberg möglich war, allein auch das hat sein Gutes«, schreibt er der Mama.

In den folgenden Monaten macht der Kaiser eine große Rundreise durch Ungarn und Siebenbürgen. Von Ofen aus berichtet er nach einem Defilee der Truppen: »Das Ganze war außerordentlich schön, festlich, imposant, und ein großer Enthusiasmus; nur dachte ich bei aller Zufriedenheit damit doch immer daran, daß es die Leute für den Kossuth ebenso gemacht haben.«

Der junge Kaiser schätzt die Verführbarkeit der Massen richtig ein. Seinen 22. Geburtstag verbringt er wieder in seinem geliebten Ischl. Auf den Tag genau ein halbes Jahr später, am 18. Februar 1853, wird Franz Joseph Opfer eines Attentates. Der Kaiser unternimmt an diesem kalten Wintertag einen Mittagsspaziergang auf der Bastei. Als er beim Kärntnertor an die Brüstung der Befestigungsmauer tritt und in den Stadtgraben hinunterschaut, wo gerade Soldaten exerzieren, stürzt sich plötzlich ein junger Mann, ein ungarischer Schneidergeselle, auf ihn und stößt ihm ein beidseitig geschliffenes Messer in den Nacken. Die Klinge durchstößt den Kragen des Uniformrockes und dringt in den Hals ein. Franz Joseph taumelt, der Waffenrock färbt sich rot mit Blut. Franz Josephs Flügeladjutant und ein anderer Spaziergänger, der Fleischhauermeister Ettenreich, eilen herbei und halten den Attentäter fest, bis er abgeführt wird. Der Kaiser wird in die Hofburg gebracht und dort ärztlich versorgt. Die Mutter ist einer Ohnmacht nahe, als sie von dem Vorfall erfährt. »Außer mir stürzte ich mich in seine Arme; seine einzige Sorge war, mich zu beruhigen«, notiert sie in ihrem Tagebuch. Und weiter: »Nach der ersten Aufregung schlief mein armer Franzi nahezu den ganzen Tag. Ich sagte Grünne, daß man in den Kirchen um 10 Uhr ein Te Deum für die Errettung des Kaisers aus den Händen des Mörders anordnen soll.« In den nächsten zwölf Tagen werden 30 Bulletins über das Befinden Seiner Majestät veröffentlicht. Ettenreich wird der Franz-Joseph-Orden verliehen, der Attentäter wird von einem Militärgericht zum Tod durch den Strang verurteilt.

Erzherzogin Sophie, die Mutter des Kaisers, zog lange Zeit die politischen und familiären Fäden in der Hofburg. Sie starb im Alter von 67 Jahren.

Die Mutter ist erleichtert. Sophie lenkt weiterhin die Schritte ihres Sohnes, wenn auch diskret im Hintergrund.

Auf ihr Betreiben und mit kräftiger Unterstützung durch den Fürsterzbischof von Wien, Kardinal Rauscher, kommt nach langen, mühevollen Verhandlungen 1855 das Konkordat, ein wechselseitiger Vertrag zwischen dem Kaiserreich und dem Vatikan, zustande, der der katholischen Kirche große Vorrechte einräumt. Das gesamte Schulwesen und die Ehegerichtsbarkeit werden der

Kirche unterstellt. Die Pfarrer werden der bischöflichen Gewalt unterworfen, der Staat verzichtet auf jegliche Kontrolle über die Kirche. Als Franz Joseph am 18. August 1855 der Mutter ein Telegramm nach Ischl schickt, um sich für ihre Geburtstagswünsche zu bedanken, fügt er den Satz hinzu: »Heute wurde das Konkordat unterzeichnet.« Sophie kann zufrieden sein. Sie ist am Höhepunkt ihres Einflusses am Kaiserhof angelangt.

Der großherzige Ehemann

Franz Joseph und Elisabeth (Sisi)

IN DEN JAHREN, in denen der österreichische Kaiser die Revolution niederwerfen lässt und als Herrscher von Gottes Gnaden ein Großreich regiert, wächst im Palais Biederstein in der Münchner Ludwigstraße und im Schloss Possenhofen am westlichen Ufer des Starnberger Sees ein Mädchen zum Backfisch heran.

Elisabeth, die in der Familie Sisi gerufen wird, ist ein »Weihnachtskind«. Sie ist am 24. Dezember 1837 als Tochter Herzog Maximilians und seiner Gattin Ludovika zur Welt gekommen, als drittes Kind in einer achtköpfigen Geschwisterreihe. Die Eltern der großen Kinderschar passen überhaupt nicht zusammen, die Ehe ist alles andere als harmonisch. Der Vater ist kein Familienmensch und schon gar kein treuer Gatte. Der Herzog in Bayern aus einer Nebenlinie der Wittelsbacher ist ein lebens- und reiselustiger Herr. Er ist viel unterwegs. Er unternimmt ausgedehnte Reisen, geht auf die Jagd, besteigt Berge. Die Ehefrau und die Kinder sehen ihn oft monatelang nicht. Max hat auch zahlreiche Liebschaften und Affären, die seine Zeit in Anspruch nehmen. Und natürlich auch uneheliche Kinder. Die Gattin lässt ihn gewähren. Sie findet sich zunächst mit den Eskapaden ihres Ehemannes grollend ab und fügt sich dann demütig und ergeben in ihr Schicksal. Die beiden Ehepartner leben, seelisch und räumlich voneinander getrennt, nebeneinander her.

Max ist ein urwüchsiges, bayerisches Original. Er hasst starre Umgangsformen, höfische Etikette ist ihm völlig fremd. Er geht ungeniert seinen persönlichen Neigungen nach, führt ein formloses bürgerliches Leben, das er in vollen Zügen genießt.

Sisis Vater kennt keine Standesunterschiede. Er ist kein hochmütiger Aristokrat. Er mischt sich unter das Volk, ist bodenständig und erdverbunden. In der Gesellschaft von einfachen Menschen fühlt er sich wohler als unter seinen Standesgenossen. Er lacht und scherzt mit ihnen, singt mit ihnen Lieder, die er auf der Zither begleitet. Der »Zithermax«, wie man ihn in Bayern nennt, ist ungeheuer populär, nicht nur wegen seiner Volksverbundenheit, sondern auch wegen seinen vielen Weibergeschichten.

Max, der sich wenig um Politik kümmert, ist liberal und hat demokratische Neigungen, die er nicht offen zur Schau stellt, aber auch nicht verhehlt. Universell gebildet ist er nicht. Er hat jedoch ein Faible für Literatur. Seine besondere Verehrung gilt Heinrich Heine. In seiner umfangreichen Bibliothek stehen neben Werken der Klassik Abenteuerromane wie auch naturwissenschaftliche Bücher. Er selbst versucht sich als Poet, schreibt Dialektgedichte, heitere Reime und Novellen ohne große literarische Ansprüche. Sein Interesse für Musik ist weit gespannt und reicht vom Volkslied bis zum Opernschaffen von Richard Wagner. Der Herzog umgibt sich in seinem Münchner Palais mit freigeistigen, unkonventionellen Künstlern, feiert mit ihnen oft bis in die Nacht hinein rauschende Feste, bei denen köstlich getafelt und übermütig getrunken wird.

Max ist ein liebevoller Vater. Wenn er von einer Reise in die weite Welt oder von einem längeren Jagdausflug nach Hause zurückkehrt, wird er von seinen Kindern freudig begrüßt, sie umarmen und herzen ihn. Er spielt mit ihnen, treibt mit ihnen Schabernack. Der Vater ist kein strenger, auf Konvention und höfisches Zeremoniell achtender Paterfamilias, sondern ein zu allen Scherzen aufgelegter Spaßmacher. Freilich nicht immer und nicht zu jeder Zeit. Es kann schon einmal vorkommen, dass er sich in seine Räumlichkeiten zurückzieht, für niemanden zu sprechen ist. Dann liegen dunkle Schatten auf seiner Seele und er versinkt in Depressionen. Das ist die zweite Seite seines janusköpfigen Wesens, die hinter seiner Frohnatur steckt. In solchen Stimmungsphasen ist es besser, den Kontakt mit ihm zu meiden, ihm aus dem Weg zu gehen. Die schwergeprüfte Gattin kennt das.

Die Mutter Sisis ist im Gegensatz zu ihrem rastlosen Mann eine ruhige, rechtschaffene Frau. Ludovika ist wie ihre um drei Jahre ältere Schwester Sophie eine Tochter des Bayernkönigs Max I. Joseph. Sie hat unter ihrem Stand geheiratet und kann sich nur schwer damit abfinden. Von ihrem Gatten durch seine zahllosen Affären gedemütigt, fügt sie sich schließlich resigniert in ihr Schicksal und widmet sich mit großer Hingabe und Liebe der Erziehung ihrer Kinder, denen ihre pedantischen Erziehungsmaßnahmen jedoch zuweilen auf die Nerven gehen. Praxisbezogen und unsentimental erfüllt sie ihre Mutterpflichten, lobt, rügt, tadelt, ist nachsichtig und kann die frohgesinnte, ausgelassene Kinderschar oft doch nur mit Mühe bändigen. Für ihre Vorlieben bleibt ihr wenig Zeit. Sie liest gerne, interessiert sich für Geschichte und Astronomie, sammelt Uhren und Barometer.

Ludovika ist in ihrer Lebensauffassung eher liberal eingestellt. Sie ist wohl religiös, aber von der Bigotterie der Schwester weit entfernt. Ihr natürliches Empfinden für Anstand und Würde berühren die Eskapaden ihres Gemahls schmerzlich und peinigend. In der stumpfen Ehe, die sie führt, haben ihre kühnen Mädchenträume Daseinsängsten und Resignation Platz gemacht.

DAS FRUSTRIERENDE EHELEBEN der Eltern und die zuweilen angespannte Atmosphäre in der Familie färben auf das Seelenleben der Kinder seltsamerweise nicht ab. Zumindest fällt es nicht auf oder es nimmt niemand wahr. Die Kinder sind frohen Mutes, sie lachen und springen, sind übermütig, machen Dummheiten, sind zornig und bockig. Insgesamt eine schwer zu bändigende Rasselbande. Und sie können sich nach Herzenslust austoben. Sie genießen die Freiheit, die ihnen die Eltern gewähren, in vollen Zügen. Schloss Possenhofen mit dem dazugehörigen großen Park, wo sie jeden Sommer verbringen, bietet dazu die Gelegenheit. Sie klettern auf Bäume, verstecken sich im Gebüsch, baden im nahegelegenen See. »Possi«, wie sie den Familienbesitz nennen, ist das Eldorado der Herzogskinder.

Die kleine Sisi ist in der munteren Geschwisterschar die lebhafteste und ungebärdigste. Sie liebt die Natur, sie hegt und pflegt ihre Haustiere, ein paar Kaninchen, Hühner, ein Lamm, ein junges Reh. Sie jagt oft gemeinsam mit dem Vater auf dem Rücken eines Pferdes durch die Gegend.

Der Vater, der die Naturliebe in ihr Herz gepflanzt hat, ist ihr großes Vorbild. Ihn verehrt und vergöttert sie. Von ihm stammt ihr Naturell, von ihm hat sie so manche Charaktereigenschaft geerbt: ihre Unrast, ihren unbändigen Freiheitsdrang, aber auch die schriftstellerische Begabung, ihren Charme, den sie schon als kleines Mädchen gezielt einzusetzen versteht. Zu ihrem Charakterbild gehören noch andere ausgeprägte Merkmale: ihr Widerwille gegen höfische Etikette, ihr Hang zur Melancholie, ihre Menschenscheu.

Der Herzog sieht ihr vieles nach. Sisi ist seine Lieblingstochter. Es macht ihm gar nichts aus, wenn sie ihren Unterricht nicht ernst nimmt. Er holt sie zum Unbehagen ihrer Lehrer und zu ihrer Freude mit irgendeinem Vorwand oft sogar aus den Unterrichtsstunden heraus, um mit ihr etwas Ausgefallenes zu unternehmen. Für ernsthafte Studien ist die phantasiebegabte, hochintelligente Tochter des Bayernherzogs ohnedies nicht zu haben. Die Hauslehrer haben es mit ihr nicht leicht. Sisi hat kein Sitzfleisch. Sie hat ein hübsches Zeichen- und Maltalent, sie dichtet gerne, sie ist sprachbegabt. Für Musik hingegen hat sie wenig übrig, das Klavierspiel ist ihr aus ganzem Herzen zuwider. Ihre Ausbildung ist daher, wohl auch, weil die Eltern keinen besonderen Wert darauf legen, oberflächlich und lückenhaft.

Dem winterlichen Aufenthalt im Münchner Palais kann die Herzogstochter nur wenig abgewinnen. Das Stadtleben gibt ihr nichts, die Unterrichtsstunden sind fad und langweilig. Aber wenn der Vater im hauseigenen Zirkus, den er im Hinterhof des Palastes hat errichten und einrichten lassen, und vor geladenen Gästen seine Reiterkunststücke vorführt, schlägt ihr Herz höher. Den Pferden und dem Reitsport gehört ihre Leidenschaft. Sie möchte es dem vergötterten Vater gleichtun. Der Herzog engagiert für sie einen eigenen Reitlehrer, der ihr die Anfangsgründe des Kunstreitens beibringt. Als Kaiserin wird Sisi später an tollkühnen Parforcejagden teilnehmen. Zum Schrecken ihres Gemahls und zur Bewunderung der Zeitgenossen.

Die kleine Sisi wächst zu einem anmutigen Mädchen heran. Sie gleicht in ihrem äußeren Erscheinungsbild der Mutter. Sie hat feine Gesichtszüge, wunderschönes, kastanienbraunes Haar, große, dunkle, ausdrucksvolle Augen. Die Mutter nimmt sie im Alter von 14 Jahren zum ersten Mal auf den Hofball mit, aber das Mädchen wirkt linkisch und steif. Dem Tanz kann Sisi wenig abgewinnen. Viel lieber hängt sie in den Räumen des ungeliebten Schlosses ihren Träumen nach und schwärmt von einem jungen Offizier am Hof, den sie anhimmelt. Ihm gehört ihre unschuldige erste Liebe. Als er jung stirbt, ist der Liebesschmerz groß. »Die Würfel sind gefallen, ach, Richard ist nicht mehr! Die Trauerglocken schallen, oh, hab Erbarmen, Herr!«, schreibt sie in ihr »Poesiealbum«, dem sie ihre geheimsten Gefühle anvertraut. Der nächste Schwarm des Teenagers ist ein Graf aus der Nachbarschaft. Doch auch diesmal bleibt ihr Liebestraum unerfüllt. Die 15-Jährige schreibt sich ihr Liebesleid von der Seele. Aber es dauert nicht mehr lange, ehe ein völlig unvorhersehbares Ereignis ihr Leben von Grund auf verändern wird.

DIE MONARCHISCHE ORDNUNG im habsburgischen Kaiserreich ist wiederhergestellt. Erzherzogin Sophie führt energisch und dynastiebewusst weiter Regie. Ihr geliebter Franzi ist im heiratsfähigen Alter. Es ist Zeit, an eine Verehelichung zu denken. Für den österreichischen Kaiser eine standesgemäße Gemahlin zu finden, ist freilich nicht leicht. Sie muss aus einem einflussreichen, altehrwürdigen Herrscherhaus stammen, eine überzeugte Katholikin und zudem auch noch hübsch sein. Die Zeiten, da man über den Kopf der Betroffenen hinweg einen Ehepartner suchte, sind freilich vorbei. Das weiß auch Sophie. Sie nimmt mit verschiedenen europäischen Höfen Kontakt auf. Lange Zeit ohne Erfolg. Man weist ihr Ansinnen höflich zurück. Aber auch der junge Kaiser kann sich für manche Dame, die infrage kommt, nicht erwärmen. Die Mutter kennt den Geschmack ihres Sohnes. »Er schätzt anmutige Bewegungen, ein frohes Gemüt, ein herzliches Lachen und vor allem eine Frau, die gut reiten kann«, schreibt sie ihrer Schwester Ludovika. Auf der Suche nach einer Frau ist sie bei der Wittelsbachischen Verwandtschaft gelandet. Für ihren Franzi hat sie Néné, die älteste Tochter des Herzogspaares, im Auge. Sie ist recht attraktiv, groß, schlank, sittsam, wohlerzogen, verhältnismäßig gut gebildet. Über die nahe Verwandtschaft blickt Sophie großzügig hinweg. Es bereitet der frommen Frau auch keine Gewissensbisse, dass das kanonische Eherecht so enge verwandtschaftliche Verbindungen verbietet. Der Vatikan wird, wenn dazu gebeten, schon seinen Sanktus geben.

Die Schwester fällt aus allen Wolken, als ihr Sophie den Plan kundtut. Ihre Helene soll österreichische Kaiserin werden? Na gut, ihr soll es recht sein. Zwischen Possenhofen und Wien werden zahlreiche Briefe gewechselt, das Heiratsprojekt wird zwischen den beiden Schwestern ausführlich und detailliert besprochen. Es ist eine rein weibliche Angelegenheit, die Ehemänner werden nicht ins Vertrauen gezogen. Die beiden Mütter kommen überein, in Ischl ein Familientreffen zu arrangieren. Dort sollen der junge Kaiser und Helene einander begegnen.

Die bayerische Reisegesellschaft macht sich Mitte August 1853 auf den Weg in das Salzkammergut. Der Herzog ist nicht mit von der Partie. Er meidet solche Zusammenkünfte und die zelotische Schwägerin kann er überhaupt nicht ausstehen. Stattdessen nimmt Ludovika ihre Tochter Elisabeth und deren Gouvernante auf die Reise mit. Es ist, wie sich bald herausstellen wird, eine schicksalhafte Entscheidung. Auf der Fahrt über Rosenheim, den Chiemsee und Salzburg, wo man jeweils Station macht, weiht Ludovika Helene wenigstens andeutungsweise in den Zweck der Reise ein. Die kleine Sisi hat keine Ahnung, was ihr bevorsteht.

Die kleine Reisegesellschaft kommt mit zweistündiger Verspätung in Ischl an und steigt im Hotel Tallachini, ab, von Erzherzogin Sophie schon ungeduldig erwartet. Rasch machen sich die beiden Prinzessinnen für die entscheidende Begegnung mit dem Kaiser zurecht. Helene wird von einer Kammerfrau auffrisiert, Sisi kämmt sich das Haar selbst. Sophie beobachtet interessiert die Szene. »Mit innigem Wohlgefallen sah ich Sisi zu, wie sie mit Anmuth und Grazie ihr schönes Haar selbst ordnete«, berichtet sie später ihrer Schwester Marie von Sachsen. »Sie folgten mir dann bald mit ihrer Mutter in unser Haus«, berichtet Sophie weiter.

Die Familie und die bayerischen Verwandten sind zum Tee in das Haus Sommerau Nr. 50 auf der Promenade eingeladen, wo Sophie mit ihrem Gemahl, den Söhnen und zahlreichen Bediensteten Quartier genommen hat. Dort begegnet Franz Joseph seiner Cousine am Abend des 16. August 1853, ganz und gar unerwartet, und Gott Amor, der unergründliche Liebesgott, bohrt ihm seinen Pfeil treffsicher mitten ins Herz.

Der Kaiser unterhält sich zwar mit der älteren seiner beiden Cousinen mit formvollendeter Liebenswürdigkeit, aber seine Blicke wandern immer wieder hinunter an das andere Ende des wunderschön gedeckten Tisches, wo die anmutige, kleine Elisabeth Platz genommen hat. Der Kaiser eines der mächtigsten Herrscherhäuser Europas verliebt sich wie ein blutjunger Fähnrich in einen reizenden Teenager aus der nahen bayerischen Verwandtschaft. Noch nach 150 Jahren glaubt man sich in ein Märchen versetzt. Sophie registriert es mit wohlgefälliger Überraschung. »Er strahlte und Du weißt, wie sein Gesicht strahlt, wenn er sich freut«, schreibt sie an ihre Schwester Marie, der Königin von Sachsen. Soll er halt ein bisschen verliebt sein, ihr geliebter Franzi. Das gibt sich wieder, am nächsten Morgen ist alles anders. Bei näherer Überlegung wird er schon einsehen, dass das schüchtere, unreife Ding aus Possenhofen keine Frau für ihn ist, keine Kaiserin von Österreich.

Am nächsten Morgen kommt der Kaiser schon in aller Herrgottsfrüh in das Zimmer der Mutter und schwärmt von Sisi in so enthusiastischen Tönen, wie sie die Mama ihrem prosaischen Sohn nie und niemals zugetraut hätte. Süß sei Sisi und frisch wie eine aufspringende Mandel, sie habe so herrliches Haar, so liebe, sanfte Augen, ihre Lippen seien wie Erdbeeren. Sophie glaubt ihren Ohren nicht zu trauen. In so himmlischer Verzückung hat sie ihren Franzi noch nie gesehen. Sie versucht, ihren leidenschaftlich entflammten kleinen Kaiser umzustimmen. Aber die lebenserfahrene Frau sieht rasch ein, dass das vergebliche Liebesmüh ist. Franzi unterwirft sich zum ersten Mal in seinem Leben nicht dem Willen der Mutter, widersetzt sich ihren Wünschen. Er hat eine folgenschwere Entscheidung getroffen.

Für den Abend dieses Tages hat Sophie einen Hausball angesetzt, zu dem fast 100 Personen geladen sind.

Helene erscheint in einem prachtvollen Kleid aus weißer Seide, Sisi trägt ein einfaches Kleid aus weißrosa Musselin.

Die Stimmung ist gelöst. Die Blicke Sophies und Ludovikas sind mit nervöser Interessiertheit auf den Kaiser gerichtet. Welche Dame wird er zum Tanz bitten? Franz Joseph lässt den ersten Tanz aus. Warum, das kann sich Sophie nicht erklären. Ihr Sohn ist doch ein leidenschaftlicher Tänzer! Sie entschließt sich, die Initiative zu ergreifen. Kurzerhand ersucht sie den Flügeladjutanten Franz Josephs, mit Prinzessin Elisabeth die Polka zu tanzen, die die Kapelle soeben intoniert hat. Sisi ist keine geübte Tänzerin, aber sie hält gut Takt. Franz Joseph, der das Tanzpaar nicht aus den Augen lässt, scheinen die anmutigen Bewegungen Sisis zu gefallen. Schon beim nächsten Tanz schwebt er mit ihr über das Parkett. Das Ballvergnügen findet erst in den ersten Morgenstunden ein Ende. Beim Kotillon, dem letzten Tanz, überreicht der Kaiser der kleinen Prinzessin aus Bayern dann zum Zeichen seiner Erwählung einen Blumenstrauß.

Sisi hat, ohne es zu beabsichtigen, auch auf die gestrenge Mama Eindruck gemacht. »Die Haltung der Kleinen ist so anmutsvoll«, schreibt sie ihrer Schwester nach Sachsen, »so bescheiden, so untadelig, so graziös, ja beinahe demutsvoll, wenn sie mit dem Kaiser tanzt … Sie erschien mir so anziehend, so kindlich bescheiden und doch ihm gegenüber ganz unbefangen. Es waren nur die vielen Menschen, die sie einschüchterten.«

Am nächsten Tag feiert Franz Joseph seinen 23. Geburtstag. Er nimmt am Morgen die Glückwünsche der Familie entgegen, freut sich über die Geschenke. Beim Familiendiner darf Sisi einen Platz an seiner Seite einnehmen. Am Nachmittag steht eine Fahrt in einer Kalesche nach St. Wolfgang auf dem Programm, zu dem Sophie ihren Sohn und die beiden bayerischen Prinzessinnen einlädt. Man plaudert ein wenig. Smalltalk, wie man heute dazu sagen würde. Im schönen Urlaubsort unternimmt man einen kurzen Spaziergang. Danach ersucht der Kaiser die Mama, bei der Tante vorzufühlen, ob er um Sisis Hand anhalten könne. Nun überstürzen sich die Ereignisse. Unmittelbar nach der Rückkehr setzt Sophie ihre Schwester vom Heiratswunsch Franz Josephs in Kenntnis, den Ludovika ihrer Tochter übermittelt. Sisi reagiert ratlos und verängstigt. Sie bricht in Tränen aus und soll dann gesagt haben: »Aber wie kann er nur an mich denken? Ich bin doch so unbedeutend.« Was bleibt dem 15-jährigen Mädchen anderes übrig, als ihre Zustimmung zu geben? Franz Joseph gefällt ihr, aber leider ist er ein Kaiser und sie ein liebes, schüchternes Naturkind aus Possenhofen.

Der Kaiser strahlt vor Glück über die Zustimmung Sisis zur Ehe. Er hält nun formell bei Herzogin Ludovika um die Hand ihrer Tochter an, der Vater Sisis wird telegraphisch von den Ereignissen in Ischl informiert, der König von Bayern erteilt seine Genehmigung zur Verlobung.

Sonntag, 19. August 1853: Franz Joseph stattet am Morgen seiner Braut einen Besuch ab. Mit Sisi am Arm begibt er sich zur Mama, um im Kreis der Familie das Frühstück einzunehmen. Um elf Uhr geht es dann zum Gottesdienst in die Pfarrkirche. Am Ende der Messe segnet der Pfarrer über Ersuchen des Kaisers das Paar.

Die Sensation ist perfekt. Die Nachricht von der Verlobung des Herrschers macht in Ischl, dann in Wien und später in den Hauptstädten Europas die Runde. In Ischl reiht sich ein glänzendes Fest an das andere. Drei Bälle stehen auf dem Programm, eine Gala mit Diner. Franz Joseph zeigt Sisi auf Ausflügen und Spazierfahrten die herrliche Umgebung des Ortes.

Die Festwoche endet am 31. August. Die Gäste aus Bayern treten die Heimreise an. Der Kaiser begleitet die Braut bis nach Salzburg und nimmt dort »sehr zärtlich« von ihr Abschied, ehe er in Wien seine Schreibtischarbeit wieder aufnimmt. Die Mama kauft zur Erinnerung an die Verlobung ihres Sohnes die Villa Eltz und lässt sie zur »Kaiservilla« umbauen, in der Franz Joseph dann alljährlich seinen Sommerurlaub verbringt und dort auch so manche politische Entscheidung von großer Tragweite trifft.

FÜR DIE KÜNFTIGE KAISERIN VON ÖSTERREICH beginnt nun ein neuer, völlig ungewohnter Lebensabschnitt. In den Monaten bis zur Hochzeit im April des folgenden Jahres muss sie ein dicht gedrängtes Lernprogramm absolvieren, ihre mangelhafte Bildung ergänzen. Sie erhält Französisch- und Italienischunterricht und wird in die Geschichte und Völkerkunde des habsburgischen Vielvölkerstaates eingeführt. Die Herzogstochter ist begabt, sie fasst rasch auf, aber für ernsthafte Studien bringt sie nicht die geringste Veranlagung mit. Nun soll sie in kurzer Zeit nachholen, was sie ohne ihre Schuld an Bildung und Ausbildung versäumt hat.

Lerneifer hat Sisi bislang nicht sonderlich geplagt. Und auch jetzt widmet sie sich nicht mit Feuereifer den ihr auferlegten Pflichten. Sie empfindet sie eher als lästige Verpflichtung. Nur der ungarische Historiker Graf Johann Mailáth erweckt das Interesse seiner Schülerin. Er kommt dreimal in der Woche in das Herzogspalais in der Münchner Ludwigstraße, dort liest und bespricht er mit ihr sein Hauptwerk »Die Geschichte des österreichischen Kaiserstaates«. Der schon betagte Gelehrte hat großes pädagogisches Geschick. Er versteht es ausgezeichnet, das Augenmerk Sisis auf die Stellung Ungarns im Verband der

Donaumonarchie zu lenken, ihre Aufmerksamkeit zu fesseln. Sein Unterricht schlägt Wurzeln und bleibt im politischen Bewusstsein Sisis haften. Die Vorliebe und Begeisterung der Kaiserin für die ungarische Sprache und alles Magyarische ist auf seinen Einfluss zurückzuführen.

Sisi muss nicht nur ihre Bildung vertiefen, sie muss auch ihre Tanzkunst perfektionieren, höfisches Benehmen lernen. Qualvoll lange Stunden nehmen das Anprobieren und die Anfertigung der neuen Kleider in Anspruch, in die sie sich als Kaiserin bei allen möglichen Anlässen wird hineinzwängen müssen. Sie tut das höchst widerwillig, und diesen Widerwillen gegen das »Geschirr«, wie sie die höfische Garderobe verächtlich nennt, wird sie nie ablegen.

Die Tage des jungen Kaisers in der Wiener Hofburg sind indessen vollgestopft mit Amtsgeschäften. Franz Joseph gibt Audienzen, empfängt ausländische Diplomaten, konferiert mit seinen Ministern und trifft, politisch unerfahren, so manche falsche Entscheidung. Als mitten in seine Herzensangelegenheiten der Krimkrieg zwischen Russland und der Türkei ausbricht, mobilisiert er seine Streitkräfte gegen das Zarenreich und verscherzt sich damit nicht nur die Sympathien des mit ihm persönlich befreundeten Kremlherrschers. Seine Gedanken weilen auch in der angespannten politischen Situation sehr oft bei seiner Braut. Sobald es seine Zeit nur irgendwie erlaubt, macht er einen Abstecher nach München, um sie wiederzusehen, sie aufzumuntern, wenn sie verzagt ist. Bereits 14 Tage nach der »Séjour« in Ischl schreibt er der Mama, die nicht in Wien weilt: »Ich kann den Augenblick gar nicht mehr erwarten, wo ich nach Possenhofen reisen kann, um Sisi wieder zu sehen, an die ich unaufhörlich denken muß. Ich habe schon zwei sehr liebe Briefe von ihr bekommen, die mich ganz beglückten.«

Mitte Oktober reist er dann in die Hauptstadt des Königreiches Bayern. Die Fahrt, die man heute im Auto bequem in vier bis fünf Stunden zurücklegt, nahm damals per Eisenbahn einen ganzen Tag in Anspruch. Über den Besuch berichtet er der Mama in einem für ihn geradezu überschwänglichen Ton: »In aller Eile ergreife ich die Feder, um Ihnen zu sagen, wie unaussprechlich glücklich ich hier und besonders in Possenhofen war … Alle Tage liebe ich Sisi mehr und immer überzeuge ich mich mehr, daß keine für mich besser passen kann als sie. Nebst vielen wichtigen guten Eigenschaften reitet sie scharmant … Es schlägt ihr übrigens sehr gut an; denn sie hat seit Ischl noch zugenommen und sieht jetzt nie übel aus. Ihre Zähne sind auch, dank Ihrer Fürsorge ganz weiß geworden, so daß sie wirklich allerliebst ist.« Auch den Cercle beim Hofball absolvierte Sisi charmant, und sie sprach auch mit allen Anwesenden, stellt der Kaiser zufrieden fest. In späteren Jahren wird der Kaiserin der Gedanke, an einem Hofball teilnehmen zu müssen, körperliche Übelkeit verursachen.

Die Weihnachtsfeiertage des Jahres 1853 verbringt der Kaiser wieder bei Sisi und der Familie seiner zukünftigen Schwiegereltern. Er bringt eine Menge Geschenke mit, Sophie hat ein Bukett aus frischen Rosen gekauft, das sie der Braut zustellen lässt. Der Kaiser fühlt sich wohl, er kann sich ein paar Tage entspannen. »Die Bescherung war brillant«, berichtet er der Mama. Und: »Ich habe Sissi am Morgen nach meiner Ankunft sehr wohl und blühend wiedergefunden. Sie ist immer gleich lieb und anziehend und lernt jetzt recht viel und Verschiedenes.« Auch Sisi greift zur Feder, um sich für die Weihnachtsgabe zu bedanken. Ihr Stil ist holprig, gekünstelt, unpersönlich. »Liebe Tante«, formuliert sie, »erlauben Sie mir, Ihnen meinen innigsten Dank für die schönen frischen Rosen auszusprechen, die Mama mir in Ihrem Namen zu meiner Weihnachtsbescherung legte und die mich sehr freudig überraschten. Empfangen Sie auch, liebe

Tante, meine besten, innigsten Wünsche zum neuen Jahr, das mich in ihre Nähe führen soll.« Ihr sehnlicher Wunsch sei es, heißt es sinngemäß weiter, Sophie eine liebevolle Tochter zu sein und nach ihren besten Kräften zum Glück ihres Lebens beitragen zu dürfen.

Das Briefeschreiben muss sie erst lernen, die kleine Sisi, und eine liebevolle Tochter wird sie der erzherzoglichen Tante und Schwiegermutter auch nicht. Aber das hat vielerlei Gründe.

Der lange Winter geht zu Ende, zaghaft zieht der Frühling ins Land. Die Natur, die Sisi so sehr liebt, erwacht zu neuem Leben. Ihr Ausbildungsprogramm ist im Großen und Ganzen abgeschlossen, aber es bleiben empfindliche Bildungslücken.

Die Hochzeitsvorbereitungen laufen auf Hochtouren. Der Trousseau, die Ausstattung der Braut, ist in einem Briefwechsel zwischen den beiden Hofkanzleien festgeschrieben worden, der Ehepakt ist unterzeichnet. Der Brautvater lässt 50.000 Gulden springen, eine verhältnismäßig geringe Summe, die freilich seinen Einkünften entspricht. Dazu kommt eine Garderobe, die sich sehen lassen kann: Kleider, Mäntel, Handschuhe, Hüte, Schlafröcke, Strümpfe, Unterwäsche. Der kaiserliche Gemahl spricht der Braut eine jährliche Apanage zu, die doppelt so hoch ist wie die Aussteuer des Vaters. 100.000 Gulden, das ist ein Haufen Geld, für den ein Arbeiter bei einer Entlohnung von 200 bis 300 Gulden pro Jahr ein ganzes Leben lang bei einer täglichen Arbeitszeit von zwölf bis 14 Stunden schuften muss.

Franz Joseph kommt vier Wochen vor dem fixierten Hochzeitstermin zum dritten und letzten Mal nach München. Diesmal bringt er von seiner Mama ein besonderes Hochzeitsgeschenk mit, das Diadem, das Sophie bei ihrer eigenen Hochzeit getragen hat. Seither sind fast 30 Jahre vergangen und aus dem reizenden Biedermeierteenager von einst ist eine matronenhafte Frau geworden. »Ich fand Sisi sehr wohl und etwas gewachsen, unendlich lieblich und herzlich wie immer«, berichtet der Kaiser nach Wien. Und bei der Schilderung der Exkursion, die sie nach Possenhofen unternehmen, wird er geradezu lyrisch. »Das Gebirge, mit Schnee bedeckt und so nahe erscheinend, als wenn wir am Fuße desselben gewesen wären, spiegelte sich in dem dunklen See, auf welchem eine Menge Wildenten schwammen«, schildert er. Sisi dankt der lieben Tante wieder für das herrliche Geschenk. Stilistisch hat sie kaum etwas dazugelernt.

Die energische Erzherzogin führt weiterhin Regie. Sie lässt die Räume des Paares in der Hofburg kostspielig einrichten. Dem Kaiser und seiner Gemahlin werden ein Vorzimmer, ein Salon, ein Speise- und Spiegelsaal, ein Schlafzimmer und ein Kabinett zur Verfügung gestellt. Badezimmer und Klosetts mit Wasserspülung gibt es in der Hofburg noch nicht.

DER HOCHZEITSTAG rückt näher und näher. Der Kaiser in Wien sehnt ihn herbei mit allen Fasern seines Herzens. Seine sensible Braut in München wird von Seelennöten geplagt. Wird sie den hohen Ansprüchen genügen können, die man am Wiener Kaiserhof an sie stellt? Sie ist jung und unbekümmert, aristokratische Überheblichkeit und höfisches Gehabe sind ihr völlig wesensfremd. Wird sie sich anpassen können, einfügen in das höfische Herrschaftsgefüge, in das starre Zeremoniell, das in der Hofburg herrscht? Sie bezweifelt es. Stundenlang sperrt sie sich in ihren Gemächern ein, ist für niemanden zu sprechen. Sie liebt Franz Joseph. Aber ihr Problem ist, dass er Kaiser von Österreich ist.

Am 20. April 1854 nimmt sie tränenreichen Abschied von ihrer geliebten Heimat. Es ist auch ein Abschied von einer sorglos-glücklichen Kindheit und Jungmädchenzeit. Das ist ihr deutlich bewusst, deutlicher und schreckhafter als in der Verlobungszeit in Ischl.

Die Reiseroute ist bis in das kleinste Detail festgelegt, die Reise wird drei volle Tage einschließlich zweier Übernachtungen in Anspruch nehmen. Nach einer Messe in der Münchner Hofkapelle am Morgen dieses Tages geht es in Kutschen nach Straubing. Von dort führt der Weg per Schiff nach Passau und dann weiter nach Linz. In jeder dieser Stationen gibt es einen festlichen Empfang. Die Honoratioren der Stadt mit dem Bürgermeister an der Spitze begrüßen die hübsche, anmutige Kaiserbraut und ihre Begleitung. Ehrenpforten sind errichtet worden, Reden werden gehalten, Glückwünsche ausgesprochen. Musikkapellen intonieren die Kaiserhymne, die Kirchenglocken werden geläutet, Böllerschüsse abgefeuert, Fahnen geschwenkt.

Von Linz bringt der prunkvoll und festlich ausgestattete Raddampfer »Franz Joseph« die Hochzeitsgesellschaft vorbei an Zehntausenden jubelnden Menschen, die die Ufer säumen, bis zum Wiener Heurigenvorort Nussdorf, wo er anlegt. Franz Joseph begrüßt hier mit seiner Familie, von einer Schar kirchlicher und staatlicher Würdenträger begleitet, seine Braut aus Bayern und geht Arm in Arm mit ihr von Bord. Jetzt erst beginnt der offizielle Teil der Hochzeitsfeierlichkeiten. Die Gäste aus München steigen in festlich geschmückte, pferdebespannte Karossen um. Dann rollt die Wagenkolonne durch die damaligen Wiener Vororte Döbling, Währing, Hernals und die Mariahilferstraße entlang zum kaiserlichen Sommerschloss Schönbrunn. Dort werden Sisi die Mitglieder des Kaiserhauses und die hohen Hofbeamten vorgestellt, der Bräutigam überreicht ihr eine Diamantenkrone als Brautgeschenk. Mit einer Hofgala endet der strapaziöse Tag. Völlig erschöpft begibt sich Sisi zur Ruhe.

Für den nächsten Tag, den 23. April 1854, sieht das Protokoll den Einzug des Brautpaares in die Hofburg vor. Er nimmt im heutigen Theresianum seinen Anfang. Sisi wird in der »Favorita«, dem ehemaligen Stadtschloss Maria Theresias, eingekleidet. Dann nimmt sie an der Seite der Mutter in einer gläsernen, von acht Lipizzanern gezogenen Prunkkarosse Platz. Der Hochzeitszug setzt sich in Bewegung. An festlich geschmückten Häusern und Palästen und an Zehntausenden gaffenden und jubelnden Menschen vorbei, erreicht er die Hofburg. Die Braut ist diesem Schaugepränge nervlich nicht gewachsen. Sie bricht in Tränen aus. In ihrer lebhaften Phantasie hat sie vieles befürchtet, aber kein solches Spektakel. Nur mühsam fasst sie sich und lässt in der kaiserlichen Residenz die nächsten protokollarischen Spitzfindigkeiten über sich ergehen, ehe sie, wie schon am Vortag, sterbensmüde ins Bett sinkt.

Die Kaisermutter will von der Erschöpfung der Braut nichts bemerkt haben. »Das Benehmen des lieben Kindes war vollendet, voll süßer und graziöser Würde«, notiert sie in ihrem Tagebuch. Hat sie einer anderen Veranstaltung beigewohnt?

24. April 1854: Der Hochzeitsmorgen ist angebrochen. Die Braut hat sich von den Strapazen des Vortages einigermaßen erholt, sie hat frische Kraft getankt, die sie an diesem Tag dringend benötigt. Denn noch einmal entfaltet das jahrhundertealte habsburgische Hofzeremoniell sein buntes, pfauenhaftes Gefieder zur vollen Pracht. Ein Schauspiel rollt ab, das die Kaiserstadt an der Donau seit den Tagen des Wiener Kongresses am Beginn des Jahrhunderts nicht mehr gesehen hat und danach auch nicht mehr sehen wird. Tausende Gäste aus allen Teilen der Monarchie, Abgesandte und Diplomaten aus den meisten europäischen Staaten und aus fernen Ländern sind nach Wien gekommen. In den engen Straßen drängen sich die Menschen und warten gespannt auf den Hochzeitszug. Unterdessen muss die Braut die stundenlange Prozedur der Einkleidung über sich ergehen lassen. In ihrem reich mit Gold und Silber durchwirkten Kleid aus reiner, schwerer Seide, dem langen, blütenweißen Schleier und

dem glitzernden Diamantendiadem, das ihr die Schwiegermutter geschenkt hat, sieht Sisi hinreißend aus. Aber hinter dieser Kleiderpracht verbirgt sich ein heftig pochendes, verängstigtes Mädchenherz.

Die zeremonielle Verehelichung des jungen, schönen Paares findet in der altehrwürdigen Augustinerkirche, der Hochzeitskirche des Kaiserhauses, statt. Die Orden der zur Zeremonie geladenen Herren der Hocharistokratie und die Kolliers der Damen glitzern im Licht der mehr als tausend Kerzen, die den mit rotem Samt drapierten Kirchenraum erhellen.

Die Trauung nimmt der Erzbischof von Wien, Kardinal Othmar Rauscher, assistiert von 70 Bischöfen und Prälaten, vor. Das Brautpaar wechselt die Ringe, der Kardinal hält eine von klerikalem Pathos überströmende Ansprache. Dann geht es zurück in die Hofburg. Es folgt die Gratulationscour im Zeremoniensaal, bei der die Kaiserin sehr zum Missvergnügen Sophies kurz die Fassung verliert. Die Erzherzogin scheut nicht davor zurück, sie zur Rede zu stellen. Es ist ein bezeichnendes Omen. Ein Konflikt kündigt sich an, der im Grunde genommen vorprogrammiert ist.

Der Tag endet mit einer Beleuchtung verschiedener Plätze der Innenstadt und klingt mit einem festlichen Diner im Familienkreis aus. Inzwischen ist es beinahe Mitternacht geworden. Nun führen die beiden Mütter die Braut in ihr Schlafzimmer. Sophie vertraut ihrem Tagebuch an: »Ich ließ sie mit ihrer Mutter und blieb im kleinen Zimmer, bis sie im Bett war. Ich holte dann meinen Sohn und führte ihn zu seiner jungen Frau, die ich noch sah, um ihr eine gute Nacht zu wünschen. Sie versteckte ihr hübsches von einer Fülle Haar umflossenes Gesicht in ihrem Kopfpolster, wie ein erschreckter Vogel sich in einem Nest versteckt.«

Anlässlich des freudigen Ereignisses erlässt der Kaiser eine

Amnestie für die wegen der Teilnahme an der Revolution des Jahres 1848 zu Freiheitsstrafen verurteilten Gefangenen und spendet aus seiner Privatschatulle 200.000 Gulden für die Ärmsten der Armen in seinem Reich. Es ist ein Bruchteil der Summe, die der Hof für die Hochzeitsfeierlichkeiten ausgegeben hat, ein Tropfen auf den heißen Stein, eine Brosame vom reich gedeckten Tisch der herrschenden Adelsgesellschaft.

EINE HOCHZEITSNACHT hat es nicht gegeben. Es ist anzunehmen, dass die jungfräuliche Braut nach der totalen Überforderung des Tages erschöpft eingeschlafen ist und keine Lust gehabt hat, ihre ehelichen Pflichten zu erfüllen. Der liebeserfahrene, rücksichtsvolle Bräutigam wird sich wohl damit abgefunden haben.

Am nächsten Morgen gesellen sich beim Frühstück die beiden Mütter zum jungvermählten Paar und beobachten ihre Kinder mit neugierigen, forschenden Blicken. Sie sind erfahren genug, um festzustellen, dass Franz Joseph und Sisi die Ehe nicht vollzogen haben. Es folgt nach dem Dejeuner »eine vertrauliche Unterredung eines jeden Kindes mit der Mutter«, wie im Tagebuch Sophies zu lesen steht. Erst in der dritten Nacht soll es dann soweit gewesen sein. Die Kammerzofen haben hellwache Augen. Die Kaiserin wäre an diesem Morgen mit ihrem Gemahl verständlicherweise gerne alleine geblieben. Aber Sophie besteht auf ein gemeinsames Frühstück in ihren Appartements. Viele Jahre später erinnert sich Sisi daran, wie »grässlich« ihr das gewesen ist.

Noch am vierten Tag nach der Heirat ist Sisi so erschöpft, dass der Kaiser alle Empfänge absagt und mit ihr eine Spazierfahrt in den Prater unternimmt, um sie ein wenig abzulenken. Das jungvermählte Paar entschließt sich dann, die Flitterwochen im Schloss Laxenburg zu verbringen. Der alte kaiserliche Sommer-

Der Kaiser zeigt seiner vielgeliebten Sisi seine Haupt- und Residenzstadt.

sitz im Süden von Wien mit seinem 250 Hektar großen englischen Park, den der Großvater Franz Josephs hat anlegen lassen, den künstlich geschaffenen Teichen, den kleinen Wasserfällen, Grotten, Brücken und den vielen exotischen Bäumen und Sträuchern kommt der romantischen Gemütsanlage der Kaiserin sehr entgegen. Sie fühlt sich hier anfänglich recht wohl. Franz Joseph hat ihre Hunde und ihren Papagei von Possenhofen nach Laxenburg bringen lassen. In den Stallungen stehen für die passionierte Reiterin Pferde bereit.

Den Gemahl bekommt sie freilich recht wenig zu sehen. Er begibt sich am frühen Morgen in die Hofburg. Die Regentenpflichten nehmen ihn voll in Anspruch. Wenn er am Abend sorgenbeladen zurückkommt, ist er nicht in der Stimmung, sich um die Gefühle seiner Gemahlin zu kümmern.

Sisi ist viel allein. Sie kann sich mit niemandem aussprechen, schon gar nicht jemandem anvertrauen. Sie ist von einem Dienstpersonal umgeben, das man ihr aufgezwungen hat. Mit ihrer Obersthofmeisterin, Gräfin Sophie Esterházy, kommt sie überhaupt nicht zurecht. Die gestrenge Gräfin ist eine Vertraute Sophies. Sisi fühlt sich vom Morgen bis zum Abend observiert. Jeder ihrer Schritte wird registriert, der kleinste Fauxpas beanstandet, bekrittelt und natürlich sofort der Mutter Franz Josephs hinterbracht.

Die Erzherzogin selbst taucht oft ganz plötzlich in Laxenburg auf, um der Kaiserin »Gesellschaft« zu leisten. Die standesbewusste Schwiegermutter beobachtet dann mit Argusaugen, ob sich die Kaiserin der Etikette gemäß benimmt, und rügt unnachsichtig jede Abweichung davon. Ihrer späteren Hofdame gegenüber bemerkt die Kaiserin bei einem Besuch in Laxenburg: »Ich fühlte mich so verlassen, so einsam. Der Kaiser konnte tagsüber natürlich nicht hier sein … Um sechs Uhr ist er zum Diner zurückgekehrt. Bis zu diesem Zeitpunkt war ich den ganzen Tag allein und hatte Angst vor dem Augenblick, da Erzherzogin Sophie kam. Denn sie kam jeden Tag, um jede Stunde zu spionieren, was ich tue …«

Die Konflikte der beiden Damen drehen sich zunächst um Kleinigkeiten. Elisabeth weigert sich, ihre Schuhe nach einmaligem Tragen zu verschenken. Sie lässt sich ungern von den Zofen anziehen. Sie trinkt Bier. Das alles ist unstandesgemäß, verstößt gegen die Etikette. Sophie stellt Sisi zur Rede. Die Kaiserin verträgt die permanente Schulmeisterei nicht, reagiert darauf mit Trotz und Widerborstigkeit. Sie weigert sich hundert und hunderterlei Dinge zu tun, die man von ihr erwartet. Sie fühlt sich ungerecht behandelt, sieht nicht ein, dass sie sich in einem kaiserlichen Ambiente nicht so frei und ungezwungen benehmen kann wie in Possenhofen. Und Sophie, diese reife, kluge, lebenserfahrene Frau, möchte aus ihrer 16-jährigen Nichte gewissermaßen von heute auf morgen eine formvollendete, untadelige Kaiserin machen. Diese nicht nur durch den Altersunterschied erklärbare Gegensätzlichkeit von Auffassungen und Standpunkten entwickelt sich im Laufe der Zeit zu einem langjährigen Dauerstreit. Die Erzherzogin wird oft als »böse Schwiegermutter« apostrophiert. Davon kann keine Rede sein. Sie ist von den besten Absichten beseelt, aber sie ist zu ungeduldig, zu herrisch, zu gebieterisch, sie findet nicht den richtigen Ton und schon gar keinen Zugang zum Herzen der Kaiserin.

Und der Kaiser? Wie verhält er sich in diesem Konflikt, der doch vor seinen Augen abrollt? Er steht, wenn dieser militärische Ausdruck gestattet ist, unentschlossen zwischen den weiblichen Fronten. Franz Joseph ist ein Muttersohn. Er kann sich vom mütterlichen Einfluss nicht lösen, er bezieht, was er im Grunde genommen hätte tun müssen, nicht eindeutig Stellung für seine Frau. Sisi fühlt sich von ihrem Ehemann im Stich gelas-

Die mädchenhafte, schüchterne Kaiserin fühlte sich am Kaiserhof wie ein »Vogel in einem goldenen Käfig«.

sen, ist enttäuscht und bedrückt. »Ich bin erwacht in einem Kerker, und Fesseln sind an meiner Hand. Und meine Sehnsucht immer stärker – du Freiheit! Du mir abgewandt!«, notiert sie bereits 14 Tage nach der Hochzeit.

MITTE JULI 1854 stellen sich bei Sisi die ersten Anzeichen einer Schwangerschaft ein. »Sisi hat einige Tage wieder mehr gehustet, besonders bei Tische … sie leidet jetzt auch mehr an Übelkeiten und hat sich zweimal erbrochen«, schreibt der Kaiser der Mutter am Zwölften des Monats. Und drei Tage später berichtet er aus Laxenburg: »Sisi konnte nicht erscheinen, da sie gestern recht miserabel war. Sie musste schon aus der Kirche weg und erbrach sich dann mehrere Male, auch litt sie an Kopfweh und brachte fast den ganzen Tag in ihrem Bette liegend zu; nur abends nahm sie mit mir den Tee auf unserer Terrasse beim herrlichsten Abend. Seit Mittwoch war sie ganz wohl gewesen, so daß ich schon fürchtete, es sei nichts mit den Hoffnungen, doch nun bin ich wieder ganz getröstet, wenn es mir gleich wehe tut, sie so leiden zu sehen.«

Anfang Oktober teilt er der Mutter mit: »Sisis Husten hat ganz aufgehört, aber sie erbricht sich jetzt wieder fast alle Tage … Sie hat in den letzten Tagen ziemlich zugenommen, wenn sie gleich im Verhältnis zur Bevölkerung nicht stark genannt werden kann.«

Die Schwangerschaft macht der jungen Kaiserin sehr zu schaffen. Sie versucht, ihren Zustand so lang wie möglich vor der Öffentlichkeit zu verbergen. Das ist freilich gar nicht im Sinn der dynastisch denkenden Schwiegermutter. Sophie drängt darauf, dass Sisi täglich im Laxenburger Park »ihren Bauch produziert«. Sie ergreift auch gleich die Initiative, richtet die Kindskammer neben ihren Appartements ein, sucht die Hofmeisterin und das Pflegepersonal aus. Alle diese Entscheidungen fällt sie, ohne Sisi gegenüber auch nur ein Wort zu verlieren.

Bei der schweren Geburt steht ihr neben der Hebamme die Schwiegermutter dann hilfreich zur Seite. Am 5. März 1855 bringt die Kaiserin ein Mädchen zur Welt, das auf den Namen Sophie getauft wird. Taufpatin ist natürlich die Großmutter, die ihre Enkelin nach dem Wochenbett der Mutter auch gleich in Beschlag nimmt. Sophie verwehrt Sisi ihre Mutterrechte. Sisi darf mit ihrem Kind nicht allein sein, darf es nicht herzen und liebkosen. Wenn sie ihre Tochter sehen will, muss sie die engen Stufen zur Kindskammer im Leopoldinischen Trakt der Hofburg hinaufsteigen und sich dort anmelden. Das ist demütigend. Das Klima zwischen Mutter und Schwiegermutter wird kälter. Als sich nach der Geburt einer zweiten Tochter, die den Namen Gisela erhält, das familiäre Trauerspiel wiederholt, wird es eisig. Sisi drängt auf eine Änderung der für sie unerträglichen Situation, pocht auf ihre Rechte als Mutter. Franz Joseph hat sich bislang aus dem Streit herausgehalten. Jetzt muss er handeln und seiner Frau beiseitestehen. Brieflich ersucht er die Mutter um ihre Zustimmung, dass die Kinder das Quartier wechseln dürfen. »Wenn Sie die Gnade haben, die Sache ruhig zu überlegen«, argumentiert er, »so werden Sie vielleicht unser peinliches Gefühl begreifen, unsere Kinder ganz in Ihrer Wohnung eingeschlossen zu sehen, während die arme Sisi mit ihrem oft schweren Volumen die Stiege hinaufkeuchen muss, um dann die Kinder selten allein zu finden.« Sophie gibt zähneknirschend nach. Franz Joseph hat zum ersten Mal gegen die übermächtige Mama aufbegehrt. Seine Gemahlin ist ihm dankbar dafür. Das Band zwischen den charakterlich so verschiedenen Ehepartnern festigt sich.

Im September unternimmt das Kaiserpaar eine Reise durch Kärnten und die Steiermark. Gemeinsam machen Franz Joseph und Elisabeth von Heiligenblut aus eine Bergtour und genießen die Schönheiten der Gebirgswelt. Ihre Naturliebe schweißt sie

Das Kaiserpaar mit den Töchtern Sophie und Gisela und den Eltern Franz Josephs.

noch ein wenig enger aneinander. Im Winter 1856/57 stattet das Kaiserpaar Oberitalien einen Besuch ab, bald nach der Rückkehr geht es nach Ungarn. Die Kaiserin beschließt gegen den heftigen Widerstand der Schwiegermutter, ihre beiden Töchter auf die Reise mitzunehmen. Die kaiserliche Familie nimmt in der Budapester Burg Quartier, die Kinder sind frisch und munter. Dann erkrankt zunächst die zehn Monate alte Gisela an Fieber und Durchfall und bald darauf die zweijährige Sophie. Gisela erholt sich rasch und auch der Zustand Sophies bessert sich. Der Hofarzt stellt eine beruhigende Diagnose. Das Kaiserpaar entschließt sich, eine bereits einmal verschobene Reise in das Landesinnere anzutreten. Die Kinder bleiben in der Obhut ihrer Aja, der Baronin Luise Sturmfeder, und des Arztes zurück. Nach fünf Tagen werden sie in die Hauptstadt zurückgerufen. Das Befinden der kleinen Sophie hat sich besorgniserregend verschlechtert. Als die Eltern in die Budapester Burg zurückkehren, finden sie das Kind stark geschwächt in ihrem Bettchen vor. Franz Joseph und Sisi bangen stundenlang um das Leben ihrer Tochter. Aber es gibt keine Rettung mehr. Am 29. Mai 1857 stirbt Sophie in den Armen der Mutter. »Unsere Kleine ist ein Engel im Himmel. Nach langem Kampfe ist sie zuletzt ruhig um ½ 10 Uhr verschieden. Wir sind vernichtet. Sisi ist voll Ergebung in den Willen des Herrn«, telegraphiert der Kaiser an seine Eltern.

DER SCHMERZ DER MUTTER um die kleine Sophie ist unermesslich. »Es ist ein recht entsetzliches Unglück, das den Kaiser und mich betroffen hat, so sein erstes Kind sterben zu sehen, ist ein Schmerz, der schwer und hart zu ertragen ist«, schreibt Sisi ihrer Schwägerin Margarethe aus Laxenburg. »Alles ist hier eine so wehmüthige Erinnerung an unsere liebe Kleine, jedes Stück im Zimmer und im Garten, wo sie voriges Jahr so lustig war.«

Von bitteren Selbstvorwürfen und Gewissensbissen geplagt, schließt sie sich in ihren Gemächern ein, verweigert die Nahrung, weint tagelang. Einige Tage in Ischl, wo sie ihre geliebte Schwester Néné trifft, sind nur ein kurzer Trost. Als das Kaiserpaar Anfang November 1857 in die Hofburg zurückkehrt, schreibt Franz Joseph der Mutter: »Die arme Sisi ist sehr ergriffen von allen Erinnerungen, die ihr hier überall begegnen und weint viel. Gestern ist Gisela bei Sisi in dem kleinen roten Fauteuil unserer armen Kleinen, der im Schreibzimmer steht, gesessen und da haben wir beide zusammen geweint, Gisela aber immer vor Freude über diesen neuen Ehrenplatz so herzig gelacht.«

Das Kaiserpaar bezieht kurz darauf andere, geräumigere Appartements in der Hofburg, von wo aus Sisi direkt zu Gisela gelangen kann. Den Kampf um die Erziehung des Kindes gibt sie auf. Sie ist verzweifelt, sie hat nicht die Kraft, ihn zu führen.

Im Dezember dieses traurigen Jahres stellen sich die Anzeichen einer neuen Schwangerschaft ein. Das gibt ihr neue Hoffnung. Vielleicht kann sie diesmal einem Knaben das Leben schenken, den lange ersehnten Thronfolger zur Welt bringen. Die Schwangerschaft ist natürlich wieder mit Einschränkungen verbunden. Sie muss das Reiten aufgeben und stattdessen viel spazieren gehen. Der Kaiser ist oft an ihrer Seite zu finden, er nimmt sich die Zeit dazu. Sisi geht es in den letzten Monaten vor der Geburt recht gut. Am 17. August 1858 schreibt Franz Joseph an die Mama: »Sisi ist vollkommen wohl, allein wir sind beide über die lange Dauer der Erwartung etwas erstaunt.« Vier Tage später ist es dann soweit. Die Kaiserin wird von einem kräftigen, gesunden Knaben entbunden, der auf den Namen Rudolf getauft wird. Die Freude am Kaiserhof ist groß. Der Kaiser schickt telegrafische Depeschen in alle Welt hinaus.

Elisabeth, die innerhalb von dreieinhalb Jahren drei Kindern das Leben geschenkt hat, erholt sich nur langsam. Sie leidet wochenlang unter Fieberanfällen. Etwa drei Wochen nach der Geburt berichtet der Kaiser, der seine Amtsgeschäfte erledigt und sich auch eifrig dem Jagdvergnügen widmet, der Mutter aus Laxenburg, es wäre eine sehr schöne Jagd gewesen, hätte er nicht in immerwährender Angst an Sisi denken müssen. Die Kinder seien sehr wohl und der Kleine schon etwas hübscher geworden. Der Vater, der seinem Sohn den Orden des Goldenen Vlieses in die Wiege gelegt und ihn zum Obersten ernannt hat, beobachtet die Entwicklung Rudolfs mit großer Aufmerksamkeit. »Der Kleine schläft in der Nacht sehr gut«, schreibt er der Mutter, »ist aber fast den ganzen Tag wach und schreit mit der kräftigsten Stimme sehr viel, hat auch einen enormen Appetit. Er ist nicht schön, aber magnifik gebaut und sehr stark, wovon ich mich bei einem Bade überzeugte.«

Sisis Gesundheit lässt weiterhin sehr zu wünschen übrig. Die Schwiegermutter hat den kleinen Rudolf ganz in Beschlag genommen, und die Kaiserin findet sich gezwungenermaßen damit ab.

Im Frühjahr 1859 greift die Politik mit ungnädiger Hand in das Leben der Kaiserfamilie ein. Franz Joseph hat sich ungeschickterweise in einen Krieg um die habsburgischen Provinzen in Oberitalien hineinmanövrieren lassen. Nach einer schweren Niederlage der österreichischen Armee fasst er den Entschluss, sich auf den Kriegsschauplatz zu begeben. Er glaubt, durch seinen persönlichen Einsatz eine militärische Wende herbeiführen zu können. Aber der Kaiser ist weder ein Feldherr noch ein Stratege.

Der Abschied von der Familie ist herzzerreißend. Elisabeth ist außer sich, fassungslos, zu Tode geängstigt. Sie fährt mit den beiden Kindern zum Bahnhof mit und ersucht den Generaladjutanten flehentlich, nur ja auf den Kaiser achtzugeben.

Sogleich nach seiner Ankunft in Oberitalien schreibt Franz Joseph seiner »liebsten Engels Sisi«: »Die ersten Augenblicke nach dem Aufstehen benütze ich, um Dir diese wenigen Zeilen zu schreiben und Dir wieder zu sagen, wie sehr ich Dich liebe und wie ich mich nach Dir und den Kindern sehne. Wenn es Dir nur recht gut geht und Du Dich so fleißig schonest, wie Du es mir versprochen hast …«

In den zahlreichen weiteren Briefen, die er ihr vom Kriegsschauplatz per Eilboten übermittelt, ersucht er seine »liebe, himmlische Sisi«, sich nicht um ihn zu ängstigen, sondern auf ihre Gesundheit zu achten. »Damit ich Dich recht wohl finde, wenn ich wieder in Deinen Armen liegen kann«, formuliert Franz Joseph inmitten seiner ausführlichen Berichte über die Kriegslage.

Sisi ist nicht zu beruhigen. Sie unternimmt täglich stundenlange Ausritte, macht Hungerkuren, bleibt den von der Schwiegermutter veranstalteten Familiendiners fern, beginnt zu rauchen. Von seiner Mutter davon unterrichtet, schlägt der Kaiser einen härteren Ton an: »Ganz desperat macht mich Deine entsetzliche Lebensweise, die Du Dir angewöhnt hast und Deine theuere Gesundheit ganz zerstören muß«, wettert er. Und weiter: »Ich beschwöre Dich, gebe dieses Leben gleich auf und schlafe bei der Nacht, die ja von der Natur zum Schlafen und nicht zum Lesen und Schreiben bestimmt ist. Reite auch nicht gar zu viel und heftig.«

Sisi schlägt die gut gemeinten Ermahnungen in den Wind. Sie ist niedergeschlagen, verzweifelt, zumal der Gemahl auch ihre Bitte, ihn im Hauptquartier zu besuchen, abschlägt, und ihren Vorschlag, nach der endgültigen militärischen Niederlage rasch Frieden zu schließen, kurzerhand abtut.

Dem Wunsch des Gemahls, Verbandsmaterial zu organisieren und für die Betreuung der Verwundeten in Laxenburg Vorsorge zu treffen, kommt sie nach. Die junge Kaiserin macht Laxenburg zur Lazarettstadt. Sie hat ein mitfühlendes Herz, für die Nöte des Volkes hat sie mehr Verständnis als der von seinem Gottesgnadentum überzeugte Gatte.

FRANZ JOSEPH kehrt als geschlagener Feldherr in seine Haupt- und Residenzstadt zurück. Der Feldzug hat enorme Kosten verursacht und riesige Verluste an Menschenleben gekostet.

Die Staatskasse ist leer, das Land leidet unter einer Wirtschaftskrise. In weiten Teilen der Monarchie sind die Lebensmittel knapp, die Preise steigen von Monat zu Monat.

Das Ansehen des Kaisers ist an einem Tiefpunkt angelangt. An den Stammtischen der Wirtshäuser äußern die Untertanen offen ihren Unmut und scheuen sogar vor Schmähungen Seiner Majestät nicht zurück. Selbst in der eigenen Familie gibt es Kritik. Aber Franz Joseph sucht die Schuld nicht bei sich, sondern, ob zu Recht oder Unrecht, bei seinen Generälen und Ministern.

Sisi ist glücklich, den Gemahl wieder an ihrer Seite zu haben. Eine starke Stütze in seiner misslichen Situation kann sie ihm freilich nicht sein. Dazu fehlt ihr ganz einfach die seelische Stärke. Der Kaiser andererseits lehnt jeden Rat seiner Gattin höflich, aber bestimmt ab. Er führt mit Sisi keine politischen Gespräche. Die zaghaften Reformen, zu denen er sich im Heerwesen, in Staat und Verwaltung gezwungen sieht, bespricht er mit der Mutter, an deren Gängelband er noch immer zappelt. An seinem ausgeprägten Majestätsbewusstsein hält er unbeirrt fest. »Wir werden zwar etwas parlamentarisches Leben bekommen«, schreibt er der Mama, »allein die Gewalt bleibt in meinen Händen und das Ganze wird den österreichischen Verhältnissen angepasst.«

Das angespannte Verhältnis zwischen der Kaiserin und ihrer Schwiegermutter verschlechtert sich unterdessen zusehends. Sisi schiebt die Schuld an der schmerzlichen Niederlage in Oberitalien auch der Erzherzogin zu, die zudem die Erziehung der Kinder noch fester an sich gezogen hat. Franz Joseph hält sich aus dem heftiger werdenden Streit der beiden heraus und sucht Trost bei anderen Frauen. Eine polnische Gräfin und eine Schauspielerin sollen es sein, denen er seine Huld schenkt. Die Gerüchteküche in Laxenburg und in der Hofburg brodelt. Sisi ist tief getroffen, als man ihr das Ondit gezielt zuspielt. Die Untreue ihres Gemahls bringt sie vollends aus der Fassung. Ganz gegen ihre sonstigen Gepflogenheiten veranstaltet sie in ihren Appartements Tanzveranstaltungen. Sie besucht sogar Privatbälle in Adelspalästen und tanzt die Nacht durch. Der Kaiser vergnügt sich auf der Jagd. Die romantische Verliebtheit der beiden Ehepartner in den ersten Ehejahren weicht einer zunehmenden Distanzierung und steuert auf eine veritable Krise zu.

IM JULI 1860 verlässt Sisi nach schweren Differenzen mit ihrem Gemahl Wien und verbringt mit der kleinen Gisela etliche Wochen in Possenhofen. Nach ihrer Rückkehr kommt es zwischen dem Kaiserpaar nur zu einer kurzzeitigen Versöhnung. Das Familienleben bleibt empfindlich gestört.

Mit der Schwiegermutter gibt es weiterhin wegen der Kinder beinahe täglich Streit. Der Gesundheitszustand Sisis verschlechtert sich. Die Kaiserin leidet unter Hustenanfällen und Depressionen, sie hat Weinkrämpfe, ihre Nerven sind schwer angegriffen. Ende Oktober konstatiert der sie behandelnde Lungenfacharzt, der berühmte Dr. Josef Skoda, eine »Lungenaffektation« und empfiehlt dringend einen Klimawechsel. Er schlägt die Insel Madeira als winterlichen Aufenthalt vor. Franz Joseph plädiert für Meran oder Abbazia. Aber Sisi schließt sich dem Vorschlag des Arztes an. Sie will möglichst weit weg von der Hofgesellschaft ein paar Monate ausspannen.

Die immer eigenwilliger agierende Kaiserin schließt die Insel sofort in ihr Herz. Sie quartiert sich in einer Villa in Funchal ein und genießt jeden Morgen den herrlichen Blick auf das nahe Meer. Der Himmel wölbt sich blau über das Firmament, die Luft ist seidenweich, das Klima ist angenehm mild, die Vegetation üppig, die Menschen kommen ihr mit großer Freundlichkeit entgegen. Sisi liest viel, Shakespeare, Dante, Schopenhauer, die Gedichte Heinrich Heines. Sie unternimmt Ausfahrten mit

Foto mit einer typischen Widmung der Mama:
»Gezwung'ne Ehe Bringt Herzenswehe.«

einem von einem Esel gezogenen Gefährt, macht ausgedehnte Wanderungen, nimmt Lektionen in ungarischer Sprache, spielt Schwarzer Peter. Sie lässt sich mit ihren Hofdamen in Marineblusen und dazu passenden Hosen photographieren und schickt das Bild dem Gemahl in Wien. Franz Joseph ist in diesen Tagen, Wochen und Monaten mit Regierungsgeschäften überhäuft. Er führt mit seinen Ministern Beratungen über verschiedene Verfassungsentwürfe für den Gesamtstaat, sitzt von morgens bis abends am Schreibtisch und entspannt sich in seiner kargen Freizeit auf der Jagd. Die Verbindung mit der Gemahlin hält er durch Kuriere aufrecht.

Sisis Stimmungen wechseln. Sie isst wenig, schließt sich an manchen Tagen in ihren Zimmern ein und lässt niemanden an sich heran. Je länger der Aufenthalt dauert, desto mehr Heimweh hat sie, desto mehr sehnt sie sich nach ihren Kindern, denen sie zärtliche Briefe übermitteln lässt. »Du weißt schon, was ich Dir für schöne, kleine Vögel mitbringen werde, in einem hübschen Vogelhaus«, schreibt sie der vierjährigen Gisela, »und dann werde ich Dir Musik machen und Dir auch eine ganz kleine Guitarre zum Spielen bringen.« An ihre Schwiegermutter denkt sie nur mit Schaudern.

Nach fünfmonatigem Aufenthalt verlässt sie die Insel und tritt über Südspanien, Malta und Korfu die Heimreise an. Der Aufenthalt hat insgesamt 42.000 Gulden (ein Gulden entspricht etwa elf Euro) gekostet. Ein kleines Vermögen, eine unvorstellbare Summe Geldes für die meisten Menschen im Habsburgerreich.

Elisabeth verschwendet daran nicht einmal einen Gedanken. Sisi wird nur noch ein Mal nach Madeira kommen, in den Jahren 1893/94, als schon merklich gealterte Frau.

Franz Joseph reist Sisi bis Triest entgegen. Die Ehepartner haben einander ein halbes Jahr nicht gesehen. Der Kaiser drängt auf eine rasche Rückkehr nach Wien. Der erste Weg der Kaiserin in der Hofburg führt zu ihren Kindern, die ihr scheu begegnen.

Es dauert nur ein paar Tage und schon treten bei Sisi wieder die alten Beschwerden auf. Sie hat Beklemmungen, Hustenanfälle und bedrohliche Fieberschübe, sie kann nicht schlafen, sie verweigert die Nahrungsaufnahme. Dr. Skoda stellt eine galoppierende Lungenschwindsucht fest. Zweifellos eine Fehldiagnose. Wir wissen heute, dass die Beschwerden der Kaiserin psychosomatischer Natur waren. Die moderne Medizin klassifiziert das ungewöhnliche Verhalten der schönen Sisi, das sich mit zunehmenden Jahren immer auffälliger manifestiert, ihren exzessiven Bewegungsdrang, ihre Hungerkuren und ihre Ablehnung der Sexualität als schwere psychosomatische Persönlichkeitsstörungen. Sie sind zum Teil genetisch bedingt und andererseits als Reaktion auf die verhassten gesellschaftlichen Zwänge zu verstehen, denen die Kaiserin unterworfen ist.

Der Hof ist durch die Diagnose des Arztes höchst alarmiert, der Kaiser und die Schwiegermutter sind zutiefst betroffen. In Wien kursieren Gerüchte von einer Todeskrankheit Sisis. Dr. Skoda und Sisis bayerischer Hausarzt, der gerufen wird, schlagen einen Kuraufenthalt auf der Insel Korfu vor, den sie auch sogleich antritt. In Korfu zeigt das Krankheitsbild der Kaiserin die gleiche Symptomatik wie auf Madeira. Das Stimmungsbarometer ist den üblichen Schwankungen unterworfen. Franz Joseph, der Mitte Oktober 1861 zu Besuch kommt, »wohin ihn nach so langer Trennung die Sehnsucht treibt«, ist dennoch über den Gesundheitszustand der Gemahlin angenehm überrascht. »Sisi ist wirklich viel besser«, schreibt er der lieben Mama, »besonders kräftiger, und sieht sehr gut aus. Sie ist stärker geworden, ist wohl noch ein wenig aufgedunsen im Gesicht, hat aber meistens gute Farben; sie hustet sehr wenig und ohne Brustschmerz, und die Nerven sind viel ruhiger. Sie befolgt ein vortreffliches Regime, isst dreimal des Tages viel Fleisch und trinkt Bier; Obst isst sie gar nicht mehr. Auch geht sie viel zu Fuß, so wie das Wetter es erlaubt. Ich habe Sisi so wohl gefunden, daß ich mich entschlossen habe, sie für den Winter nach Venedig gehen zu lassen, wo sie doch näher und innerhalb der Monarchie ist, wo ich sie leichter und öfter besuchen und wo sie auch die Kinder sehen kann, nach denen sie sich natürlich sehr sehnt.« Und setzt dann noch hinzu: »Wie glücklich ich über die Möglichkeit bin, Sisi näher zu haben, können Sie sich wohl denken, liebe Mama.«

Sisi hat die Insel lieb gewonnen. Sie kommt später immer wieder einmal zu einem Kurzaufenthalt nach Korfu. 1888, zwei Jahre nach der Fertigstellung der Hermesvilla im Lainzer Tiergarten, gibt sie den Auftrag zum Bau eines Schlosses im antiken Stil. Es entsteht auf einem Hügel in Meeresnähe, hat eine eigene Schiffsanlegestelle und ist von der Umwelt völlig abgeschlossen. Das prunkvolle Bauwerk kostet eine Unsumme Geldes, das angeblich aus der Privatschatulle Franz Josephs stammt. Es wird in dreijähriger Bauzeit errichtet. Sisi bewohnt das »Achilleon« immer nur für kurze Zeit. Sie findet natürlich auch in der steinernen Wunder- und Traumwelt dieses von prachtvollen Gärten umgebenen Palastes kein Zuhause. Ihre seelische Unrast hat keine Heimat.

Die Kaiserin kommt Ende Oktober in die Lagunenstadt, die Kinder treffen mit ihrer Aja und ihrem Pflegepersonal eine Woche später ein.

Die Wiedersehensfreude ist groß. Das seelische Krankheitsbild ändert sich nicht. Ihre Mutter findet sie mitunter recht heiter, liebenswürdig und munter, dann wieder traurig und deprimiert vor. Aber ihre Füße sind zeitweilig so geschwollen, dass sie nicht auftreten und nur mit fremder Hilfe gehen kann. An das Quartier gebunden, vertreibt sich die Kaiserin die Zeit mit einem

Die Kaiserkinder Gisela und Rudolf verbrachten den Winter 1861/62 mit ihrer Erzieherin bei der Mutter in Venedig.

neuen Hobby. Sie sammelt Photos von Familienangehörigen, Diplomaten, Schauspielern und schönen Frauen. Der Kaiser kommt zwei Mal auf Besuch.

Im Mai des nächsten Jahres bricht Elisabeth ihre Zelte in Venedig ab. Der Aufenthalt hat den Staatssäckel mit 68.000 Gul-

Der Aufenthalt bereitete ihnen sichtlich Spaß.

den belastet. Aber Sisi schert sich nicht darum. Die Kaiserin nimmt zwar alle Annehmlichkeiten ihrer Stellung in Anspruch, den Pflichten des Amtes entzieht sie sich aber mit allen nur denkbaren Vorwänden.

Elisabeth macht Station in Reichenau an der Rax, Bad Kissingen und Possenhofen und kehrt erst wenige Tage nach dem Geburtstag des Kaisers nach Wien zurück. Die Stadtverwaltung und die Bevölkerung bereiten ihr einen herzlichen Empfang. Der Kaiser jubelt. »Wie glücklich ich bin, Sisi wieder bei mir zu haben und dadurch endlich nach langem Entbehren ein ›zu Hause‹ zu besitzen, brauche ich nicht erst zu sagen«, schreibt er der Mama. »Sisi ist Gottlob recht wohl«, berichtet er, »sieht verhältnismäßig gut aus, hat gute Farben, guten Appetit und macht sehr viel Bewegung, ohne Ermüdung zu fühlen. Nur die volle Gelenkigkeit in den Füßen ist noch nicht ganz hergestellt.«

SISI IST REIFER GEWORDEN, ihr Selbstbewusstsein ist gewachsen. Sie intensiviert ihr Studium der ungarischen Sprache, nimmt eine ungarische Gesellschafterin namens Ida Ferenczy in ihren Dienst, die sie in den nächsten Jahren und Jahrzehnten als enge Vertraute durch das Leben begleiten wird, und engagiert eine Friseuse, die mit kaiserlicher Genehmigung für den Jahresgehalt eines Universitätsprofessors in den Hofdienst aufgenommen wird. Sie hat die Aufgabe, das schöne kastanienbraune, fersenlange Haar der Kaiserin täglich zu kämmen und kunstvoll zu flechten, eine zeremonielle Kulthandlung, die bis zu drei Stunden in Anspruch nimmt. Die Ehe erlebt ein kurzes Zwischenhoch. Sisi nimmt nach einer Unterbrechung von einigen Jahren wieder an einem Hofball teil und begleitet den Kaiser auch bei der alljährlichen Fronleichnamsprozession.

Die Kaiserin setzt aber bald wieder ihren gewohnten Lebensstil fort. Sie entzieht sich mit Raffinesse und Ausflüchten aller Art ihren dynastischen Aufgaben und Repräsentationspflichten, absolviert ihren alljährlichen Kuraufenthalt in Bad Kissingen, stattet der Familie in Possenhofen einen Besuch ab, reist hierhin und dorthin.

Für ihre Kinder nimmt sie sich wenig Zeit. Die Erziehung des Kronprinzen hat sie völlig der verhassten Schwiegermutter und dem Kaiser überlassen. Franz Joseph überträgt die Erziehung seines sensiblen und gesundheitlich labilen Sohnes einem militärischen Zuchtmeister mit dem ausdrücklichen Auftrag, aus ihm einen guten Soldaten zu machen. Der Knabe wird einem mitleidlosen Drill unterworfen und droht seelisch zu zerbrechen.

Als der Kaiserin die Auswirkungen dieser verfehlten Erziehung bewusst werden, holt sie zu einem erzieherischen Paukenschlag aus. Sie verlangt die ultimative Erziehungsvollmacht über ihre Kinder und fordert bei dieser Gelegenheit gleich auch persönliche Vorrechte für sich ein. »Ich wünsche«, schreibt sie dem überraschten Gatten, »daß was immer meine persönlichen Angelegenheiten betrifft, wie unter anderem die Wahl meiner Umgebung, den Ort meines Aufenthaltes, alle Anordnungen im Haus mir allein zu bestimmen vorbehalten bleibt.« Es kommt zu einer schweren Auseinandersetzung mit dem Gemahl und der Schwiegermutter. Nach längerem Zögern lenkt Franz Joseph schließlich ein. Rudolfs Erziehung wird liberal gesinnten Lehrern anvertraut.

Elisabeth hat ihren Willen durchgesetzt und sich endgültig aus der Umklammerung Sophies gelöst, aber der Hausfrieden ist (wieder einmal) empfindlich gestört.

1866, EIN JAHR nach diesem familiären Zwischenfall, entscheidet sich für die Dauer der gesamten Regierungszeit Franz Josephs das politische Schicksal der Donaumonarchie. In der blutigen Schlacht bei Königgrätz in Böhmen unterliegt die österreichische Armee den besser geführten und besser ausgerüsteten Truppenverbänden der Preußen. In dieser für den Kaiser wohl schwersten Zeit seiner Herrschaft steht Sisi voll und ganz hinter ihrem Gemahl. Sie vergisst für kurze Zeit auf ihre Kapricen, ihre Wehwehchen und Überspanntheiten. Wenn es in Extremsituationen darum geht, zu helfen, wenn man sie um Aufgaben außerhalb der verhassten Repräsentationspflichten ersucht, mobilisiert die Kaiserin alle ihre Seelenkräfte, wächst sie über sich hinaus. Elisabeth ist wie verwandelt. Sie kümmert sich um die Verwundeten in den Garnisonsspitälern und Militärkrankenhäusern in Wien und Unter St. Veit, spricht ihnen Mut zu. Die Öffentlichkeit staunt und bewundert die karitative Ein-

Die Kaiserin entwickelte sich in den ersten zehn Jahren ihrer Ehe zu einer selbstbewussten Frau.

satzbereitschaft Sisis, der Kaiser dankt es ihr mit Worten der Anerkennung.

Die militärische Niederlage des Jahres 1866 hat auch innerstaatliche Konsequenzen. In Ungarn gärt es. National gesinnte Politiker rufen zur Loslösung des Landes aus dem habsburgischen Staatsverband auf.

In dieser heiklen, gefährlichen Situation schlägt die große historische Stunde der Kaiserin. Elisabeth liebt Ungarn und seine Bewohner. Sie bewundert das Temperament, die Begeisterungsfähigkeit, den Nationalstolz der Magyaren. Sie will einen Abfall Ungarns verhindern, zwischen dem Kaiser und seinen magyarischen Kontrahenten vermitteln. Sie macht sich zum Sprachrohr der gemäßigten Politiker des Landes, mit dem blendend aussehenden, charismatischen Grafen Gyula Andrássy an der Spitze. Seit ihrer ersten Begegnung im Jänner 1866 anlässlich eines Empfanges einer ungarischen Delegation in der Wiener Hofburg hat sie diesen Mann in ihr Herz geschlossen. Bei einem anschließenden mehrwöchigen Besuch des Kaiserpaares im Nachbarland hat sie auf die Budapester Hautevolee großen Eindruck gemacht. »Alles ist von ihr und ihrer ungarischen Sprache enthusiasmiert«, berichtet Franz Joseph der Mama. In der zweiten Juliwoche dieses entscheidenden Jahres, auf dem Höhepunkt der Staatskrise, fährt Sisi mit Zustimmung des Kaisers nach Budapest. Die beiden Kinder nimmt sie mit. Sie bleibt wochenlang in der ungarischen Hauptstadt, führt zahlreiche Gespräche mit Andrássy und schreibt ungewöhnlich lange Briefe an den Gemahl. In einem dieser Schreiben drängt sie den Kaiser mit energischer Bestimmtheit zu einem Gespräch mit dem Grafen. »Ich bitte Dich, telegraphiere gleich nach Erhalt meines Briefes, ob Andrássy abends mit dem Zug nach Wien fahren soll. Sagst Du nein, willst Du in letzter Stunde nicht einmal mehr einen uneigennützigen Rat hören … dann bleibt mir nichts mehr übrig, als mich mit dem Bewußtsein zu beruhigen, daß ich, was immer auch geschehe, Rudolf einmal ehrlich sagen kann: Ich habe alles getan, was in meinen Kräften stand. Dein Unglück habe ich nicht am Gewissen.«

Es ist beinahe eine Erpressung. Franz Joseph führt das Gespräch, konferiert auch mit anderen ungarischen Politikern.

Eine Entscheidung zögert er hinaus. Er muss an das Staatsganze denken, an die Sorgen und Bedürfnisse der anderen Völker, vor allem der Slawen. Er kann den Forderungen der Magyaren nicht bedingungslos nachgeben. Elisabeth lässt nicht locker, setzt ihren Gemahl weiter unter Druck. Auf die Bitte Franz Josephs kommt sie zu einem Kurzbesuch nach Wien, bleibt dann aber wieder längere Zeit in Budapest. Der Kaiser ist mit Sisis Verhalten nicht einverstanden. Es knistert wieder einmal im Ehegebälk. Franz Joseph, der im Briefverkehr mit seiner Gemahlin stets nobel und zurückhaltend formuliert, schlägt einen ungewohnt harschen Ton an. »Ich werde mein langgewöhntes Alleinsein wieder mit Geduld tragen. In dieser Beziehung habe ich schon viel auszuhalten gelernt und man gewöhnt's endlich. Ich werde über diesen Punkt nicht ein Wort mehr verlieren, sonst wird unsere Korrespondenz zu langweilig«, schreibt er sich seinen Frust von der Seele. Und diesmal unterzeichnet er sein Schreiben schlicht und einfach mit »Franz«. Aber im Handumdrehen bettelt er doch wieder um die Gunst seiner geliebten Sisi. »Jetzt hätte ich halt eine schöne Bitt. Wenn Du zu mir kommen könntest! Das würde mich unendlich glücklich machen«, fleht er sie an. Und ein andermal: »Mein lieber Engel, jetzt bin ich wieder mit meinem vielen Kummer allein und sehne mich nach Dir. Komme bald wieder mich zu besuchen das heißt wenn es Deine Kräfte und Deine Gesundheit erlauben, denn wenn Du auch recht bös und sekant warst, so habe ich Dich doch so unendlich lieb, daß ich ohne Dich nicht sein kann.«

Die Verhandlungen mit den Ungarn ziehen sich hin und werden nach langwierigen Erörterungen mit dem sogenannten »Ausgleich« zum Abschluss gebracht. Aus dem Kaiserreich Österreich wird die Doppelmonarchie Österreich-Ungarn. Es ist ein Wendepunkt im Leben Franz Josephs und des von ihm regierten multinationalen Staatsgebildes.

DIE VERTRAGLICHE EINIGUNG zwischen dem Kaiser und den Ungarn wird der Öffentlichkeit durch einen pompösen Festakt demonstriert. Am 6. Juni 1867 werden der Kaiser und die Kaiserin von Österreich in der Budapester Matthiaskirche zum König und zur Königin von Ungarn gekrönt.

Die Vorbereitungen für das monarchische Spektakel sind zeitraubend und anstrengend. Elisabeth unterwirft sich diesmal ihrer Repräsentationspflicht mit erstaunlicher Gelassenheit. »Die Krönung wird eine furchtbare Plage, so von Früh angefangen im Schlepp und Diadem zu sein, fortwährend Empfänge, Cercle machen und dazu die schreckliche Hitze. Wie angenehm muß es jetzt in Possi sein«, schreibt sie der Mutter nach Bayern. Aber sie genießt den Tag. Es ist ihr Tag, der wahrscheinlich der schönste ihres Lebens gewesen ist. Die zur bezaubernden Schönheit gereifte Kaiserin in ihrem Kleid aus weißem Seidenbrokat, dem Krönungsmantel aus blauem Samt und der funkelnden Krone auf der Fülle ihres prachtvollen Haares ist der Mittelpunkt des Geschehens. Alle Augen sind auf sie gerichtet, das Volk jubelt ihr zu, zehntausende Menschen vereinigen sich zum Ruf: »Éljen Erzsébet.«

Die Ungarn machen dem Königspaar ein großzügiges Geschenk: Schloss Gödöllő in der unmittelbaren Umgebung von Budapest. Das im Barockstil erbaute Gebäude mit seinem weitläufigen Park und der herrlichen Umgebung wird zum Lieblingsaufenthalt Sisis, in dem sich auch Franz Joseph, wenn er in Ungarn weilt, wohlfühlt. Die Kaiserin verbringt mehrere Jahre hintereinander einige Monate in Schloss Gödöllő, wo sie sich frei und ungezwungen dem Reitsport widmen kann, der großen Leidenschaft ihres Lebens. Sie genießt dort Tage und Wochen unbeschwerten Glücks.

Die Krönungsfeierlichkeiten dauern bis zum 12. Juni. Dann reist Franz Joseph mit seiner Sisi nach Ischl, um sich von den

Am 8. Juni 1867 wurden in der Budapester Matthiaskirche Franz Joseph zum König und Elisabeth zur Königin von Ungarn gekrönt.

anstrengenden Tagen zu erholen. Die Ehe des ungleichen Paares ist so harmonisch, wie sie später nie mehr sein wird. Und sie wird noch drei Jahrzehnte dauern. Von Paris aus, wo er Ende Oktober 1867 einen Staatsbesuch bei Napoleon III. und seiner Gattin Eugénie absolviert, den er der Gattin in allen Details schildert, schäkert er: »Hürchen habe ich recht viele und recht hübsche gesehen. Ich denke aber nur an Dich, mein Engel. Du kannst ruhig sein.«

Die Kaiserin gibt ihre langjährige Weigerung auf, noch einmal einem Kind das Leben zu schenken. Franz Joseph schreibt am 20. November 1867 von Schönbrunn aus der Mama: »Sisi geht es Gottlob recht gut und sie glaubt das Kind schon zu fühlen. Sie schont sich sehr und so bringen wir alle Abende mit den Kindern zu Haus im glücklichsten Familienleben zu.«

Von irgendwelchen Schwangerschaftsproblemen ist diesmal nicht die Rede. Drei Monate vor der voraussichtlichen Geburt verlegt die Kaiserin mit einem großen Gefolge von dienstbaren Geistern ihr Domizil nach Ofen. Gisela und Rudolf bleiben in Wien zurück. Am 22. April 1868 bringt Sisi ein Mädchen zur Welt, das auf den Namen Marie Valerie getauft wird. Die Kaiserin nimmt für ihr jüngstes Kind ihre Mutterrechte ab dem Tag der Geburt voll in Anspruch und überschüttet es mit Liebe und Fürsorge. »Jetzt weiß ich es«, äußert sie sich später einmal zur Gräfin Festetics, »was für eine Glückseligkeit ein Kind bedeutet – jetzt habe ich schon den Mut gehabt, es zu lieben und bei mir zu behalten.« Um Gisela und Rudolf kümmert sie sich weniger denn je. Sie bleiben in der Obhut der Großmutter und der Erzieher.

DAS GUTE EHELICHE KLIMA zwischen den Ehepartnern hält an. Sisi geht ihre eigenen Wege. Franz Joseph ist viel beschäftigt und hat wenig Zeit für die Familie. Aber es findet sich doch immer wieder eine Möglichkeit für ein Beisammensein. Im Sommer rund um den Geburtstag des Kaisers in Ischl, im Herbst in Gödöllő, wo sich bei gemeinsamen Ausritten ihre divergierenden Interessen und Vorlieben kurzzeitig bündeln.

Ein monatelanges trautes Familienleben gibt es nicht, so sehr es sich Franz Joseph auch wünscht. So schreibt er seinem »lieben, schönen Engel« vor Abschluss seiner Orientreise, die ihn nach Konstantinopel, in das Heilige Land und nach Ägypten führt und die er Sisi in seitenlangen Briefen detailreich und bunt schildert: »In wenigen Tagen liege ich in Deinen Armen, beseeligender Gedanke und dann gleich wieder die lange Trennung.«

Die Kaiserin nimmt sich nicht viel Zeit für die Sehnsüchte des Gemahls. Sie sucht ihre Ekstasen nicht im Ehebett, sondern auf dem Rücken der Pferde. Sie reist ihm zwar bis nach Miramare entgegen, aber schon bald entschwebt sie zur Eröffnung des Vatikanischen Konzils nach Rom.

Die Repräsentationspflichten überlässt Sisi fast ausschließlich dem Gemahl. Auf Hofbällen erscheint sie je nach Laune, Belieben und Befindlichkeit. Sie hält sich tunlichst von Festakten und Staatsbesuchen fern, macht ab und zu Zusagen, die sie gleich auch wieder zurücknimmt. Als Grund für ihre Absagen führt sie glattweg ihr monatliches Unwohlsein ins Treffen.

In Wien macht sie sich rar. Sie kommt nur zu besonderen Anlässen oder aus einem triftigen Grund in die Residenzstadt. Als sie Mitte 1872 davon verständigt wird, dass die Gesundheit der Schwiegermutter Anlass zu ernster Sorge gibt, bricht Sisi ihren Kuraufenthalt in Meran sofort ab und eilt an das Krankenbett. Tage- und nächtelang spendet Elisabeth der Erzherzogin letzten Trost bei ihrem qualvollen Kampf mit dem Tod. Im Jahr darauf findet sich die Kaiserin am 1. Mai zur feierlichen Eröffnung der Weltausstellung ein, begrüßt an der Seite Franz Josephs die zahlreichen hohen Gäste und nimmt auch an vielen Festen und Diners teil, die aus diesem Anlass veranstaltet werden. Sie ist der Mittelpunkt bei diesen Veranstaltungen und genießt die Bewunderung, die ihr entgegenschlägt. Bis ihr der ganze Trubel dann doch zu viel wird und sie sich flugs nach Payerbach bei Reichenau an der Rax zurückzieht. Anfang Dezember 1873 erfordert dann auch das 25-jährige Regierungsjubiläum ihre Anwesenheit in Wien. Diesmal zeigt sie sich menschenscheu, eine Eigenschaft, die zum Grundzug ihres Wesens gehört.

Die Kaiserin tut nicht, was sie soll, sondern was sie will. Unbekümmert um das Urteil und die Nachrede der Zeitgenossen klinkt sie sich aus der Hofgesellschaft aus, nimmt sich die Freiheit, frei zu sein, nach ihren eigenen Vorstellungen, aber auch inneren Zwängen zu leben. Ihre Ichbezogenheit kennt keine Grenzen. Zur vollen Schönheit erblüht, versucht sie mit allen nur möglichen Mitteln jung und attraktiv zu bleiben, sich gegen den Prozess des Alterns zu stemmen. Sie treibt einen völlig überzogenen Schönheits- und Schlankheitskult, dem sie sich sklavisch unterwirft und der finanziell wie gesundheitlich teuer erkauft ist. Für die enormen Kosten kommt der Kaiser auf, der auch diesbezüglich in seinen Briefen noble Zurückhaltung an den Tag legt. Ob das auch im persönlichen Verkehr immer der Fall ist?

Obwohl sich Sisi mit speziell zubereiteten Essenzen massieren lässt, in Olivenöl badet, sich vor dem Schlafengehen hautglättende Gesichtsmasken aus Honig, frischem Eidotter und Mandelöl auflegen lässt, wird ihre Haut faltig, gräbt die Zeit Furchen in ihr Gesicht. Dem Alterungsprozess entgeht natürlich auch eine schöne Kaiserin nicht. Das sehen allerdings nur die ihr nahestehenden Personen. Vor der Öffentlichkeit verbirgt Sisi ihr Gesicht hinter einem Sonnenschirm und einem Fächer. »Ich will immer jung bleiben«, sagt sie einmal zu ihrer Nichte Marie Louise Wallersee-Larisch. »Wenn mich einmal die Zeit berührt hat, werde ich mich verschleiern und die Leute werden von mir sprechen als von der ›Frau die einst war‹.« Sie legt damit den Grundstein zu ihrem eigenen Mythos.

Die tägliche Fitnessprozedur beginnt bereits am frühen Morgen nach dem Aufstehen. Die Kammerfrauen müssen den Umfang der Taille, der Waden und Schenkel messen und die Maße schriftlich festhalten. Dann stellt sich die Kaiserin auf die Waage und registriert mit kritischem Blick ihr Körpergewicht. Überschreitet es das Limit von 48 bis 50 Kilogramm nur im

Geringsten, unterzieht sich Elisabeth sofort einer rigorosen Diät, bis das Idealgewicht wiederhergestellt ist. Ein Kalorienzähler steht der österreichischen Kaiserin freilich nicht zur Verfügung. Schade.

DER KAISER BRINGT diesen »unsinnigen Diäten« seiner Frau keinerlei Verständnis entgegen, aber seine Einwände bleiben unbeachtet.

Nach dieser ersten Körperkontrolle folgt das Ankleiden, das ungesunde Einschnüren in ein enges Mieder, das ihre »Wespentaille« betont, die allerdings nicht dem Schönheitsideal der Zeit entspricht, um die sie aber doch auch beneidet wird. Daran schließt sich der aufwendige Kult der Haarpflege an. Das alles nimmt Stunden in Anspruch und erfordert Geduld. Sisi nimmt dieses tägliche Zeremoniell in Kauf, es ist ein essentieller Bestandteil ihrer narzisstischen Selbstverwirklichung.

Die Kaiserin von Österreich wird ob ihrer Schönheit von vielen Zeitgenossen, selbst von Staatsoberhäuptern, bewundert.

Schah Nasreddin von Persien schreibt nach einem Besuch in Schloss Laxenburg: »Nun habe ich auch die Frau des Kaisers zu Österreich zu Gesicht bekommen. Sie ist auf jeden Fall die schönste Herrscherin von allen Frauen an den europäischen Höfen, denen ich bisher begegnet bin. Sie hat eine wunderschöne, weiße Haut und die Gestalt einer Zypresse, eine Majestät vom Scheitel einer prächtigen Haarfülle bis zur Sohle.« Und Queen Victoria hält nach einer Begegnung mit Elisabeth in ihrem Tagebuch fest: »Mit ihrem herrlichen kastanienbraun schimmernden Haar, das sie wie ein Diadem um den Kopf geflochten trägt, sieht sie wirklich reizend aus – ein wunderschönes Bild. Ihre Taille ist schmäler, als man sich vorstellen kann, und ihr Gang ist von großer Anmut.«

Um fit, schlank und schön zu bleiben, absolviert die Kaiserin ein für diese Zeit ungewöhnliches Sport- und Fitnessprogramm. Sisi lässt in jedem ihrer Domizile ein Turnzimmer mit Barren, Reck, Seilen und Handringen für ihre täglichen gymnastischen Übungen einrichten und trainiert sich mit Hanteln und Gewichten ein paar Dekagramm von ihrem überschlanken Körper. Als eine Zeitung die Öffentlichkeit darüber informiert, löst es Bestürzung und Befremden aus. Eine Kaiserin im Turnanzug, das vermag man sich einfach nicht vorzustellen. Der Kaiser ist über den Zeitungsbericht erbost und meint, man müsse ein Mittel finden, »um den Redakteuren durch empfindliches Sekiren ihre Unanständigkeit fühlen zu lassen«. 1864, als er das verlangt, ist er noch ein Potentat von Gottes Gnaden. Drei Jahre später muss er nach dem Ausgleich mit Ungarn als konstitutioneller Herrscher die Pressefreiheit gewähren.

Die Kaiserin lässt sich weder von ihrem Gemahl und schon gar nicht von der Öffentlichkeit von ihren Spleens und Vorlieben abbringen. In ihrem vierten Lebensjahrzehnt betreibt Sisi ihren Lieblingssport, das Reiten, mit ungeheurer Intensität und Leidenschaft. Sie begnügt sich nicht mehr wie zuvor mit einem forschen Ausritt. Die österreichische Kaiserin nimmt Unterricht im Kunst- und Dressurreiten und führt in der Manege in Gödöllő, die auf ihren ausdrücklichen Wunsch errichtet wird, wie einst der Vater in München ihre Kunststücke vor. Sisi schafft an, und Franz Joseph bezahlt. Der trägt es mit Humor. Was bleibt ihm auch anderes übrig? Zu einem der Reitlehrer Sisis bemerkt er: »Also die Rollen sind verteilt. Die Kaiserin tritt heute abend als Kunstreiterin auf. Sie reiten die hohe Schule und ich mache euch den Stallmeister.« Einen besonderen Spaß macht der Kaiserin die Parforcejagd. Die Reitjagden mit einer klaffenden Hundemeute im Gefolge über alle möglichen Hindernisse, über Stock und Stein sind so ganz und gar nach ihrem Geschmack.

So kannten sie die Zeitgenossen und so lebt sie in der Erinnerung weiter: Kaiserin Elisabeth als strahlende Schönheit.

Auch ein Reitunfall in der Normandie, bei dem sie eine Gehirnerschütterung erleidet, ändert nichts an ihrer Begeisterung für die Parforcejagd. Sie reist nach England, kauft die teuersten Pferde ein, engagiert den besten Reitlehrer des Landes, rast über Gatter, Weiden und Gräben und profiliert sich als beste Reiterin Europas in dieser Disziplin. Die österreichische Kaiserin wird von den einen als Spitzensportlerin bewundert und von den anderen zu Recht heftig kritisiert. »Diese Frau ist wirklich verrückt«, schreibt einer ihrer Kritiker. »Sie lebt ausschließlich für ihr Pferd.« Sisi stört die Meinung der Öffentlichkeit überhaupt nicht. Und sie fragt auch nicht, wie viel ihre Hobbys kosten. In der k. u. k. Monarchie leben Millionen von Menschen von der Hand in den Mund, aber die kaiserliche Großmutter, die sie bereits im Alter von 36 Jahren geworden ist, wirft das Geld beim Fenster hinaus. Den Großteil ihres Vermögens transferiert sie ohne Wissen des Gemahls in die Schweiz. Die schöne Sisi schert sich nicht um Gott und die Welt. Mit dem Gemahl führt sie eine Briefehe, trifft ihn dann und wann und entschwebt schließlich wieder wie eine Märchenfee.

Franz Joseph himmelt seine Sisi trotzdem zeitlebens an. Er lebt enthaltsam, aber ein sexueller Asket ist er nicht. Er beginnt eine Beziehung mit einer wesentlich jüngeren Frau, die 13 Jahre lang währt. Sisi erfährt davon nichts.

Die Kaiserin nimmt 1879 lustlos an den Feiern zur Silberhochzeit teil, die in einem vom Maler Hans Makart gestalteten Huldigungsfestzug ihren Höhepunkt erreichen. »Solche Feste zu feiern«, bemerkt sie, »ist unnötig, es ist schon genug 25 Jahre verheiratet zu sein.«

Ein gefährliches Jagdabenteuer in Irland im gleichen Jahr bereitet ihr ein wesentlich größeres Vergnügen. Ihre Jagdleidenschaft findet dann von einem Tag zum anderen ein Ende, als sie von immer stärkeren rheumatischen Beschwerden heimgesucht wird. Das Alter macht auf sich aufmerksam. Ein Lebensabschnitt ist zu Ende.

Die Kaiserin startet mit einer neuen Marotte neu durch. Sie unternimmt bei jedem Wetter im Eiltempo stundenlange tägliche Wanderungen. Es geht querfeldein, bergauf und bergab, nur gelegentlich von einer kurzen Rast unterbrochen. An die Stelle der kostspieligen Parforcejagden sind Gehjagden getreten. Die Hofdamen, die sie begleiten (müssen), keuchen atemlos hinter der Kaiserlichen Majestät einher, laufen sich die Seele aus dem Leib. Sie werfen schließlich das Handtuch. Die Marathonmärsche lösen Ischiasschmerzen aus. Für Elisabeth ist das freilich überhaupt kein Anlass, ihre körperlichen Aktivitäten einzuschränken.

Der Kaiser setzt indessen seine Lebens- und Arbeitsgewohnheiten, die zu einem Ritual erstarrt sind, fort. Er steht am frühen Morgen auf, hält eine kurze Morgenandacht, erledigt seine Privatkorrespondenz, empfängt die Minister zum Vortrag, liest die Berichte der Polizeibehörden und die bereitgestellten Auszüge aus in- und ausländischen Zeitungen, gibt Audienzen, erledigt Aktenstöße, empfängt ausländische Potentaten, macht Staatsbesuche, inspiziert Manöver, nimmt an gesellschaftlichen Veranstaltungen teil, eröffnet Ausstellungen, unternimmt kurze Spaziergänge, frönt seiner Jagdleidenschaft, macht Theaterbesuche. Für das Lesen eines Buches fehlen ihm Zeit und Interesse, zur Musik und Kunst hat er keine Beziehung. Die kulturelle Hochblüte, die Wien um die Jahrhundertwende erlebt, geht fast spurlos an ihm vorüber.

Franz Josephs Tage sind vollgestopft mit Verpflichtungen, und doch ist er oft einsam. Es ist kaum zu glauben, aber in seinen Briefen steht es zu lesen. »Hier sitze ich recht einsam und denke recht viel an Euch in Schönbrunn«, schreibt er der Gemahlin Ende November 1867 aus Ofen. »Ich friere recht ordentlich, denn die Zimmer und besonders mein Schlafzimmer sind, trotz beständigem Heizen, recht kalt.« Die zivilisatorischen Annehmlichkeiten unserer Zeit stehen ihm nicht zur Verfügung, dem österreichischen Kaiser. Und die technischen Neuerungen, die er nützen könnte, lehnt er ab. Franz Joseph ist eine durch und durch konservative Natur.

Seine sexuellen Bedürfnisse kann der Kaiser nicht nur im Ehebett befriedigen. Die Kaiserin ist nur selten an seiner Seite, und selbst wenn sie das gleiche Domizil teilen, sperrt Sisi ihren Gemahl nach Lust und Laune aus ihrem Schlafzimmer aus. Der körperlichen Liebe kann sie nur wenig abgewinnen. Eugen Ketterl, der Leibkammerdiener des Kaisers, erzählt. »In Gödöllő bekam der Kaiser seine Gattin, selbst wenn sie unter einem Dache wohnten, nur selten zu Gesicht. Wollte Franz Joseph sie morgens besuchen und ging er ohne Anmeldung zu ihr hinüber, erklärten die diensthabenden Geister Ihrer Majestät, die Kaiserin schlafe noch! Manchmal war die hohe Frau schon in den Bergen, von wo sie erst abends mit ihrer unglücklichen Hofdame zurückkehrte und jetzt, todmüde, den Kaiser erst recht nicht empfing. So kam es vor, daß der Kaiser oft zehn Tage lang umsonst zu ihr hinüberging. Wie peinlich das vor dem Personal war, kann sich jeder denken; mir tat der hohe Herr oft in der Seele leid.«

Franz Joseph ist im Gegensatz zu Elisabeth in seinem Lebensstil unmajestätisch, bescheiden und anspruchslos. Er isst und trinkt wenig, er trägt abgetragene Hemden und Socken unter seiner Uniform und verwendet abgenützte Zahnbürsten. Das riesige Vermögen, das er 1875 nach dem Tod Kaiser Ferdinands, seines Onkels und Vorgängers, geerbt hat, verwendet er nur zum Teil zur Befriedigung seiner eigenen Bedürfnisse. Er bestreitet damit großteils die Kosten für die Extravaganzen seiner Gemahlin. Er erhöht ihre jährliche Apanage von 100.000 auf 300.000

Gulden und überschreibt Elisabeth ein Vermögen von zwei Millionen Gulden, das sie ganz nach ihren Launen ausgeben darf. Sisis Extravaganzen kosten Unsummen, aber sie legt das Geld in Wertpapieren und auf Schweizer Konten an und hinterlässt bei ihrem Tod ein beträchtliches Vermögen.

DER KÖRPER IST ERSCHÖPFT, die Seele wund, der Geist wach und auf steter Wanderschaft. In den Jahren zwischen 1885 und 1888, in die auch ihr 50. Geburtstag fällt, widmet sich die Kaiserin vorwiegend ihren literarischen Neigungen und Interessen. Sie schreibt nach einer Unterbrechung von etwa 30 Jahren wieder Verse, in denen sie mit schonungsloser Offenheit ihre politischen Überzeugungen, ihre geheimsten Gedanken und innersten Gefühle zu Papier bringt, sich gewissermaßen demaskiert. Nur ein paar Vertraute wissen von diesem Faible der Kaiserin: ihre Tochter Marie Valerie, Gräfin Festetics, Gyula Andrássy. Der Kaiser weiß und erfährt davon nichts. Hätte er die Gedichte zu Gesicht bekommen, er wäre wohl mehr als erstaunt gewesen. Seine Gemahlin deklariert sich nämlich darin als republikanisch gesinnte Pazifistin.

Und sollten sie entscheiden
Die Republik muss sein
So willige mit Freuden
In ihren Wunsch ich ein.

reimt sie holprig, und:

Wer weiss! Gäb's keine Fürsten
Gäb' es auch keinen Krieg;
Aus wär' das teure Dürsten
Nach Schlachten und nach Sieg.

Die Staatsform der Monarchie hält die österreichische Kaiserin für unzeitgemäß, für überholt und zum Untergang bestimmt. Mit dem Tod ihres Gemahls wird die k. u. k. Doppelmonarchie untergehen. Davon ist sie felsenfest überzeugt.

Elisabeth geißelt in ihren Gedichten auch das drohnenhafte Leben der ihr verhassten Hofgesellschaft, die sie mit beißendem Spott übergießt, und macht mit ihrer Kritik auch vor dem eigenen Gemahl nicht Halt.

In ihren dilettantischen Versen, die ihrem großen literarischen Vorbild Heinrich Heine nachempfunden sind, schreibt sich diese seltsame Frau ihre Ängste und ihre Frustrationen von der Seele. Sie kennt das Gesamtwerk des Dichters und fühlt sich ihm seelenverwandt. Ihre Heine-Begeisterung nimmt wie bei vielem, wofür ihr Herz schlägt, exzessive Ausmaße an. Sie kauft alle seine Bücher und Porträts, derer sie habhaft werden kann, sie fühlt sich als seine Jüngerin und glaubt, im spiritistischen Umgang mit ihm verbunden zu sein. Ihr Bildungseifer und ihre literarischen und philosophischen Interessen gehen weit über das Werk des damals sehr angefeindeten Dichters hinaus. Sie umfassen die Dramen Shakespeares und die Dichtungen Lord Byrons ebenso wie die Romane französischer Autoren und die Schriften Homers. Um Homer im Urtext lesen zu können, beginnt sie Altgriechisch zu lernen. Sie konzentriert sich dann aber auf das Studium des Neugriechischen, der Sprache des Volkes, der sie sich mit unermüdlicher Konsequenz und riesigem Eifer widmet. Stundenlang lernt sie Tag für Tag ihre Lektionen. »Es ist so heilsam, sich mit etwas recht Schwerem plagen zu müssen, um darüber die eigenen Gedanken zu vergessen«, motiviert sie ihre sprachliche Betriebsamkeit. Für den Griechischunterricht engagiert sie Lehrer, die mit ihr Konversation machen, sie aber auch auf ihren Wanderungen begleiten und ihr vorlesen müssen. Keine leichte Beschäftigung, wenn man das Tempo bedenkt, das die Kaiserin vorgibt.

Einer von ihnen ist ein junger, buckliger Student namens Constantin Christomanos. Der schwärmerisch veranlagte, kunstinteressierte junge Mann ist nicht nur Weggefährte der Kaiserin, sondern auch ihr Konversationspartner während der Frisierstunden und ihr Reisebegleiter nach Ungarn, nach Korfu und nach Algier. Elisabeth, die auf den kleinen Griechen einen ungeheuren Zauber ausübt, führt mit Christomanos lange Gespräche über hellenische Kunst und Literatur, aber auch über andere Themen. Im Umgang mit ihm schimmert oft ihr Sinn für Humor durch. Bei einem Gespräch über ihre Reisen nach Ägypten sagt sie einmal zu ihm: »Ich fühle mich außerordentlich heimisch in Kairo. Selbst im größten Gewühl der Lastenträger und der Esel fühle ich mich weniger beengt als auf einem Hofball.«

Die Hofdamen rümpfen über den jungen Griechen die Nase. Sie sind eifersüchtig auf die geistige Nähe mit der Kaiserin und stellen ihn als Hofnarren hin. Und auch der Kaiser äußert sich über den »Buckligen«, wie er ihn nennt, geringschätzig und herablassend: »Die Kaiserin hat ihre Lektionen mit dem kleinen, schreienden Griechen wieder aufgenommen«, schreibt er an Katharina Schratt, »und sie obliegt dem Studium des Neugriechischen mit gewohntem Eifer sowohl im Zimmer als auch auf ihren Spaziergängen.« Die Bekanntschaft ihres Gemahls mit der Schauspielerin hat die Kaiserin vermittelt.

Elisabeth lassen die spöttischen Bemerkungen des Gemahls kalt. Griechenland mit seinen antiken Mythen, seiner Geschichte und seiner landschaftlichen Schönheit gehört ihre Liebe. Sie macht lange Schiffsreisen in die Ägäis, folgt rastlos den Spuren der antiken griechischen Helden. Mit Achill, der für sie die »griechische Seele personifiziert«, fühlt sie sich wesensverwandt. In ihrem »Achilleion« auf Korfu taucht sie vollständig in der Antike unter. Es ist der Zufluchtsort der mit zunehmendem Alter immer menschenscheueren Kaiserin.

ENDE JÄNNER 1889 stürzt der Selbstmord des Kronprinzen in Mayerling die kaiserliche Familie in tiefste Bestürzung. Die Nachricht über das entsetzliche Ereignis wird zunächst der Kaiserin übermittelt. Elisabeth ist tief getroffen und verliert für einen Augenblick die Contenance. Sie fasst sich aber rasch und übernimmt die schwere Aufgabe, den Kaiser zu informieren. Zufällig ist an diesem Vormittag auch Katharina Schratt in die Hofburg bestellt. Gemeinsam überbringen die beiden Frauen Franz Joseph die furchtbare Nachricht. Den Kaiser trifft die Hiobsbotschaft wie ein Keulenschlag, aber er bewahrt Haltung. Was ihn in diesem Augenblick bewegt, was er denkt und fühlt, kann heute niemand sagen. Es ist nicht überliefert.

Die Nachricht vom Tod des Kronprinzen verbreitet sich in Wien und in den Ländern der Doppelmonarchie in Windeseile. Es herrscht tiefe Betroffenheit. Der bekannte Theaterkritiker Eduard Hanslick notiert: »Die trostlose, verzweifelte Aufregung, die sich der ganzen Bevölkerung bemächtigte, ist nicht zu beschreiben. Ich habe in Wien die traurigsten Katastrophen erlebt: Revolutionen, unglückliche Feldzüge, verlorene Provinzen, mörderische Verheerungen durch Wasser und Feuer – nichts von alledem war diesem grauenvollen 30. Jänner zu vergleichen.«

Der Hof vertuscht den wahren Hergang der Tragödie vor der Öffentlichkeit. Sofort machen sich Klatsch und Tratsch breit, die wildesten Spekulationen kursieren, die Legendenbildung setzt ein. Sie ist bis heute nicht ganz verstummt, obwohl die historische Forschung die Vorgänge in Mayerling in den meisten Details einwandfrei geklärt hat.

Am Leichenbegängnis nimmt die Kaiserin auf Anraten ihres Gemahls nicht teil. Der Kaiser, der von seiner Tochter Gisela begleitet wird, verliert in der Kapuzinergruft am Sarg des Sohnes kurz die Fassung und bricht zusammen. Tochter Marie Valerie in ihrem Tagebuch: »Nach ½ 5 kamen Papa und Gisela zurück und er sagte, er habe sich gut gehalten – nur in der Gruft da ists nicht mehr gegangen – aber so wie heute ists noch bei keinem Begräbnis zugegangen.«

In den folgenden Tagen und Wochen herrscht in der Hofburg Grabesstimmung. Der Kaiser geht wieder seiner gewohnten Arbeit nach, klammert sich an seine Pflichten. Die Kaiserin verfällt in tiefe Melancholie. Ihre spiritistischen Neigungen verstärken sich, sie macht sich Selbstvorwürfe. Ganze Nächte lang liegt sie wach, schließt sich in ihren Gemächern ein. Ist sie nicht mitschuldig am Tod Rudolfs? Sie hat sich zu wenig um ihn gekümmert, seinen Sorgen und Nöten kaum oder keine Beachtung geschenkt. Das Leben ihres Sohnes hat sich weitgehend außerhalb ihres Gesichtsfeldes abgespielt. Seine Gereiztheit, seine Gemütsschwankungen, seine Verzweiflungsausbrüche und seinen sichtbaren körperlichen Verfall hat sie nicht zur Kenntnis genommen. Sie hat nicht einmal bemerkt, wie schwärmerisch er sie verehrt hat, wie er bei jeder Begegnung um ihre Gunst gebuhlt hat. All das und die Überzeugung, dass Rudolf mit dem schweren Wittelsbachischen Erbe nicht zurande gekommen ist, an dem auch sie so schwer zu tragen hat, lastet auf ihrer Seele.

Dem Kaiser bereitet Sisis außergewöhnlich triste seelische Verfassung große Sorgen. Er schlägt ihr einen Kuraufenthalt vor. Aber sie hört nicht auf ihn.

Im März 1889 fährt Elisabeth mit Valerie dann doch zur Kur nach Wiesbaden. Nach ihrer Rückkehr verbringt die Kaiserin ein paar Wochen in Meran. Sie ist wieder in guter körperlicher Verfassung und macht stundenlange Bergtouren. Dann unternimmt sie auf ihrer ganz nach ihren Wünschen eingerichteten Yacht eine Seereise nach Sizilien und Tunis. Die Weite des Meeres gibt ihr ein Gefühl ungebundener Freiheit. Je stürmischer die See,

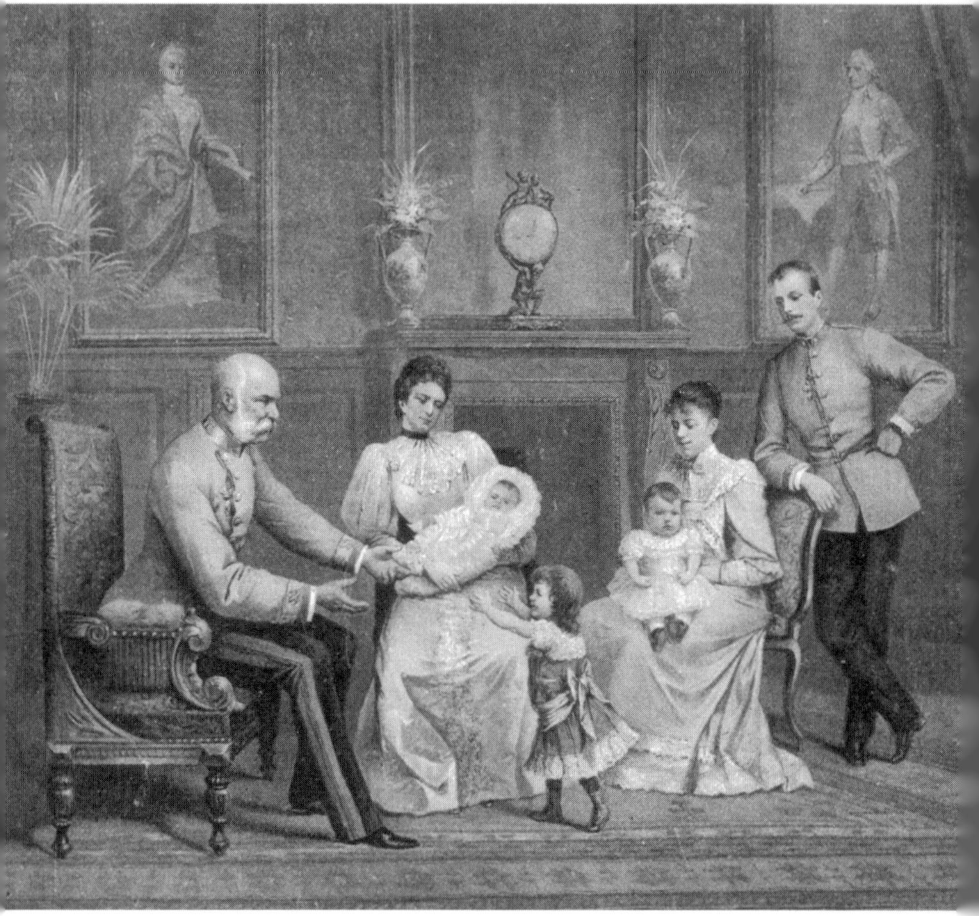

Die kaiserlichen Großeltern zu Besuch bei Marie Valerie und ihrem Gemahl Franz Salvator. Elisabeth Franziska, die älteste Tochter des Ehepaares, streckt dem Großvater ihre Händchen entgegen, die Großmutter hält Hubert, den zweitgeborenen Sohn, im Arm.

desto wohler fühlt sie sich. Die leidenschaftliche Hingabe der Kaiserin an Meer, Wind und Wellen geht so weit, dass sie sich einen Anker in ihre Schulter tätowieren lässt. Der Kaiser schüttelt missmutig den Kopf, als er es sieht.

Am 4. Dezember kehrt Elisabeth nach Wien zurück und entrümpelt ihre Garderobe. Sie verschenkt alle ihre bunten Kleider, ihre farbigen Schirme, ihre Hüte und Tücher und ihren kostbaren Schmuck an ihre beiden Töchter. In Hinkunft trägt sie nur noch dunkle Kleidung.

Zu Weihnachten gibt es in diesem Jahr keinen Weihnachtsbaum. Valerie notiert am 26. Dezember: »O lieber Gott, wie traurig ist unser für Uneingeweihte so schön scheinendes Familienleben, daß Mama und ich froh sind, wenn wir ruhig allein sein können. Ich weiß nicht warum, aber das hat in diesem Jahr erschreckend zugenommen – Papa hat so wenig Interesse mehr und ist – soll ich's sagen – so viel schwerfälliger und kleinlicher geworden.« Am ersten Todestag Rudolfs fährt das Kaiserpaar mit Valerie nach Mayerling hinaus und nimmt in dem zu einem Karmeliterkloster umgewandelten Jagdschloss an einer Gedenkmesse teil.

Am 31. Juli des nächsten Jahres heiratet Marie Valerie in Ischl Erzherzog Franz Salvator. Für die Kaiserin ist es ein tränenreicher Tag der Wehmut, ein schmerzvolles Abschiednehmen von dem Menschen, den sie wohl am meisten geliebt hat.

DER LETZTE ABSCHNITT im wechselvollen Leben der österreichischen Kaiserin beginnt. Ihr Hauptaugenmerk gilt in diesen Jahren nicht mehr ihrer Schönheit, die das Alter langsam ausgelöscht hat, sondern ihrer Gesundheit, die mehr als zu wünschen übriglässt. Auf ihrer Seele liegen schwere Schatten. Sie ist misstrauisch geworden, unnahbar. Ziellos reist sie hierhin und dorthin, eine Heimatlose ohne inneren Halt, ohne Anker, ohne Hafen. Korfu, die französische Riviera, die Schweiz, Amsterdam, München, Ischl und die Hermesvilla sind die wichtigsten Stationen auf ihrer Odyssee, auf der Flucht vor ihrer Umgebung und vor sich selbst. Franz Joseph und Sisi sehen einander nur für ein paar Wochen, einmal da, einmal dort. Aber sie korrespondieren eifrig miteinander. Der Kaiser schreibt ihr ein paar Mal pro Woche. Insgesamt sind es in einem Zeitraum von acht Jahren 474 Briefe, die er der geliebten Gattin nachschickt, wo immer sie sich aufhält. Er berichtet Elisabeth detailliert, aber mit ermüdender Monotonie über seinen Alltag, das Wetter, die militärischen und politischen Ereignisse, die Neuigkeiten in der Familie. Er ängstigt sich um die Gesundheit seiner Gemahlin und bettelt um ihre Gunst.

Ab und zu entschließt sich Franz Joseph auch zu einer Reise in einen ihrer Zufluchtsorte. Es gibt dann ein Wiedersehen, das ihn beglückt. Nach seiner Rückkehr in die Hofburg oder nach Schönbrunn ist er schließlich wieder allein, einsam und wird von düsteren Stimmungen heimgesucht. Das klingt dann so: »Ich fühle mich jetzt besonders einsam und bin sehr melancholisch gestimmt.« Oder: »Heute Früh habe ich wirklich einen ganz freien Augenblick und ich kann daher mit ganz gutem Gewissen, trotz Deinem gütigen Verbote, einige Zeilen an Dich richten, um Dir für Dein gestriges liebes Telegramm innigst zu danken und Dir zu sagen, daß ich mich jetzt hier entsetzlich einsam fühle und mich sehr nach Dir sehne. Die acht Tage bis zu unserem Wiedersehen in der Villa Hermes kommen mir unendlich lang vor und ich bin in zunehmend melancholischer Stimmung.« Elisabeth kommt und bleibt dann ungewöhnlich lang, nämlich zwei Monate, ehe die kaiserliche Möwe, die »nicht Ort und nicht Stelle bindet«, wieder davonfliegt. Franz Joseph schickt ihr sogleich einen Brief nach und bedankt sich für das lange Beisammensein. »Meine altersschwache Verdummung ist Schuld daran, daß ich Dir beim Abschiede nicht für Deine Güte und Nachsicht während unseres Beisammenseins dankte und so thue ich es jetzt von ganzem Herzen«, formuliert er mit Selbstironie und wehmütiger Zerknirschtheit.

Der Kaiser liebt seine Sisi ein Leben lang. Er verehrt sie, aber er versteht sie nicht, kann sie nicht verstehen. Franz Joseph und Elisabeth leben in verschiedenen Welten.

Die ichverliebte Kaiserin, die lange Zeit nur ihrer Schönheit gelebt und ihren Neigungen nachgegangen ist, beschäftigt sich mit zunehmenden Jahren in zunehmendem Maße mit der Vergänglichkeit. Ihre Flügel seien verbrannt, sagt sie zu Valerie, sie sehne sich nur nach Ruhe. Nach Rudolfs Tod lebt sie nur noch ihrem eigenen Ende entgegen. Der Tod, den sie herbeisehnt, kommt dann rasch und unerwartet.

10. SEPTEMBER 1898: Der Kaiser schreibt am Morgen dieses schönen, kalten Herbsttages von Schönbrunn aus seiner geliebten Sisi, die in der Schweiz weilt, wie schon am Tag zuvor einen Brief. Er freue sich und sei gerührt darüber, teilt er ihr mit, dass sie trotz der schönen Aussicht auf die Berge dennoch eine Art Heimweh nach der lieben Villa Hermes fühle. Er ahnt nicht, dass es sein letztes Schreiben an sie ist. Der Brief erreicht die Adressantin nicht mehr.

Die Kaiserin hat unter dem Decknamen einer »Gräfin Hohenembs« im Genfer Hotel »Beau Rivage« genächtigt und will an diesem Tag mit einem Linienschiff nach Caux bei Montreux zurückfahren, wo sie mit ihrem Gefolge logiert. Auf dem Weg zur Bootsanlegestelle springt ein Mann auf sie zu und stößt ihr blitzschnell eine – wie sich später herausstellt – dreieckige, messerscharf zugeschliffene Feile ins Herz. Es ist 13:40 Uhr. Elisabeth fällt rücklings auf den Boden, rafft sich wieder auf und geht mit ihrer Begleiterin etwa 100 Meter weit zum Anlegesteg und über die Schiffsbrücke an Bord des Dampfers. Dort bricht sie bewusstlos zusammen. Die 61-jährige österreichische Kaiserin wird eilends zum Hotel zurückgebracht, wo sie um 14:20 Uhr der ihr zugefügten Stichwunde erliegt.

Keine zwei Stunden später hält der Kaiser, der in Schönbrunn beim Schreibtisch sitzt, eine Depesche in der Hand, in der ihm in einem knappen Satz der Tod seiner Gemahlin, seiner geliebten Sisi, mitgeteilt wird. Franz Joseph schlägt schluchzend die Hände vor das Gesicht und sagt zum Überbringer der Nachricht, seinem Generaladjutanten Eduard Paar: »Mir bleibt auch nichts erspart auf dieser Welt.« Und er setzt hinzu: »Sie wissen nicht, wie ich diese Frau geliebt habe.«

So wird es überliefert. Und so wird der vielgeprüfte Monarch in dieser schwersten Minute seines Lebens wohl auch reagiert haben.

Der liebevolle Vater

Franz Joseph und seine Töchter Gisela und Marie Valerie

DER KAISER IST EIN WARMHERZIGER VATER. In der Öffentlichkeit trägt Franz Joseph seine Gefühle allerdings nicht zur Schau. Selbst bei schweren Schicksalsschlägen verliert er seine Beherrschung nicht. Sein ausgeprägtes Majestätsbewusstsein und sein soldatisches Wesen lassen es nicht zu, ein Verhalten an den Tag zu legen, das als Schwäche ausgelegt werden könnte. Menschlichen Regungen und Erregungen gibt er gelegentlich hinter verschlossenen Türen nach, bei politischen Besprechungen mit seinen Ministern und Gesprächen mit Mitgliedern des Kaiserhauses. Freude und Hoffnung, Trauer, Schmerz und Verzweiflung bleiben im Wesentlichen dem Privatbereich vorbehalten. Überschwang und Temperamentsausbrüche widersprechen dem Naturell des Kaisers.

Franz Joseph ist viel beschäftigt. Seine Herrscherpflichten nehmen ihn voll in Anspruch. Aber es bleibt doch auch Zeit für die vielgeliebte Jagd und die Familie. Um die Kinder kann sich der Kaiser natürlich persönlich kaum kümmern. Aber er nimmt großen Anteil an ihrem Befinden, ihrer Gesundheit, ihrer Entwicklung und ihren Lernfortschritten. Franz Joseph hat für Babys mehr übrig als Sisi, die kleinen Kindern wenig Interesse entgegenbringt, mit ihnen nichts anzufangen weiß. Wenn das junge Elternpaar von einer gemeinsamen Reise in die Hofburg zurückkehrt, führt der erste Weg geradewegs zu den Kindern. Und dann berichtet er beispielsweise der Mutter: »Hier habe ich Sisi und Gisela sehr wohl und letztere in ihrer Entwicklung wieder sehr vorgeschritten gefunden. Sie läuft wirklich in Karriere am ganzen Rand ihrer Gehschule herum; allein mit den Zähnen will es nicht vorwärts gehen.« (Laxenburg, 7. September 1857) Oder: »Gisela ist von einer unglaublichen Lebhaftigkeit und immer lustig, hat auch immer schöne Farben.« Über den ein Jahr alten Kronprinzen teilt er der Mutter mit: »Der Kleine steht schon mit großer Entschlossenheit ganz ohne Stütze selbst auf, bleibt dann einige Zeit stehen und fällt dann immer um, woraus er sich aber gar nichts macht. Für Gisela habe ich von Neuberg [an der Mürz] ein junges zahmes Reh bekommen, welches sie sehr freut.« Der junge Kaiser ist, wie man diesen Briefpassagen entnehmen kann, ein glücklicher Vater.

Gisela und Rudolf spielen miteinander, verbringen jedes Jahr in Reichenau an der Rax, in Ischl, in Laxenburg und an anderen Orten eine unbeschwerte Kindheit. Die emotionale Bindung füreinander hält ein Leben lang.

Von ihrem Temperament und Charakter her gesehen, sind sie grundverschieden. Gisela ist ein verhältnismäßig ruhiges, robustes, seelisch ausgeglichenes Kind. Sie erfreut sich als Kleinkind guter Gesundheit, ist stets bei gutem Appetit und ähnelt wesensmäßig dem Vater. Die extravagante Mutter hat für sie nach dem Tod der ältesten Tochter überhaupt nichts übrig, behandelt sie denkbar kühl und lieblos.

Auch die Gesundheit Rudolfs lässt in den beiden ersten Lebensjahren kaum etwas zu wünschen übrig. Er ist munter, aufgeweckt und nie unpässlich. Ab dem dritten Lebensjahr ändert sich das. Der Kronprinz ist auffallend oft marod, hat Fieber, hustet viel, muss das Bett hüten. »Rudolf war auch einige Tage im Bett mit seinem gewöhnlichen Übel, nämlich Katarrh der

Gisela war ein braves, ruhiges Kind und später eine tüchtige Hausfrau und Mutter.

Schleimhäute, der im Bauch begonnen und mit Schnupfen und großer Heiserkeit geendigt hat«, klagt Franz Joseph der Mama. »Er hatte nur wenig Fieber, war immer bei bestem Appetit ... Es dauert nur jede Kleinigkeit bei ihm so lang.« Später einmal wird er den Sohn liebevoll-abschätzig als sein »Krepierl« bezeichnen. Rudolf entspricht so gar nicht seinen Vorstellungen eines strammen, gesunden Offiziers, der er ja einmal werden soll.

Der Kronprinz ist ein überaus sensibles Kind, seinem geistigen Habitus und seiner Gemütsverfassung nach ganz die Mutter. Er ist hochintelligent, phantasiebegabt, lebhaft, munter und besitzt eine ungemein rasche Auffassungsgabe. Gisela bewundert als Erwachsene ihren begabteren und ihr intellektuell überlegenen Bruder und nennt ihn stolz ihr »Kerzenlicht«.

Die wichtigste Ansprechperson des kaiserlichen Geschwisterpaares ist die Großmutter. Ihr zur Seite steht mehr oder minder als ausführendes Erziehungsorgan die Aja der Kinder, die Freifrau Karoline Welden. Der kinderlosen Offizierswitwe fehlt jedwede pädagogische Erfahrung, aber sie ist eine kinderliebende, einfühlsame Frau, die bald das Vertrauen und die Liebe ihrer Schützlinge gewinnt.

Gisela und Rudolf werden für ihre Rolle im späteren Leben erzogen: sie zur Hausfrau und Mutter, er zum strammen Offizier. Das ist im 19. Jahrhundert eine Selbstverständlichkeit, ein erzieherisches Credo. Nicht nur im Kaiserhaus. Die Geschlechterrolle wird bereits bei der Auswahl der Spielsachen berücksichtigt. Rudolf erhält zum Geburtstag oder zu Weihnachten vor allem Kriegsspielzeug (Waffen aller Art) und Uniformen, Gisela vorwiegend Puppen, Haushaltsgegenstände und Schmuck. Die Dreijährige bekommt von den Großeltern einen Sparherd zum Kochen mit ganzer Einrichtung, die Sechsjährige ein goldenes Armband mit Diamanten, einen Morgenanzug und Batisthandschuhe.

Auch in der Ausbildung setzt man deutliche Akzente. Der Kaiser nimmt den kleinen Rudolf zu militärischen Übungen und Paraden mit, fördert sein Interesse für das Militär, lobt seinen Mut und tadelt seine Ängstlichkeit. Bereits im Alter von vier Jahren muss er Lesen, Rechnen und Schreiben lernen und erhält Unterricht in tschechischer und ungarischer Sprache. Gisela lernt neben dem Elementarunterricht Nähen und Stricken. In den Fremdsprachen liegt bei ihr der Akzent auf dem Französischen.

Der Kaiser beobachtet die Entwicklung der Kinder mit

wachem Interesse. Er liebt seine Gisela sehr, aber Rudolf ist ihm ans Herz gewachsen. Auf seine gründliche Ausbildung legt er besonderen Wert. Schließlich wird er einmal seine Nachfolge antreten und ein Großreich regieren (müssen). »Die Kinder studieren sehr fleißig«, schreibt er der Mama, »und besonders Rudolf hat große Freude am Lernen, auch ist er für sein Alter schon sehr gebildet.« Bei der Abfassung dieses Schreibens ist der Kronprinz gerade einmal fünf Jahre alt.

Der Kaiser adressiert die meisten Briefe nicht an Gisela, sondern an Rudolf, der Tochter lässt er zumeist Grüße ausrichten. Er weist sich dabei sprachlich wie inhaltlich als einfühlsamer Vater aus, der bei seiner Wort- und Themenwahl auf die kindliche Auffassungsfähigkeit Bedacht nimmt. Er schickt den Kindern nach Venedig, wo sie den Winter 1861/62 bei der Mutter verbringen, Fasane, die er selbst erlegt hat, zum Verzehr und berichtet über den Hund der kaiserlichen Familie: »Der Yeiß frühstückt immer bei mir und nach dem Essen bekommt er drei Hohllipen, ganz wie in Laxenburg. Er hat gestern mit einem anderen Hunde gerauft und ist gebissen worden, so daß er heute nur auf 3 Füssen gehen kann und Umschläge bekommt. Ich hoffe aber, daß er bald wieder so wohl sein wird, um mit mir zu Euch nach Venedig zu reisen.« Als Rudolf zum Mann herangereift, wird das Verständnis Franz Josephs für seinen Sohn von einer zunehmenden Entfremdung abgelöst. Mit der Vollendung seines sechsten Lebensjahres wird die gemeinsame »Kindskammer« mit Gisela aufgelöst. Der Kaiser berichtet am 1. November 1864 seiner Mutter: »Heute treten die großen Veränderungen bei den Kindern ein. Um ½1 Uhr reist die Welden ab und Rudolph hält dann sogleich Einzug bei seinen Herren. Er ist bis jetzt sehr standhaft. Gisela weint schon etwas und wird wohl beim Abschied noch weicher werden. Die Welden hat sich sehr edel und standhaft benommen.«

Kronprinz Rudolf und seine ältere Schwester Gisela wuchsen gemeinsam auf und blieben auch als Erwachsene einander herzlich verbunden.

Der Kronprinz erhält nun einen ausschließlich männlichen Hofstaat und wird einer strengen militärischen Disziplin unterworfen, Gisela erhält eine französische Gouvernante, die von der Großmutter den Eltern empfohlen wird. Sie wird bald zur Kammervorsteherin ernannt und bleibt bis zur Verheiratung Giselas eine wichtige Bezugsperson der Kaisertochter.

Die beiden Kinder empfinden die Trennung außerordentlich schmerzlich. Sie gehen unter der Leitung ihrer Erzieher und Lehrer nun gezwungenermaßen eigene und verschiedene Wege, nehmen aber natürlich gemeinsam an der Hoftafel, an Familienfesten und an manchen offiziellen Feierlichkeiten des Hofes teil. Gisela bemuttert bei diesen Gelegenheiten ihren Bruder, erteilt ihm während der Abwesenheit der französischen Gouvernante Französischunterricht, veranlasst ihn, Texte zu lesen und zu übersetzen. Die Großmutter ist mächtig stolz auf sie, als sie davon erfährt. Gisela schmerzt es, wenn sie den Bruder längere Zeit nicht sieht. »Wie viel ich an Dich denke«, schreibt sie ihm nach Wochen der Trennung, »kann ich Dir mit Worten nicht sagen; die Zeit vergeht ohne Dich so langsam!« Und ein anderes Mal: »Lieber Rudolf! Ich schicke Dir ein paar Worte von Ischl aus, um Dir zu sagen, wie oft ich an Dich denke und wie Du mir überall abgehst.« Gisela und Rudolf halten dann auch als Erwachsene intensiven persönlichen und brieflichen Kontakt miteinander.

AM 22. APRIL 1868 gibt es im Kaiserhaus Familienzuwachs. Die Kaiserin bringt nach einer problemlosen Schwangerschaft und einer komplikationslosen Entbindung in der Ofener Burg ein Mädchen zur Welt, das auf den Namen Marie Valerie getauft wird. »Die zwölfjährige Gisela und der zehn Jahre alte Rudolf haben ein Geschwisterchen«, schreibt der Kaiser an die Mama. »Schon in der Nacht von Montag auf Dienstag hatte Sisi etwas

Schmerzen, die im Laufe des Tages wiederkamen ... In der Gestrigen Nacht wurden die Schmerzen stärker. Sisi stand auf, weckte mich erst um drei Uhr und um 5 Uhr war das Kind da, das die Welt mit frischem Geschrei begrüßte.« Ein Sohn wäre ihm lieber gewesen, bekennt der Kaiser dann offen, aber er sei auch für eine kleine Tochter sehr dankbar. »Die Kleine ist sehr stark und wohlgenährt, weniger garstig als manche andere kleine Kinder und hat besonders viele dunkle Haare ... Sie schlief fast den ganzen Tag ruhig und schrie fast gar nicht, hat aber schon bei der Amme getrunken, die eine reiche Bäuerin aus dem Tolnaer Komitat ist ...«

Dem Kronprinzen schreibt er nach Stil und Inhalt dessen Alter angepasst: »Der kleinen Schwester und der lieben Mama geht es, Gott lob, sehr gut ... Sie schlaft in Deinem Schlafzimmer und wird in Deinem Salon gewaschen. Wenn das in der Früh fertig ist, wird sie zur Mama getragen, wo sie bis 7 Uhr abends bleibt und sehr oft mit großer Passion trinkt.« Und dann folgt eine köstliche Beschreibung des Babys. »Sie ist recht hübsch, hat große dunkelblaue Augen, eine noch etwas zu dicke Nase, sehr kleinen Mund, ungeheuer dicke Backen und so dichte dunkle Haare, daß man sie jetzt schon frisiren könnte. Auch am Körper ist sie sehr stark und schlagt sehr frisch mit Händen und Füssen herum. Sie schreit sehr selten, hat aber eine kräftige Stimme. Sie kanoniert öfter und dann stinkt sie ein wenig, was bei kleinen Kindern nicht anders möglich ist.«

Ein paar Tage nach der Geburt reist der Kaiser nach Wien zurück und bezieht dann mit den beiden älteren Kindern Schloss Schönbrunn. Elisabeth bleibt mit dem Baby sechs Wochen in der ungarischen Hauptstadt und begibt sich dann mit Valerie zu ihren Verwandten in Bayern. In Wien macht sie nur eine kurze Zwischenstation. Die Schwiegermutter darf das Neugeborene sehen, mehr nicht. Die Kaiserin ist fest entschlossen, ihre Mutterrechte voll wahrzunehmen und sie gegen alle Anfechtungen zu verteidigen.

Ein paar Tage nach der Geburt reist der Kaiser nach Wien zurück und bezieht mit den beiden Kindern Schloss Schönbrunn. Elisabeth bleibt mit dem Baby in Ungarn. Sie reist dann mit Valerie und ihrem Hofstaat nach Bayern und nimmt im Schloss Garatshausen am Starnberger See, nicht weit von Possenhofen entfernt, Quartier. Aber die rastlose Kaiserin hält sich dort nicht lange auf. Ende September verlegt sie ihren Aufenthaltsort nach Gödöllő, wo sich auch der Kaiser mit den älteren Kindern einfindet. Die ganze kaiserliche Familie ist nun beisammen, eine ausgesprochene Seltenheit. Franz Joseph zeichnet in einem Brief an die Mama zunächst ein Bild trauter Häuslichkeit. »Wir sind auch alle, Gott sei Dank, sehr wohl und führen ein sehr angenehmes Leben«, schreibt er ihr. Dann berichtet er auch über Alltagssorgen. Gisela hat einen Schnupfen überstanden, die kleine Valerie habe eine »katarrhalische Affektation des Kopfes und des Unterleibes mit Fieber« gehabt und allen recht Angst gemacht. Vor allem der Kaiserin, wird man hinzufügen dürfen. Sisi ist eine ängstliche, überfürsorgliche Mutter. Jede Unpässlichkeit ihres »kleinen Engels« versetzt sie in helle Aufregung. Jedes Bauchweh, jeder Zahnschmerz der Kleinen löst eine geradezu hysterische Reaktion aus. Als Valerie ihren ersten Zahn bekommt, habe sie eine Woche lang gelitten und Todesängste ausgelöst, schreibt sie der Mutter. Ihre Liebe für dieses Kind nimmt geradezu beängstigende Ausmaße an. Die beiden anderen Kinder behandelt sie mit distanzierter und distanzierender Zuwendung.

Gisela und Rudolf spüren das natürlich, fühlen sich zurückgesetzt und ungerecht behandelt. Sie sind auf ihre kleine Schwester eifersüchtig. Der Vater bemerkt es, die Mutter kümmert es nicht. Rudolf entwickelt mit zunehmendem Alter eine

Die jüngste Kaisertochter Marie Valerie wurde von ihrer Mutter umsorgt und ängstlich behütet.

ausgesprochene Abneigung gegenüber Valerie. Gisela und ihre jüngere Schwester kommen als Erwachsene recht gut miteinander aus.

Die ungarnfreundliche Kaiserin umgibt ihr »ungarisches Kind« mit ungarischem Personal. Ihre Bediensteten, ihre Lehrer und Erzieher und später ihr Hofstaat sind vorwiegend Ungarn. Valerie muss die ungarische Sprache erlernen, die Mama spricht grundsätzlich mit ihr Ungarisch, ihr gesamtes Erziehungsprogramm ist auf Ungarn ausgerichtet. Mit dem Ergebnis, das jedes pädagogische Übermaß nach sich zieht: die Abneigung des Schülers gegen überdosierte Indoktrination. Valerie löst sich langsam aus der magyophilen Umklammerung, ist glücklich, wenn sie mit dem Vater Deutsch reden kann. In ihrem Tagebuch notiert sie einmal: »Vor allem sind wir Deutsche, dann Österreicher und erst in 3. Linie Habsburger.« Wie die Mutter glaubt sie nicht an die Zukunft der k. u. k. Monarchie.

Und der Kaiser? Er bezeichnet sich zwar als Deutscher Fürst, aber gegen die Ungarnbesessenheit seiner Gemahlin spricht er sich öffentlich nicht aus. Mit den Magyaren kann und will er es sich nicht verscherzen.

VALERIE GEDEIHT GUT, Rudolf lernt brav und die kaum 16-jährige Gisela ist nach Meinung der Mutter im heiratsfähigen Alter. Die Kaiserin hält Ausschau nach einem Ehemann. Warum Sisi ihre Tochter in so jungen Jahren unter die Haube bringen will, gibt Rätsel auf. Sie selbst kennt dieses bedauernswerte Schicksal aus eigener Erfahrung. Wiederholt macht sie hämische Bemerkungen darüber. Hat sie das vergessen? Jedenfalls knüpft sie sehr entschlossen die Fäden. Ihre Partnerwahl fällt schließlich auf einen Wittelsbacher, den Prinzen Leopold von Bayern. Der künftige kaiserliche Schwiegersohn ist nach einem habsburgischen Hausgesetz aus dem Jahr 1835 zwar nicht ebenbürtig. Aber das war auch sie nicht. Den Kaiser hat es nicht gekümmert. Er hat sich darüber hinweggesetzt. Im engsten Familienkreis geht er damit nicht so streng um wie mit so manchem unliebsamen Mitglied des Herrscherhauses. Leopold ist um zehn Jahre älter als Gisela. Das ist gut so. Er ist katholisch. Das ist noch besser. Und er ist ein ausgezeichneter Offizier und ein passionierter Jäger. Das alles freut den Kaiser, den Elisabeth in ihre Pläne einweiht. Auch der Vater Leopolds wird in den Heiratsplan mit einbezogen. Braut und Bräutigam wissen vorläufig von ihrem Glück nichts.

Die Kaiserin lädt den Prinzen zur Schnepfenjagd nach Ungarn ein. Leopold kommt, wird in der Ofener Burg herzlich empfangen und in den nächsten Tagen zu den verschiedensten Veranstaltungen eingeladen. Es läuft dann alles nach Wunsch. Die Kaiserin richtet es so ein, dass Leopold und Gisela einmal zufällig in einem ihrer Zimmer alleine bleiben. »Es war die entscheidende Stunde«, schreibt der Prinz in seinen Lebenserinnerungen. »Ich bat sie um die Rose, die sie in ihrer Taille trug, und da sie mir dieselbe gab, tat ich die schicksalsschwere Frage, ob sie es mit mir für das Leben wagen würde. In reizend kindlicher Weise gab sie das Jawort und küsste mich auf die Wange …« In diesem Augenblick betritt das Kaiserpaar den Raum. Gisela fliegt ihrer schönen Mutter entgegen, umarmt zunächst sie und dann den Papa. Es ist wie im Märchen. Prinz und Prinzessin haben zueinandergefunden.

Franz Joseph schildert die Begebenheit in seinem trockenen Bürokratenstil der Mutter. Gisela sei eine unendlich glückliche und liebende Braut. »Wir sind sehr glücklich«, heißt es dann wörtlich, »unsere Tochter einem so braven, edlen Mann geben zu können und sie in dieser Familie zu wissen.« Er hoffe, dass die liebe Mama und der liebe Papa die Wahl billigen und ihren Segen dazu erteilen werden. Die Hochzeit werde allerfrühestens in einem Jahr stattfinden. Es ist der letzte Brief des Sohnes an die Mutter. Sophie notiert in ihrem Tagebuch: »Das häusliche Glück der Kleinen und des braven Leopold scheinen mir sicher, aber als Partie zählt diese Heirat nicht.« Sie spendet dem jungen Paar als Mitgift eine halbe Million Gulden. Die Hochzeit erlebt sie nicht mehr. Erzherzogin Sophie scheidet, von Franz Joseph tiefbetrauert, am 28. Mai 1872 aus dem Leben.

GISELAS HOCHZEIT in der Wiener Augustinerkirche im Jahr darauf läuft nach dem zeremoniellen Reglement des Kaiserhauses ab. Noch am Nachmittag des Hochzeitstages begibt sich das jungvermählte Paar per Hofzug nach Salzburg, um in der dortigen Residenz in den Appartements der Großeltern eine Flitterwoche zu verbringen. Der Abschied von der Familie am Wiener Westbahnhof ist bewegend. Besonders schmerzlich berührt über den Weggang der geliebten Schwester ist der Kronprinz, der seinen Tränen freien Lauf lässt.

Ende April 1873 halten Leopold und Gisela ihren Einzug in der festlich geschmückten Hauptstadt des Freistaates Bayern. Sie werden von König Ludwig II. mit Pomp empfangen und von der Bevölkerung freudig begrüßt. Für die Kaisertochter aus Wien beginnt ein neuer Lebensabschnitt.

Das Palais des Bräutigams in der Schwabinger Landstraße Nr. 6, der heutigen Leopoldstraße, ist noch nicht beziehbar. Es wird umgebaut und durch Zukauf um ein benachbartes Grundstück – das man zu einem prachtvollen Garten, mit herrlichen Blumenbeeten, Pflanzen und Bäumen sowie einem Schwimmbad, umgestaltet – erweitert. Das Palais Leopold ist zwar keine fürstliche Residenz, aber ein schöner, geräumiger Adelssitz mit einem kleinen, überschaubaren Hofstaat. Gisela lebt sich rasch in der neuen Umgebung ein, fühlt sich wohl. Die häusliche, volksverbundene Tochter der exzentrischen Kaiserin von Österreich macht ihr Domizil zu einem Mittelpunkt des gesellschaftlichen Lebens. Die Hausfrau arrangiert für ihre illustren Gäste kleine, stimmungsvolle Feste, lädt im Fasching zu Ballveranstaltungen, zu Diners und Soupers ein.

Leopold ist ein liebevoller Gatte. Der kunstsinnige Prinz führt sie ins Theater, unternimmt mit ihr Ausflüge in die nähere und weitere Umgebung. Wanderungen und Besuche bei Verwandten und Bekannten knüpfen das Eheband fester und fester.

Erzherzogin Gisela mit ihrem Gemahl Prinz Leopold von Bayern, dem sie vier Kinder, zwei Mädchen und zwei Söhne, schenkte.

Neun Monate nach der Hochzeit bringt Gisela am 8. Jänner 1874 vorzeitig ihr erstes Kind zur Welt. Die schöne Sisi ist mit 36 Jahren Großmutter geworden. Sie muss ihren geplanten Anreisetermin vorverlegen. Bei der Geburt des Kindes ist sie nicht dabei, aber sie fungiert als Taufpatin und Namengeberin.

Der Kaiser ist nicht zugegen. Er befindet sich auf einer Russlandreise. Nach der Zeremonie schreibt Elisabeth an ihre Hofdame, Gräfin Marie Festetics: »Heute war die Taufe, Mutter und Kind sind so gesund, dass sie 100 Jahre leben werden. Dies zu Deiner Beruhigung, daß ihr Gesundheitszustand mich nicht aufhalten wird.«

Elisabeth lehnt es ab, im Palais Leopold zu wohnen. Sie steigt im nahe gelegenen Gasthof ab, wo sie auch später bei allen ihren Besuchen in München logieren wird. Sie setzt auch einen außergewöhnlichen, unverantwortlichen Schritt. Trotz der Warnung der Ärzte und der damit verbundenen Ansteckungsgefahr besucht sie ein Choleraspital.

Der Schwiegersohn findet für das Verhalten der Schwiegermutter Worte der Entschuldigung. In seinen Lebenserinnerungen schreibt er: »Der Gedanke, möglicherweise irgendjemandem jemals zur Last fallen zu können, oder jemanden zu genieren, auch wenn es die eigenen Kinder waren, war ihr unerträglich, und so stieg sie im Gasthofe ab, weilte aber möglichst viel bei ihrer Tochter.«

Die Tochter schweigt dazu. Als sie am 28. Mai 1875 einer zweiten Tochter das Leben schenkt, findet sich die Kaiserin wieder in München ein, macht jedoch die geschmacklose Bemerkung, das Kind sei sehr lebhaft, aber sehr hässlich und schaue ganz der Mutter gleich.

Der Kaiser, dem Elisabeth die Nachricht von der Geburt der zweiten Enkelin nach Ragusa übermittelt, antwortet ihr brieflich: »Nach meinem feierlichen Einzug hier, erhielt ich auch Dein und Leopolds Telegramm, mit der Nachricht von Giselas endlicher, glücklicher Entbindung. Ich danke Gott, daß es überstanden ist und freue mich innig über die zweite Enkelin. Wenn nur Leopold, der einen Sohn wollte, nicht ganz ungnädig über die Tochter ist. Gott gebe, daß es mit Gisela und der Kleinen gut weiter geht.«

Mit der Kleinen, die den Namen Auguste Maria erhalten hat, geht es gut weiter. Seine Sorge um männliche Enkelkinder ist unbegründet. Gisela wird noch Mutter zweier Söhne. Der ältere, Georg Franz, kommt 1880 zur Welt, der jüngere, Konrad Luitpold, drei Jahre später.

Der Kaiser stattet, so oft es seine Zeit erlaubt, seiner Tochter, dem Schwiegersohn, mit dem er sich gut versteht, und den Enkelkindern in München einen Besuch ab. Er ist im Palais Leopold ein gerngesehener Gast. Sein erster Weg führt dort zu den Kindern, die den Großvater freudig begrüßen. Er bringt zumeist Spielsachen für die Kleinen mit, beobachtet, wie sie damit umgehen, hält die Fortschritte in ihrer Entwicklung fest und ist um ihre Gesundheit besorgt. Er fügt sich anstandslos in das Familienleben ein, stellt keine Ansprüche, äußert keine Sonderwünsche. Die Eindrücke von seinen Kurzbesuchen schildert er knapp, aber mit spürbarem Wohlwollen, der Gemahlin.

Franz Joseph wird bei seinen Reisen nach Bayern zumeist nur von einem Adjutanten und ein paar Detektiven begleitet. Sie treten nur in Aktion, wenn er einen Ausflug unternimmt oder Besuche bei seinen Verwandten in Feldafing und Possenhofen macht. Es läuft alles reibungs- und komplikationslos ab.

Gisela hält engen Kontakt zur kaiserlichen Familie. Sie verbringt jedes Jahr mit dem Gemahl und den Kindern mehrere Sommerwochen in Ischl, macht Besuche in Laxenburg und ist mit der Familie in Gödöllő zu Gast. Prinz Leopold, der passionierte Waidmann, ist Franz Josephs liebster Jagdpartner. Schwiegervater und Schwiegersohn passen auch wesensmäßig zusammen.

Giselas liebster Ansprechpartner am Kaiserhof ist der Kronprinz. Sie führt mit ihm eine rege Korrespondenz, informiert den Bruder über die Ballveranstaltungen und Diners in ihrem Haus und übermittelt ihm Glückwünsche zu Geburts- und Namenstag. Rudolf kommt, so oft es ihm möglich ist, nach München, beschenkt seine Neffen und Nichten reichlich und spielt mit ihnen, ehe er nach dieser kurzen Atempause seinen kräfteverzehrenden Lebensstil weiterführt.

Die Harmonie im Eheleben der Kaisertochter wird eines Tages durch die erstgeborene Tochter empfindlich gestört. Die 19-jährige Elisabeth verliebt sich in den evangelischen Freiherrn Otto Baron von Seefried und verlässt wort- und grußlos das Elternhaus. Das Liebespaar flüchtet nach Genua, wo es sich zivilrechtlich trauen lässt. Gisela ist tief bestürzt, der Ehegatte fassungslos. Die Kaisertochter informiert den Vater in Wien und ersucht ihn um Hilfe. Für Franz Joseph kommt die Nachricht von der Liebesgeschichte seiner ältesten Enkelin völlig überraschend. »Ich war niedergeschmettert«, schreibt er Sisi, »um so mehr, als ich keine Ahnung von Elisabeths Liebe hatte.« Er bedauert die arme Gisela, die doch eine so brave, sorgsame Mutter sei, und bringt dann überraschenderweise Verständnis für die Enkelin auf. Sie habe Charakter und Mut bewiesen, meint er, und er werde alles tun, um zu helfen. Der Kaiser, der ansonsten jeden Verstoß gegen die im Erzhaus geltenden Regeln mit unerbittlicher Strenge regelt, erweist sich in diesem Fall als verständnisvoller, milde urteilender Großvater. Bei einer Aussprache mit dem Liebespaar gibt er seine Zustimmung zu einer kirchlichen Trauung und ernennt seinen Schwiegerenkel zum Leutnant eines in Troppau stationierten Infanterieregimentes. Nach einem Empfang des frischgebackenen Offiziers schreibt er an die Gemahlin: »Baron Seefried ist bei mir gewesen, um sich zu bedanken. Er ist ein bescheidener, blonder, eher blaß und kränklich aussehender Jüngling mit blondem Schnurbarte, scheint mir weichen Gemüthes und ist gewiß ein guter Mensch, nur begreife ich nicht ganz, wie man sich für ihn, montiren kann, doch das ist Geschmacksache.« Über seine Enkelin urteilt er:

»Sie sieht gut aus, war sehr élégant gekleidet, war sehr gerührt, hatte beständig die Tränen in den Augen, weinte auch mitunter, sagt aber, sehr glücklich zu sein.« Die für den Kaiser unerquickliche Angelegenheit hat damit ihr glückliches Ende gefunden.

Das Ehepaar Seefried macht dann Sisi mit 58 und Franz Joseph mit 65 Jahren zu Urgroßeltern. Mit einer Anwandlung ironischer Schicksalsergebenheit schreibt Franz Joseph seiner Elisabeth: »Also wir können uns gegenseitig gratulirn, daß wir Urgroßeltern geworden sind; eigentlich ein Zeichen unseres vorgeschrittenen Alters. Wir hätten vor Zeiten kaum gedacht, daß unser erstes Urenkelkind eine Baronin Seefried sein würde. Aber so geht es eben auf dieser Welt!«

Das Kind verstirbt leider wenige Tage nach der Geburt. Nach vier Jahren ist es dann aber endgültig soweit. Die zweite Tochter der Familie Seefried bleibt am Leben.

MARIE VALERIE, die jüngste Kaisertochter, erhält eine umfassende, gediegene Ausbildung. Ihre beiden wichtigsten und einflussreichsten Lehrer sind der ungarische Titularbischof Hyazinth Rónay, der für ihre religiöse Unterweisung sorgt, und der renommierte Wiener Gymnasialprofessor Dr. Ferdinand Kummer, der ihr Deutsch-, Geschichte- und Literaturunterricht erteilt. Sie lernt Englisch, Französisch und Italienisch. Die wissensdurstige, eifrige Schülerin hat ein angeborenes literarisches Talent, ist theaterliebend und musikbegeistert. Diese Neigungen und Talente werden entsprechend gefördert. Die Einakter und Dramolette, die Valerie in ihrer Jungmädchenzeit schreibt, werden unter der Regie von berühmten Schauspielern des Hofburgtheaters im Familienkreis aufgeführt. Die Kaisertochter besucht, so oft es ihr gestattet und möglich ist, Aufführungen ihres Lieblingsschauspielers Josef Lewinsky.

Marie Valerie schreibt wie die Mama Gedichte und beginnt

im Alter von acht Jahren ein Tagebuch zu führen. Diese Aufzeichnungen gewähren einen authentischen Einblick in ihre eigene Gemütsverfassung und ihre Ehe, in das Seelenleben ihrer Mutter, die Ereignisse und Vorfälle im Familienkreis und in so manche Probleme am Kaiserhof.

Valerie spielt ausgezeichnet Klavier, mit Vorliebe vierhändig, sie tanzt leidenschaftlich gerne. Im Gegensatz zum Vater, der außer mit Militärmärschen mit Musik wenig anfangen kann, begeistert sie sich für die Opernaufführungen Richard Wagners in der Wiener oder Münchner Hofoper.

Elisabeths »Einzige« steht völlig unter dem Einfluss der Mutter. Die Kaiserin nimmt sie als kleines Kind, später als Mädchen und junge Frau auf ihren Reisen mit, an den Starnberger See, nach Possenhofen, Baden-Baden, Wiesbaden, Heidelberg und Meran, nach England und in die Normandie. Damals in Frankreich war sie sieben Jahre alt, aber in ihrem Tagebuch erinnert sich die Zwölfjährige mit Schaudern daran. Der Reitunfall, den die Mama dort hatte, hat sich in ihr Gedächtnis eingegraben. »Also es war im September«, notiert sie, »es ist ein elendes Nest am Strand sind riesige Steine, zum baden ist kein rechter Ort, kurz und gut, ich hasse Sasetot.« Andere Reisen hat sie in besserer Erinnerung.

Dem Kronprinzen schreibt die Mutter davon kein Wort. »Seit wir hier sind, reite ich jeden Tag und ich springe auch häufig in einem Wildpark«, teilt sie ihm mit. »Das Meer ist sehr ruhig, ich schwimme oder ich nehme nur ein Bad, weil das Ufer sehr unwegsam und steinig ist … Anfangs hat es mich gestört, mit allen Leuten zusammen zu baden, aber jetzt habe ich mich daran gewöhnt.«

Marie Valerie leidet mit zunehmenden Jahren unter der übergroßen Fürsorglichkeit der Mutter. Sie strebt nach Selbständigkeit, aber es gelingt ihr kaum, sich vom mütterlichen Einfluss zu befreien. Sie bleibt muttergebunden, ängstigt sich, wenn die Mama wieder einmal zu einer ihrer nicht ungefährlichen Parforcejagden aufbricht, ist besorgt um ihre Gesundheit. Jedenfalls entfaltet sie aber in mancherlei Hinsicht völlig andere Neigungen und Ansichten als die Mama. Vom Wesen und Temperament her gesehen ähnelt sie dem Vater, ist nüchtern, besonnen und betont katholisch. Die Dogmen und Vorschriften der katholischen Kirche, an die sich die Mutter nur rein äußerlich hält, sind für sie die unverrückbaren Wegweiser und Leitsterne ihres Lebens.

Je älter Marie Valerie wird, desto kritischer steht sie der Mama gegenüber, desto schärfer registriert sie ihre Launen und Schrullen. Ihrem scharfen Blick bleiben aber auch die Risse in der Ehe der Eltern nicht verborgen, die kalte, lieblose Atmosphäre am Kaiserhof empfindet sie bedrückend.

Dem Vater, den sie oft wochen- und monatelang nicht zu Gesicht bekommt, zollt sie Bewunderung und Verehrung. Als sich eines Morgens in Schönbrunn einmal die ganz seltene Gelegenheit ergibt, ihm ganz allein zu begegnen, nutzt der 16-jährige Backfisch die Gunst der Stunde, um ihm ihre Liebe zu zeigen. Marie Valerie in ihrem Tagebuch: »... Die Tür ging auf und wie ein Blitz war ich auch schon neben ihm – fing seine Hand, küsste sie einige Male, liess sie aber bald los, um, alles vergessend, meine beiden Arme fest um seinen Hals zu schlingen und küsste ihn einmal, zweimal! Ihn! meinen Vater! meinen Kaiser! Es war ein Traum, ein berückender Rausch. Auch er küsste mich öfters und als er sich endlich losgemacht, war sein erstes Wort ›Das war lang.‹« Es muss für Franz Joseph ein beglückender Augenblick im grauen Alltag seines Herrscherlebens gewesen sein. Marie Valerie darf dann neben dem Vater das Frühstück einnehmen und schaut ihm bei der Arbeit zu. Sie sitzt still neben ihm, ab und zu macht der Kaiser eine Bemerkung, und dann setzt er mit kratzender Feder Unterschrift nach Unterschrift auf die Akten, die sich neben ihm auftürmen. Valerie: »Und trotzdem sah Papa so glücklich aus, wie ich ihn vielleicht noch nie sah. Und ich war erst selig …«

Am nächsten Tag darf sie wieder zu ihm in sein Arbeitszimmer kommen. Eine Stunde sitzt sie ganz mäuschenstill neben ihm, während er rauchend arbeitet. »Du musst Dich aber schrecklich langweilen«, bemerkt er dann, was sie stürmisch verneint. Und die 16-Jährige bewundert dann, wie geduldig der Vater alles durcharbeitet und letztendlich im Dienste des Staates und zum Wohl jedes einzelnen Bürgers alle Entscheidungen zu fällen hat. »Das ist doch schön, einen solchen Vater zu haben«, resümiert sie. Als 14 Tage später die Mama zurückkommt, getraut sich Valerie nicht mehr, dem Papa ihre Liebe zu zeigen.

AUCH EINE KAISERTOCHTER beginnt in der Pubertät zu schwärmen. Valeries erster Schwarm ist ein Flügeladjutant des Kaisers. Später sind es ein paar andere adelige Herren, die ihre Mädchenträume beflügeln. Es ist nichts dahinter. Voreheliche Affären, wie sie heute in Herrscherhäusern gang und gäbe sind, gibt es keine. Die Kaisertochter ist bei Weitem nicht so attraktiv wie die schöne Mutter. Aber sie ist eine gute Partie.

Valerie ist kritisch und wählerisch. Sie will einmal keine dynastische Ehe eingehen, sondern eine Liebesheirat. Das entspricht ganz den Vorstellungen der Kaiserin. Elisabeth hat ihre ältere Tochter bereits als Backfisch zur Ehe gedrängt. Mit ihrer Valerie hat sie keine Eile. Sie nimmt ihr lediglich das Versprechen ab, auf keinen Fall vor ihrem 20. Lebensjahr zu heiraten. »Die Ehe ist eine widersinnige Einrichtung«, hat sie einmal verlauten lassen. »Als fünfzehnjähriges Kind wird man verkauft und tut einen Schwur, den man nicht versteht und nie mehr lösen kann.« In eine solche Situation möchte sie ihren Liebling nicht bringen.

Der Kaiser mischt sich zunächst in diese Familienangelegenheit nicht ein. Er ist vollauf mit den wirtschaftlichen, politischen und gesellschaftlichen Problemen beschäftigt, mit denen das Habsburgerreich konfrontiert ist. Die Industrialisierung verändert das Wirtschaftsgefüge des Vielvölkerstaates, die sozialen Spannungen verschärfen sich, neue Parteien entstehen. Im Reichsrat, in dem die einzelnen Völker und gesellschaftlichen Gruppen vertreten sind, tobt ein wilder Nationalitätenstreit. Deutsche und Slawen, Adelige und Vertreter des Bürgertums, Rechte und Linke beflegeln einander, werden handgreiflich. Und der Kaiser? Er und seine Regierungen müssen versuchen zu vermitteln, einen Ausgleich zu finden. Wahrhaft keine leichte Aufgabe.

Das Heiratskandidatenkarussell dreht sich. Potentielle Bewerber werden schon im gedanklichen Vorfeld ausgeschieden oder zu Besuchen und Diners eingeladen und dann ausgemustert. Die Kaiserin möchte ihr Lieblingskind weiterhin möglichst in ihrer Nähe behalten, sie jedenfalls nicht im Ausland verheiratet wissen. Der Kaiser lässt die Bemerkung fallen, es fiele ihm schwer, sich von Valerie zu trennen. Aber dass es einmal sein wird und muss, ist dem Kaiserpaar natürlich klar.

Die 18-jährige Erzherzogin verliebt sich auf dem Hofball im Jänner 1886 in Erzherzog Franz Salvator aus der toskanischen Linie des Erzhauses. Sie vertraut sich der Mutter an. Elisabeth hat gegen den Auserwählten nichts einzuwenden. Als sie bei einem Familiengespräch eine diesbezügliche Anspielung macht, reagiert Franz Joseph ablehnend. »Sie wird doch nicht wieder in die Familie heiraten, wo kommen wir da hin«, meint er trocken.

Valerie und Franz Salvator sind Vettern dritten Grades. Das Verwandtschaftsverhältnis ist aber wohl nur ein Vorwand für sein ablehnendes Verhalten. Die Toskaner mag er grundsätzlich nicht. Sie sind die buntesten Vögel in der weitverzweigten kaiserlichen

Familie. Einige von ihnen sind vielseitig begabt, haben künstlerische und wissenschaftliche Neigungen, sind antiaristokratisch und antiklerikal gesinnt und rebellieren gegen das strenge Regiment des Kaisers.

Erzherzog Franz Salvator zählt nicht zu ihnen. Er ist schüchtern, bedächtig, wenig gesprächig. Auch der Kronprinz spricht sich gegen ihn aus. In diesem Fall ist er ausnahmsweise einmal einer Meinung mit seinem Vater. Der liberal gesinnte Rudolf wettert über die Toskaner. Sie seien alle berechnende, falsche Italiener, urteilt er im Gespräch mit der Mutter. Franz sei stolz, geizig, ungebildet, kränklich – alle Verwandten gingen ihm aus dem Weg. Die Kaiserin erwidert ruhig und kühl: »Die Valérie hat noch lange Zeit und wird für sich selbst sehen und urteilen.« Das unfreundliche Verhältnis zwischen ihm und der Schwester trübt sich weiter ein, als Valerie davon erfährt.

Elisabeth fördert zwar die sich anbahnende Liebesbeziehung, warnt Valerie aber vor einer übereilten Entscheidung. Valerie und Franz Salvator begegnen einander einmal da, einmal dort, in der Hofburg, in Ischl, bei Familientreffen und gesellschaftlichen Veranstaltungen. Sie sehen einander oft auch wochen- und monatelang nicht.

Das Herz Valeries ist ein Tummelplatz einander widerstreitender Gefühle. Reicht ihre Liebe, um mit Franz eine glückliche, erfüllte Ehe zu führen? Liebt Franz sie wirklich tief und innig oder interessiert er sich für sie nur, weil sie die Tochter des Kaisers ist? Passen sie zusammen? Ist er überhaupt der richtige Mann für sie? Er ist verklemmt und scheu, er entspricht mit seinem weichen Gemüt so gar nicht dem starken Mann, dem »freien deutschen Jüngling«, den sie sich als Partner vorstellt. Er hat so wenig für die von ihr so geschätzte Dichtkunst übrig, sein Horizont ist so eng, seine Bildung so mangelhaft. Solche Gedanken zermartern ihre Seele, solche Ängste plagen sie. Und dann ist sie wieder glückselig, wenn sie in seine Augen schaut, wenn er sie treuherzig anblickt, wenn er ihr ein verheißungsvolles Lächeln schenkt. Zwei Jahre geht das so. Es ist ein kindhaftes Sichbegegnen. Langsam, sehr langsam kommen die beiden jungen Leute einander näher. Körperlich passiert nicht mehr als ein verschämter Händedruck, ein hingehauchter Handkuss.

Valerie ist unentschlossen, sie kommt mit sich nicht ins Reine. Die Mutter verunsichert sie mit ihren ewigen Zweifeln am Fortbestand der Habsburgermonarchie. Sie möchte die Zukunft ihrer Lieblingstochter auch nach dem Tod Franz Josephs gesichert sehen und führt darüber mit Rudolf endlose Gespräche. Der Kaiser wartet die Entwicklung der Dinge ab. Den anfänglichen Widerstand gegen die Verbindung hat er längst aufgegeben.

Dann ist es doch endlich soweit. Nach Valeries endgültiger Entscheidung und mit Zustimmung des Kaiserpaares wird der Termin für die Verlobung festgesetzt. Sie soll im Rahmen des Weihnachtsfestes am 24. Dezember 1888 vor sich gehen. Und dabei bleibt es dann auch. Es läuft alles verhältnismäßig zwanglos, rührend, geradezu herzlich ab. Die Kaiserin sieht blendend aus, als sie das Zimmer betritt, in dem die Verlobten kurz zuvor einander ewige Treue geschworen haben. Sie umarmt Franz zärtlich und sagt ihm weinend, sie gebe ihm ihr Alles, er solle Valerie glücklich machen. Der Kaiser küsst den zukünftigen Schwiegersohn, sagt ihm liebe Worte. Und auch Rudolf, den man in seinen Appartements kurz aufsucht, empfängt die Verlobten sehr freundlich. Am Stephanietag geht es dann zu einem Besuch der Verwandten nach Bayern. Man bleibt bis zu Beginn des neuen Jahres, das die gesamte Familie dann in ein riesiges Desaster stößt, das man mit einem Wort beschreiben kann: Mayerling.

BIS ZUR HOCHZEIT des jungen Paares vergehen noch eineinhalb Jahre. Die Jungmädchenträume sind ausgeträumt. Marie Valerie begleitet die Mutter auf einigen Reisen. Sie muss zusehen, wie die Mama in selbstzerstörerischer Unbeirrtheit weiter ihre Gesundheit untergräbt, in Depressionen versinkt. »Mama wird wohl nicht mehr, wie sie ehedem war; sie neidet Rudolf den Tod und ersehnt ihn Tag und Nacht«, notiert sie in ihrem Tagebuch. Die Tochter, die vor ihrer Hochzeit steht, muss sich anhören, mit welcher Verachtung die geliebte Mama über ihre gescheiterte Ehe spricht. Sie könne nicht begreifen, gibt sie zum Besten, wie man sich die Ehe wünschen und von ihr Gutes erwarten könne.

Marie Valerie sieht aber jetzt auch den Vater mit einem wesentlich kritischeren Blick. Sie erkennt nun seine Schwächen und bringt sogar Verständnis dafür auf, dass die Mama nach einem kurzen Beisammensein mit ihm wieder das Weite sucht. Im Jänner 1890 vertraut sie ihrem Tagebuch an: »Ich stehe zwischen meinen Eltern und kann wenig, zu wenig tun, ich mache bittere Erfahrungen an meinen Eltern, die vielleicht mir selbst zugute kommen können. Wenn mir Gott zur Erkenntnis auch die Kraft gibt … hinaus aus dieser traurigen Atmosphäre in einen gesünderen Wirkungskreis, wo ich mit Gottes Hilfe wirklich etwas leisten kann, statt die Jugend zu verträumen.«

Die traurige Atmosphäre, der sie entfliehen will, ist dann doch mit einem großen Abschiedsschmerz verbunden. Die Kaiserin ist untröstlich über den Verlust ihres letzten Kindes und auch der Kaiser ist tief bewegt und weint.

Die Hochzeit findet am 31. Juli 1890 nicht in der Wiener Augustinerkirche, sondern in der Ischler Pfarrkirche statt. Sie geht ganz im Gegensatz zum üblichen Hofzeremoniell schlicht und einfach vor sich, auch wenn der schöne Kurort im Salzkammergut Kopf steht. Der Kreis der Teilnehmer ist eng, die Braut-

Marie Valerie mit ihrem Ehemann Franz Salvator.
Sie brachte zehn Kinder zur Welt,
das erhoffte Eheglück ließ zu wünschen übrig.

messe kurz, das Brautpaar überglücklich. Einziges Highlight: Anton Bruckner spielt die Orgel.

Nach einem Dejeuner im Kurhotel geht es zurück in die Kaiservilla. Das jungvermählte Paar verbringt eine Flitterwoche im kaiserlichen Jagdschloss Offensee bei Ebensee und geht anschließend auf Hochzeitsreise nach Italien und in die Schweiz. Am 11. September 1890 hält es Einzug in Schloss Lichtenegg bei Wels. Das im 16. Jahrhundert erbaute Wasserschloss, das rasch adaptiert worden ist, dient in den nächsten sieben Jahren als Domizil des Ehepaares. Die Dienerschaft umfasst insgesamt 24 Personen.

Marie Valerie muss sich an ihre neue Umgebung erst gewöhnen. »Ich trachte mich um alles zu kümmern«, notiert die Hausherrin in ihrem Tagebuch, »gehe auch ins Waschhaus, in die Küche, verstehe aber noch nichts und am allerwenigsten von Geldsachen.«

Einer der ersten Gäste im neuen Heim ist der Kaiser. Er nimmt das Schloss in Augenschein, arbeitet die mitgebrachten Akten durch. Es kommt keine richtige Stimmung auf, ein anregendes Gespräch kommt nicht zustande. Valerie atmet auf, als der Papa wieder abreist. »Ist's Unrecht«, fragt sie sich, »dass ich mich froher fühle, als alles glücklich vorbei war?«

WEIHNACHTEN FEIERN VALERIE und ihr Gatte mit dem Dienstpersonal. Es ist ein frohes Fest, ganz im Gegensatz zu den steifen und freudlosen Feiertagen in der Hofburg.

Im Jänner des neuen Jahres kommt dann auch die Mutter auf Besuch. Sie fühlt sich wohler als bei Gisela in München, bleibt aber trotzdem nicht lange. Eine Seemöwe passe nicht in ein Schwalbennest, sagt sie.

Franz ist ein liebevoller, aufmerksamer Gatte. Er macht als Rittmeister Dienst in der Kaserne in Wels, der ihn allerdings nicht allzu sehr in Anspruch nimmt. Valerie ist happy. Aber sie ist doch ein wenig unglücklich darüber, dass er sich oft ungeschickt benimmt, zu wenig redet und möglicherweise für unbedeutend gehalten wird.

Die Kaisertochter empfängt und macht Besuche und verbringt mit dem Gemahl schöne Tage in Korfu in der Villa der Mama.

Im Sommer 1891 wächst neues Leben im Körper der Erzherzogin. Die erste Schwangerschaft Marie Valeries ist mit Komplikationen verbunden. Anfang Dezember erkrankt sie bei einem Wien-Aufenthalt an einem Lungenkatarrh und muss ein paar Wochen das Bett hüten. Sie kehrt erst Mitte Jänner 1892 nach Lichtenegg zurück, wo sie am 26. dieses Monats, vier Wochen vor dem berechneten Geburtstermin, unter der Assistenz der Mutter eine Tochter zur Welt bringt. Der Vater, der an Influenza erkrankt ist, wird erst geweckt, als das Kind bereits da ist. Der Kaiser kommt einige Minuten nach der Geburt ins Zimmer und weint vor Freude. »Papas Freude an diesem jüngsten Enkel ist etwas unbeschreiblich Rührendes. Er besuchte sie täglich mehrmals und spricht immer von einer Art Wunder an Schönheit und sogar Verstand von ihr!«, notiert Valerie. Die Geburt der beiden nächsten Kinder, es sind zwei Söhne, die auf die Namen Franz Karl und Hubert Salvator getauft werden, freuen den Kaiser noch mehr. Er kommt, so oft es ihm möglich ist, nach Lichtenegg, spielt mit den Enkelkindern und erfüllt ihnen jeden Wunsch. Wie jeder andere Großvater auch. Seine Eindrücke und Beobachtungen schildert er brühwarm der Kaiserin: »Der Kleine hat zugenommen und sieht gesund aus«, berichtet er, »aber schöner ist er nicht geworden.« Und über die neue Amme schreibt er Sisi, die Kindsfrau sei entsetzt, dass sie keine Hosen, keine Strümpfe und nur hohe Stiefel mit Fußfetzen trage. Die Amme eines Kaiserenkels stellt man sich eben anders vor.

Am dritten Hochzeitstag stellt Marie Valerie ein wenig desillusioniert fest: »Drei Jahre schon! – Ach Gott! Und wie weit bin ich von dem Ideal der femme forte, der wahrhaft christlichen Frau.«

Im September 1896 wird Marie Valerie von einer zweiten Tochter entbunden, die auf den Namen Hedwig getauft wird. Ein Jahr später übersiedelt die Familie, von der Bevölkerung herzlich begrüßt, in das am linken Donauufer gelegene Schloss Wallsee in Niederösterreich. Franz Joseph ist auch in Wallsee häufig auf Besuch. Am 27. November 1897 schreibt er von Wallsee an seine Gemahlin: »Hier fand ich, Gott lob, Alle sehr wohl und gut aussehend, besonders auch Ella. Franz Carl finde ich etwas blaß und wenig gewachsen, er ist aber sehr lebhaft, unternehmend und lärmend. Hedwig ist sehr entwickelt und lebhaft und sagt eine Menge Worte. Alle Kinder waren für mich sehr freundlich und gar nicht génirt. Das hiesige Schloß finde ich wunderschön im Ganzen und in allen Détails, auch die Lage ist sehr schön. Ich finde es sehr wohnlich, ohne den unangenehmen Eindruck, den sonst alte Schlösser auf mich machen, jedenfalls für kurze Besuche charmant, ob ich aber immer hier wohnen möchte, ist eine andere Frage.«

Die Kinderschar in Wallsee wächst. Zu den vier Sprösslingen, die in Lichtenegg das Licht der Welt erblickten, kommen in Wallsee noch sechs dazu, allesamt nach dem Tod der geliebten Mutter, der Valerie tief erschüttert. »Nun ist es gekommen, wie sie es immer wünschte, rasch, schmerzlos, ohne ärztliche Beratungen, ohne lange, bange Sorgentage für die Ihren …«, notiert sie. Sie selbst wird zunehmend von Selbstzweifeln und melancholischen Stimmungen heimgesucht. Die vielen Schwangerschaften schwächen ihre Gesundheit. Schon beim siebenten Kind spielt sie mit dem Gedanken, im Wochenbett zu sterben. In ihre letzte Schwangerschaft fällt eine schwere Erkrankung Franz Josephs, der seit Langem und immer wieder an Bronchialasthma leidet. Der Kaiser, der die Osterfeiertage des Jahres 1911 in Wallsee verbringt, zieht sich eine schwere Erkältung zu und muss das Bett hüten. Die Ärzte sind besorgt. Es dauert längere Zeit, bis er wieder einigermaßen bei Kräften ist. Die um die Gesundheit des Vaters bangende Tochter fasst den Entschluss, ihr Kind in Ischl auf die Welt zu bringen. Die 42-Jährige übersteht die schwere Geburt mit knapper Not, das Neugeborene, eine Tochter, bleibt nur acht Stunden am Leben.

Marie Valerie ist eine leidgeprüfte Frau. Ihre Ehe ist im Laufe der Jahre brüchig geworden. Die seelischen Verwundungen, die ihr der Gatte durch seine Untreue zufügt, erträgt sie mit großer innerer Stärke. Diese seelische Kraft schöpft sie aus ihrer tief wurzelnden Religiosität. Die Kaisertochter hat ein großes, hilfsbereites Herz. Mit ihrem sozialen Engagement und ihrer Barmherzigkeit wird sie für ihr Umfeld und ihre Umwelt bald zum Vorbild christlicher Caritas. Die ausgesprochen fromme Erzherzogin unterstützt Bedürftige und Notleidende, verteilt eigenhändig Lebensmittel an Hungernde, stiftet Geld für den Bau von Armenspitälern und Altersheimen und richtet in einem Vorbau von Wallsee im Ersten Weltkrieg ein Lazarett für verwundete Soldaten ein. Durch ihre selbstlose Wohltätigkeit wird sie zum »Engel von Wallsee«, an den sich viele Menschen viele Jahre lang ehrfürchtig und bewundernd erinnern.

Der fürsorgliche Großvater

Franz Joseph und seine Lieblingsenkelin Elisabeth Marie, »die rote Erzherzogin«

DIE TROSTLOSE HOCHZEITSNACHT bleibt ihr ein Leben lang in Erinnerung. Die reife Frau schreibt in ihren Memoiren: »Welche Nacht! Welche Qual, welcher Abscheu. Ich hatte nichts gewusst, man hatte mich als ahnungsloses Kind zum Altar geführt. Meine Illusionen, meine jugendlichen Träume waren vernichtet. Ich glaubte an meiner Enttäuschung sterben zu müssen.«

Stephanie, die Tochter König Leopolds II. von Belgien, ist als blutjunges Ding, völlig unvorbereitet, im Mai 1881 in die Ehe mit Kronprinz Rudolf gestoßen worden. Das Kind, das sie am 2. September 1883 im Schloss Laxenburg zur Welt bringt, ist ein Mädchen und nicht der bei Hof ersehnte Sohn. Der Vater kann seine Enttäuschung nicht ganz verbergen, als er kurz nach der Geburt das Gebärzimmer betritt. Aber Rudolf soll gesagt haben: »Es macht nichts – eine Tochter ist ja viel herziger.«

Der Kaiser und die Kaiserin kommen wie so oft auf getrennten Wegen nach Laxenburg. Franz Joseph lässt sich in seiner Kutsche hinbringen, nimmt seine jüngste Enkelin in Augenschein, verweilt eine halbe Stunde am Bett seiner Schwiegertochter und dann geht es wieder zurück nach Schönbrunn. Elisabeth reist mit ihrer 15-jährigen Tochter im Hofzug an. Sie bleibt eine volle Stunde. Das ist ganz gegen ihre sonstige

Gewohnheit, denn sie hat für kleine Kinder wenig übrig, und Stephanie mag sie überhaupt nicht. Das Neugeborene findet sie sogar hübsch, Marie Valerie ist von der Kleinen entzückt. Nach einem Frühstück im Salon der Kaiserin tritt man wieder die Rückreise an.

Unterdessen ist das bei einer Geburt im Kaiserhaus vorgesehene Zeremoniell voll angelaufen. Kanonenschüsse werden abgefeuert, die Kirchenglocken geläutet, an den öffentlichen Gebäuden in den großen Städten der Monarchie hisst man die Staatsflagge. Es gibt Aufmärsche des Militärs und Fackelzüge. Selbsternannte Dichter verfassen Wiegenlieder auf die neugeborene Erzherzogin, die Zeitungen erscheinen mit einer Sonderausgabe. Der Monarch spendet 50.000 Gulden für die Errichtung eines Kinderheimes und erlässt eine Amnestie für »rücksichtswürdige Sträflinge«.

Drei Tage nach der Geburt findet in Laxenburg der feierliche Taufakt statt. Taufpatin ist die 46-jährige Kaiserin, deren vortreffliches Aussehen noch immer Bewunderung auslöst. Das Kind erhält den Namen Elisabeth Marie. Der Kaiser schenkt Stephanie Schmuck im Wert von 40.000 Gulden.

Die Mutter bleibt länger als eine Woche im Kindsbett. Der Vater verweilt ein paar Tage an der Seite seiner Gemahlin und geht dann wieder seinen Vergnügungen und Verpflichtungen nach.

Stephanie liebt ihr Kind. »Du kannst Dir nicht vorstellen«, schreibt sie ihrer Schwester, »wie brav und lieb Elisabeth ist. Sie ist mein Glück und meine Freude. Sie lacht immer und weint selten.« Marie Valerie, die wie die Kaiserin ihrer angeheirateten Tante mit Ablehnung begegnet, notiert in ihrem Tagebuch etwa 14 Tage nach der Geburt: »Besuch bei Stephanie gar nicht wie man sich eine Mutter vorstellt. Ich glaube, sie kann es ihr nicht verzeihen, dass sie ein Mädchen ist.« Und kurze Zeit später meint sie: »Stephanie ist doch eigentlich nicht sehr lieb und ihre Liebe für Rudolf ist mehr als Liebe und nicht so schön. Sie sagt alles, was er sagt, ohne einen selbständigen Gedanken und Wunsch.« Aus diesen Zeilen spricht die Eifersucht eines Teenagers. Zwei Jahre später glaubt Valerie zu erkennen, dass ihre kleine Nichte die Kinderfrau mehr liebt als die eigene Mutter.

ELISABETH MARIE verbringt ihre frühen Kinderjahre, von Bediensteten behütet und umsorgt, größtenteils in Laxenburg. Es sind frohe, ungetrübte Kindertage. Erzsi, wie sie in der Familie bald gerufen wird, hat genug Platz zur körperlichen Betätigung. Sie hat ein eigenes Kinder-, Spiel- und Schlafzimmer. Sie hat eine Menge Spielzeug, hauptsächlich natürlich Puppen in allen Größen, an denen das kleine Mädchen seine mütterlichen Instinkte erproben kann. Im Sommer steht der Erzherzogin ein riesiges Parkgelände, das zum Schloss gehört, zum Spielen zur Verfügung. Unter der Aufsicht und Anleitung ihrer Kinderfrauen kutschiert sie dort mit einem Eselwägelchen herum, das ihr der Vater geschenkt hat, läuft ihren Hunden nach, füttert die Wasservögel in den Teichen.

Die Eltern bekommt sie nur selten zu Gesicht. Wenn sie kommen, dann zumeist einzeln. Zwischen Rudolf und Stephanie gibt es schon ein paar Jahre nach der Heirat kaum noch Gemeinsamkeiten. Sie haben nie richtig zueinandergefunden und sich total auseinandergelebt. Stephanie ist vom unerfahrenen Backfisch zur selbstbewussten Frau gereift. Sie legt ein aristokratisches Gehabe an den Tag, das der Kronprinz aus tiefstem Herzen verabscheut. Rudolf hinwiederum kehrt zu seinem ausschweifenden, vorehelichen Leben zurück, pflegt sehr zum Missfallen seiner Gattin Umgang mit Vorstadtdamen, Fiakern und Heurigensängern. Es kommt zu heftigen Szenen. Die Ehepartner gehen getrennt auf Reisen, meiden persönlichen Kontakt.

Die kleine Tochter merkt von all dem nichts. Der Kronprinz ist zwar kein idealer Vater, aber er liebt seine Erzsi. Sein erster Weg, wenn er nach längerer Abwesenheit zurückkehrt, führt zu ihr. Die Kleine freut sich auf seine Besuche, denn der Papa erzählt ihr von den fernen Ländern, die er bereist, und den Pflanzen und Tieren, die er dort gesehen hat. Er spielt mit ihr und fährt an schönen Frühlings- und Sommertagen mit ihr in der Kutsche aus. Im Winter machen sie ab und zu eine Schlittenfahrt. Auch die Mama ist lieb zu ihr, bringt ihr Geschenke, herzt sie, erfüllt ihre Wünsche. Aber sie beschäftigt sich nicht so lange mit ihr, hat es immer eilig. Der Großvater besucht Erzsi dann und wann in ihrem Spielzimmer. Er ist schon ein alter Mann, mit einem Bart, der aus der Nase herauswächst und von einem Ohr zum anderen reicht. Er nimmt sie manchmal auf den Schoß, und sie darf mit ihren kleinen Fingern seinen Bart zerzausen, was ihr riesigen Spaß macht. Besonders freut sich die kleine Erzherzogin, wenn sie in die Räume der Großmutter kommen darf. Das ist freilich nur sehr selten der Fall. In ihren Appartements gibt es viele schöne Dinge, die Erzsi bestaunt: herrliche Kleider aus feinstem Material, Schuhe, Perlketten und Ringe, Spiegel und Vasen, große Bilder an den Wänden, Bücher in riesigen Kästen. Die Großmutter hat viel Geduld mit ihr, erlaubt ihr sogar, in ihre Schuhe zu schlüpfen. Um nicht hinzufallen, nimmt sie die Kleine dann an der Hand, wenn sie ein paar Schritte mit den großen Schuhen zu machen versucht.

Die Kronprinzentochter wächst in einer Märchenwelt auf. Das hübsche, blondlockige Mädchen entwickelt sich gut, ist munter und frohgemut, wenn sie nicht gerade ein wenig unpässlich ist.

Und dann kommt ein Tag, der sich in das Gedächtnis der Fünfjährigen eingräbt, obwohl sie das, was rund um sie passiert, nicht versteht. Die Mama kommt schluchzend in ihr Zimmer, nimmt sie an der Hand und bringt sie durch lange Gänge und

Zimmerfluchten in einen kleinen, düsteren Raum, der nur von zwei Leuchtern mit brennenden Kerzen erhellt wird. Die Mutter schiebt das Kind vor sich her zu einem hohen Bettgestell, auf dem still und unbeweglich der Papa liegt. Gleich darauf betreten der Großvater und die Großmutter das Zimmer, knien nieder und verrichten tiefbewegt ein Gebet. Was hat das alles zu bedeuten? Das kleine Mädchen steht fragenden Blickes neben dem Großvater, der ihr zärtlich über das Haar streicht. Erzsi ahnt, dass etwas Furchtbares passiert sein muss. »Papa wird im Himmel für Dich beten«, hört sie die Mama sagen. Dann wird sie in ihr Kinderzimmer zurückgebracht und dort von der Umgebung abgeschirmt. »Man behütete sie auf das sorgfältigste und ließ sie keinen Schritt tun«, schreibt Stephanie in ihren Memoiren.

Der Kronprinz hat seine Tochter und nicht seine Gemahlin zum Universalerben seines beträchtlichen Vermögens gemacht.

DER TOD IHRES GEMAHLS verändert das Leben der Kronprinzessin. Finanziell ist Stephanie mehr als hinreichend versorgt. Sie bekommt eine Witwenpension von jährlich 150.000 Gulden und darf weiterhin über ihre Räumlichkeiten in der Hofburg verfügen. Ihre privilegierte Stellung bei Hof büßt sie allerdings ein. Stephanie darf die Kaiserin, wenn diese nicht in Wien weilt, bei offiziellen Anlässen nicht mehr vertreten. Dazu kommt, dass sie am Wiener Hof kaum Freunde hat und eher belächelt als bewundert wird. Die Kronprinzessin ist stolz, anmaßend, herrisch und streng. Der Kaiser begegnet ihr höflich, aber reserviert, die Hofkamarilla lässt sie spüren, dass sie eine Fremde ist, eine Geduldete.

In den ersten Wochen nach der Tragödie von Mayerling führt Stephanie ein völlig zurückgezogenes Leben, sperrt sich in ihren Räumen ein. Sie klammert sich an ihre kleine Tochter, um die sie sich zuvor viel zu wenig gekümmert hat. »Elisabeth ist mir ein

Trost«, schreibt sie ihrer Schwester Louise, »ich trachte viel bei ihr zu sein, da ich ja niemanden sehe. Ich bin lieber allein, um nachzudenken und zu beten.«

Um Abstand vom öden Leben in der winterlichen Hofburg zu gewinnen, fährt sie mit Erzsi Mitte Februar 1890 in den Süden und verbringt ein Vierteljahr auf Schloss Miramare. Mutter und Tochter genießen das milde Klima, das Meer ist für die Kronprinzentochter ein ganz neues, besonderes Erlebnis. Später wird es Erzsi immer wieder an die Adria ziehen und sie wird diese Aufenthalte mit unvergesslichen Erinnerungen verbinden.

Nach der Rückkehr beginnt für Erzsi ein neuer Lebensabschnitt. Der Kronprinz hat den Kaiser in seinem Testament gebeten, die Vormundschaft über seine Tochter zu übernehmen. Franz Joseph kommt dieser Bitte nach und nimmt die Pflichten, die sich daraus ergeben, gewissenhaft wahr. Der Kaiser trifft sofort die notwendigen Entscheidungen. Er betraut Elisabeth Gräfin Coudenhove mit der Gesamtleitung der Erziehung, in deren Händen alle pädagogischen Maßnahmen zusammenlaufen. Die Gräfin, Tochter eines Feldmarschalls, ist 30 Jahre alt, als sie den verantwortungsvollen Posten übernimmt. Sie ist fromm, außerordentlich fürsorglich und hat ein großes Verständnis für Kinder.

Franz Joseph ist rührend bemüht, seiner Lieblingsenkelin den Vater zu ersetzen. Er erfüllt ihr jeden Wunsch, verwöhnt sie nach Strich und Faden. Er bringt ihrer körperlichen und geistigen Entwicklung großes Interesse entgegen, überzeugt sich regelmäßig von ihren Lernfortschritten, registriert jede ihrer Unpässlichkeiten. In den Briefen an die Gemahlin ist der Gesundheitszustand Erzsis ein Dauerthema. Von einem vorstehenden Zahn ist da die Rede, der mit einer »Kautschuk Maschine« zurechtgerichtet wird, von Elektrizitäts- und Massagekuren, von einem kranken Bein, das lange Zeit medizinisch behandelt werden muss, von Kopfschmerzen, Erbrechen, Husten und fiebrigen Erkältungen. Besorgt stellt er fest, dass die Kleine mager und blass aussieht. Nach dem alljährlichen Kuraufenthalt mit der Mutter in Gries bei Bozen oder in Abbazia kommt Erzsi dann aber meist erholt und gut aussehend zurück. Und die Enkelin wächst und wächst. Sie misst schließlich mehr als 180 Zentimeter, eine für die damalige Zeit ungewöhnliche weibliche Größe.

Erzherzogin Elisabeth, in der Familie »Erzsi« gerufen, war ein hübsches Mädchen.

Die Erzherzogin wird von hervorragenden Lehrern umfassend ausgebildet. Ihr Lehrplan umfasst neben Englisch, Französisch, Italienisch und Ungarisch Geschichte, Geographie, Botanik, Zoologie, Mineralogie, Musik und Zeichnen. Die Erzherzogin lernt aber auch höfisches Benehmen, Tanzen und wird in die Kunst der Konversation eingeführt. Auch die körperliche Aus-

Erzsi wurde vom kaiserlichen Großvater verwöhnt. Franz Joseph erfüllte seiner Lieblingsenkelin jeden Wunsch.

bildung kommt nicht zu kurz. Erzsi lernt Reiten, spielt eifrig Tennis und ist eine gute Schwimmerin.

Besonderen Wert legt der kaiserliche Vormund auf eine gründliche religiöse Ausbildung. Die Erzherzogin muss jeden Tag ein Morgen- und Abendgebet verrichten, die heilige Messe besuchen und an verschiedenen Gedenkgottesdiensten teilnehmen. Ihre Erstkommunion am 8. Dezember 1895, der der Kaiser persönlich beiwohnt, schildert Franz Joseph mit ungewöhnlicher Ausführlichkeit. Er sei direkt in die Kapelle gegangen, wo bereits das Erziehungs- und Lehrpersonal Elisabeths sowie die Dienerschaft Stephanies versammelt war, schildert er. »Später kam Stephanie mit Elisabeth, die in einem langen weißen Kleide mit langem Schleier recht hübsch aussah. Sie war sehr andächtig und lieb. Prälat Mayer las eine Segens-Messe, zu welcher einige Hofsängerknaben mit Orgelbegleitung sehr hübsch sangen. Elisabeth hatte eine eigene Kniebank in der Mitte vor dem Altare und trat vor der Kommunion zum Altare, worauf der Prälat eine nicht zu lange, sehr hübsche Rede hielt und nach derselben Elisabeth die Kommunion reichte. Es war sehr rührend und ich weinte viel in Gedanken an Rudolph und an die arme Waise. Ich ging dann mit Elisabeth in ihre Wohnung, wo ich ihr ein recht schönes Krucifix mit Elfenbein als Andenken schenkte.«

DIE ERZHERZOGIN steckt mitten in der Pubertät, als die Mutter im Februar 1898 schwer erkrankt. Eine Grippe wächst sich zu einer Lungen- und Rippenfellentzündung aus. Der Zustand der Patientin verschlimmert sich, die Ärzte sind besorgt, Elisabeth ängstigt sich, bangt um die Mutter. Sie informiert den in Ofen weilenden Großvater täglich telegraphisch über den Krankheitsverlauf. Als der Kaiser Anfang März nach Wien zurückkehrt, führt sein erster Weg zur Enkelin, die er »sehr mager, verändert, krank aussehend und schwach« vorfindet. Dann eilt er an das Krankenlager. »Ich ging gleich hinauf«, berichtet er der Kaiserin. »In der Nacht hatte der Husten und der Auswurf ganz aufgehört, so daß die Ärzte bei der großen Schleim Ansammlung eine Herzlähmung befürchteten, auch die barmherzigen Schwestern waren sehr besorgt. Stephanies Beichtvater wurde geholt, und um vier Uhr früh beichtete sie und erhielt die letzte Öhlung, um zehn Uhr hat sie dann kommunizirt.«

DIE KRONPRINZESSIN ÜBERSTEHT die Krise. Die Sorge um die Mutter wirft auch Erzsi kurz auf das Krankenbett. Nach ihrer Genesung treten Mutter und Tochter einen Kuraufenthalt im Süden an. Sie kehren nach etwa zwei Monaten von dort nach Laxenburg zurück. Der Kaiser kommt schon ein paar Tage nach ihrer Rückkehr zu Besuch und stellt befriedigt fest: »Beide haben sich sehr erholt und sehen viel besser aus, besonders Erzsi hat viel bessere Farben und ist voller geworden, sie ist ein hübsches, erwachsenes Mädchen.«

Ende Juni 1898 fährt Franz Joseph in Begleitung Marie Valeries, die ihre Nichte in ihr Herz geschlossen hat, zu Erzsis Firmung nach Laxenburg. Kurz darauf nimmt Stephanie die Tochter auf eine Reise nach England mit, die sie auf Einladung Queen Victorias unternimmt. Es ist die erste große Auslandsreise der Erzherzogin. Wieder zurück in der Heimat feiert Erzsi ihren 15. Geburtstag. Es hagelt Glückwünsche, die Geschenke türmen sich zu Bergen. Elisabeth Marie hat zum ersten Mal das Gefühl, nicht mehr als unselbständiges Kind, sondern als eigenständiges Geschöpf betrachtet und behandelt zu werden. Das gibt ihrem Selbstbewusstsein und ihrem Selbstwertgefühl einen enormen Auftrieb. Sie verspürt den Drang in sich, aus dem Schatten ihrer Mutter herauszutreten, einen eigenen Weg einzuschlagen.

Noch ist sie dazu freilich zu unreif, zu wenig gefestigt. Und zunächst sind auch nähere Überlegungen darüber illusorisch. Denn acht Tage nach ihrem Geburtstag überrascht sie die Mutter mit der Nachricht von der Ermordung der Kaiserin. Erzsi hat zu ihrer Großmutter nie eine innige, herzenswarme Beziehung gehabt. Aber die Todesnachricht trifft sie doch schwer. Mit Gebeten am Sarg und einem Kranz aus weißen Rosen verabschiedet sich die Enkelin von ihrer Großmutter. Am Leichenbegängnis nimmt sie hinter dem Kaiser an der Seite ihrer Mutter teil.

Die Kaiserin hinterlässt Erzsi testamentarisch ein Fünftel ihres Privatvermögens, insgesamt mehr als zehn Millionen Gulden. Eine riesige Summe. Von der kostbaren Bibliothek der Großmutter trennt sie sich zeitlebens nicht.

Das Leben der Erzherzogin läuft nach dem Tod der Kaiserin in der vorgezeichneten Bahn weiter. Das Unterrichtsprogramm wird fortgesetzt. Erzsi begleitet die Mutter auf ihren Reisen zu den verschiedensten Zielen. Nicht immer freiwillig und zu ihrem Wohlgefallen. Die frühreife, hochintelligente Kronprinzentochter entwickelt sich langsam zu einer eigenständigen, willensstarken Persönlichkeit und beginnt sich innerlich gegen die ihr auferlegten zeremoniellen Zwänge aufzulehnen. Sie glaubt auf den Reisen eine Änderung im Verhalten der Mutter ihr gegenüber zu verspüren. Die Mutter-Tochter-Beziehung ist nie besonders innig gewesen, aber Erzsi stellt fest, dass die Mutter nur halb hinhört, wenn sie Wünsche äußert, oft unwirsch reagiert, geistesabwesend wirkt. Stephanie putzt sich bei gesellschaftlichen Anlässen besonders heraus, prunkt mit ihrer Garderobe, während die Tochter in ihren unvorteilhaften, unmodernen Kleidern neben ihr wie ein Aschenputtel dasteht. Erzsi ist nun alt genug, um den Grund für dieses auffällige Verhalten zu ahnen. Ihr Instinkt trügt sie nicht. Die Frau Mama hat, wie sich herausstellt, einen ungarischen Grafen namens Elemér Lónyay kennengelernt, mit dem sie ein neues Leben beginnen will. Dazu braucht sie allerdings die Zustimmung des Kaisers. Alle Mitglieder des Hauses unterstehen auch im persönlichen Bereich der Autorität des Familienoberhauptes. Stephanie ersucht den kaiserlichen Schwiegervater um eine Audienz und bittet um sein Einverständnis zur Ehe mit ihrem neuen Partner. Franz Joseph erfüllt zu ihrer Überraschung schon nach der ersten Unterredung ihren Wunsch. Jetzt erst weiht sie die Tochter in ihren Heiratsplan ein.

Stephanie scheidet aus dem Kaiserhaus aus. Die im 17. Lebensjahr stehende Erzsi ist faktisch zur Vollwaise geworden.

Die Hochzeit der Ex-Kronprinzessin mit Elemér Lónyay findet am 22. März 1900 auf Schloss Miramare statt. Erzsi darf daran nicht teilnehmen. So will es das Protokoll. Von nun an verbleibt sie ausschließlich in der Obhut des Großvaters. Sie ist jetzt die erste Dame am Hof, muss allen Familienfesten beiwohnen und an zahlreichen offiziellen gesellschaftlichen wie kulturellen Veranstaltungen teilnehmen. Nicht immer zu ihrer Freude.

IN DEN ERSTEN ZWEI JAHREN des neuen Jahrhunderts fallen im Leben der Kronprinzentochter grundlegende Entscheidungen. Entscheidungen, die der Teenager selbst veranlasst und mit konsequenter Willensstärke durchsetzt. Die wichtigste Antriebskraft hinter diesen Entschlüssen ist die Liebe. Im Fasching 1900, bei ihrem ersten großen Auftritt vor der illustren Hofgesellschaft, verliebt sich Elisabeth Marie in einen großgewachsenen, hübschen Offizier, den sie durch ihren Zeremonienmeister immer wieder zum Tanz auffordern lässt. Erzsis liebesbedürftiges Herz ist auf der Stelle entflammt. Sie muss diesen feschen Offizier, mit dem sie sich so beseligend im Walzertanz gewiegt hat, wiedersehen, ihn näher kennenlernen. Sie lässt Erkundigungen über ihn einziehen und erfährt, dass es sich um den 27-jährigen Oberleutnant Otto Prinz zu Windisch-Graetz handelt.

Es ist ein abwechslungsreiches Jahr. Der Großvater feiert seinen 70. Geburtstag. Nach den vielen Feierlichkeiten aus diesem Anlass, an denen sie selbstverständlich teilnimmt, begibt sie sich bei Herbstbeginn nach Laxenburg. Sie spielt Tennis, widmet sich dem Reitsport, veranstaltet Gartenpartys und umgibt sich mit einem Kreis junger Aristokraten, in den sie auch Otto Windisch-Graetz mit einbezieht. In diesem ungezwungenen Milieu lernt

Otto Windisch-Graetz, der erste Ehemann der Kronprinzentochter, gab bald nach der Heirat die Offizierslaufbahn auf.

sie ihn jetzt ein wenig näher kennen, bewundert sein elegantes Auftreten, seine ausgezeichneten Manieren und seine sportlichen Qualitäten, insbesondere auf dem Gebiet der Reitkunst. Das verstärkt in ihr den Entschluss, diesen Mann zu heiraten. Sie weiß natürlich, dass der Prinz kein ebenbürtiger Partner ist und dass sie den Großvater zunächst informieren und ihm dann die Zustimmung zu ihrer Wahl abringen muss. Das diesbezügliche Gespräch findet bei nächster Gelegenheit statt. Franz Joseph hört seiner Enkelin geduldig zu. Dann sagt er langsam und bedächtig: »Schau, Erzsi, du bist noch so jung. Überleg dir das noch einmal gut. Vor deinem 18. Lebensjahr kommt eine offizielle Verlobung nicht in Frage.«

Tief enttäuscht verlässt sie das Arbeitszimmer des Kaisers.

Aber sie ist fest entschlossen, nicht aufzugeben. Sie ist dickköpfig, sie hat ein herrisches Wesen.

Kommt Zeit, kommt Rat. Der lebens- und liebeserfahrene Monarch schickt seine Enkelin über die Wintermonate nach Miramare und Abbazia. Den Sommer verbringt sie im Salzkammergut. Dort vertraut sie sich ihrer Tante Marie Valerie an und ersucht sie, beim Kaiser ein gutes Wort einzulegen und ihn zur Zustimmung für ihren Heiratsplan zu gewinnen. Valerie erfüllt die Bitte ihrer Nichte, der Kaiser gibt nach. Er will dem Glück seiner Lieblingsenkelin nicht im Wege stehen. Er macht Erzsi allerdings klar, dass sie auf ihre Thronfolgerechte verzichten muss. Franz Joseph befiehlt den jungen Offizier zu einer Audienz und setzt ihn vom Wunsch seiner Enkelin in Kenntnis. Er billige die unebenbürtige eheliche Verbindung zwischen Erzsi und ihm und werde die hiefür nötigen Schritte veranlassen. Bei einem Gespräch der künftigen Ehepartner wird der »Liebesbund« besiegelt.

Das höfische Zeremoniell setzt sich in Bewegung. Am 13. Oktober 1901 findet in Schloss Hetzendorf die Verlobung der Kronprinzentochter mit Otto Windisch-Graetz statt. Franz Joseph stattet Erzsi mit einem fürstlichen Heiratsgut aus und gestattet ihr, sich weiterhin als »kaiserliche und königliche Hoheit« zu bezeichnen. Damit verbunden ist eine Reihe von Vorrechten. Als nächster Schritt folgt im Jänner nächsten Jahres in den Räumen der Erzherzogin in der Hofburg die Zurschaustellung der Ausstattung der Braut, die auf ungeheures Interesse stößt. Trotz der Ausgabe von 4000 Einlasskarten kommt es zu einem riesigen Gedränge. Hunderte Wiener, die keine Karten bekommen haben, begehren Einlass. Die Burggendarmerie kann nur mit Mühe die drängende, schreiende und stoßende Menge beruhigen. Es gibt viel zu sehen. Erzsis Hausrat besteht aus 144 Stück Bettgarnituren, 200 Tischtüchern von kostbarstem

Damast, 1400 Speiseservietten, Leib-, Zier- und Putzwäsche. Die Toilettenausstattung ist nicht minder beeindruckend. Kostbare Pelze werden zur Schau gestellt, Mäntel und Capes, Reitkleider, Schlafröcke, Hüte, Handschuhe, Schirme, Fächer, Schuhe, Jagd- und Reitstiefel, Frisiermäntel. Das Stück, das das größte Interesse erregt, ist natürlich das außerordentlich schöne und kostbare Brautkleid.

Als nächster zeremonieller Akt folgt die Verzichtleistung der Braut auf ihre Erbfolgerechte, die unter Ausschluss der Öffentlichkeit am 22. Jänner 1902 in der »Geheimen Ratsstube« der Hofburg vonstattengeht. Tags darauf findet im engsten Familienkreis im Beisein des Kaisers in der Josephikapelle die feierliche Trauung des Paares statt.

Franz Joseph stellt mit Zufriedenheit fest: »Die Hochzeit ging gut vonstatten, die Braut sah sehr hübsch und glücklich aus und war sehr gut und élégant angezogen.«

Die Würfel sind endgültig gefallen. Die Tochter des Kronprinzen Rudolf ist aus der verhassten Hofgesellschaft ausgeschieden und geht ihren eigenen, eigenwilligen Weg an der Seite eines Mannes, den sie im Grunde genommen fast nicht kennt.

KURZ NACH DER TRAUUNGSZEREMONIE tritt das Brautpaar mit einem Hofsonderzug die Hochzeitsreise an. Im Hofwartesaal des Südbahnhofes nimmt die Fürstin Windisch-Graetz von ihrem kaiserlichen Großvater herzlichen Abschied. Sie küsst ihm innig die Hand, der Kaiser drückt seiner Lieblingsenkelin einen Kuss auf die Wange.

Der Hofzug rattert nach Süden. Ziel des jungvermählten Paares ist Schloss Seebach in Oberkrain, dem Familienbesitz der Windisch-Graetz am Südufer des kleinen Sees von Veldes, dem heutigen Luftkurort Bled in Slowenien. Elisabeth und Otto Windisch-Graetz geben sich in ihrem Flitterwochennest eine Woche lang ganz ihrem jungen Glück hin. Dann treten sie die Hochzeitsreise an, die über Florenz, Rom, Neapel, Sizilien und Malta nach Ägypten führt. Es gibt Empfänge und Diners in verschiedenen Botschaften, Museumsbesuche und Besichtigungsfahrten. Die Karwoche und die Osterfeiertage verbringt die Kaiserenkelin mit ihrem Gemahl in Jerusalem. Die Heimreise des Fürstenpaares erfolgt über Athen, Konstantinopel, Korfu, Brindisi und Triest. Der Kaiser hat den Gatten seiner Enkelin mittlerweile zum Dienst im Generalstab einer in Prag stationierten Division abkommandiert. Das Ehepaar bezieht in Prag Quartier in der Villa Gröbe und unternimmt in den nächsten Monaten zahlreiche Reisen zu verschiedenen Zielen. Das erste Ehejahr verläuft aristokratisch stilgerecht und harmonisch. Die beiden amüsieren sich und leben von den Zinsen, die das Vermögen Erzsis abwirft. Der Ehemann ist von ausgesuchter Höflichkeit, liest seiner Gattin jeden Wunsch von den Lippen ab. Kein Wölkchen trübt den Ehehimmel. Das verliebte Paar lebt sorglos in den Tag hinein. Kindersegen stellt sich zunächst keiner ein. Erst im Herbst 1902 stellt Erzsi die ersten Anzeichen einer Schwangerschaft fest. Das Paar plant einen Urlaub an der französischen Riviera. Aber es kommt dann alles anders als geplant. Die Fürstin erkrankt und muss sich einer Operation unterziehen, die eine Fehlgeburt zur Folge hat. Einen Tag vor der Operation veranlasst Otto seine Gemahlin, ein Testament zu machen und ihm ihr ganzes Vermögen zu verschreiben. Wenn ihr etwas zustieße, stünde er ansonsten mit leeren Händen da. Die 19-Jährige ist konsterniert. Ist Otto ihr Vermögen mehr wert als ihre Gesundheit? Die Ehe des Paares hat einen ersten Riss abbekommen. In den folgenden Wochen und Monaten verleiht Otto seinem Verlangen nach der Errichtung eines Testaments steigenden Nachdruck. Die in Geldangelegenheiten vollkommen unerfahrene Erzherzogin gibt dem Drängen des Gemahls schließlich nach.

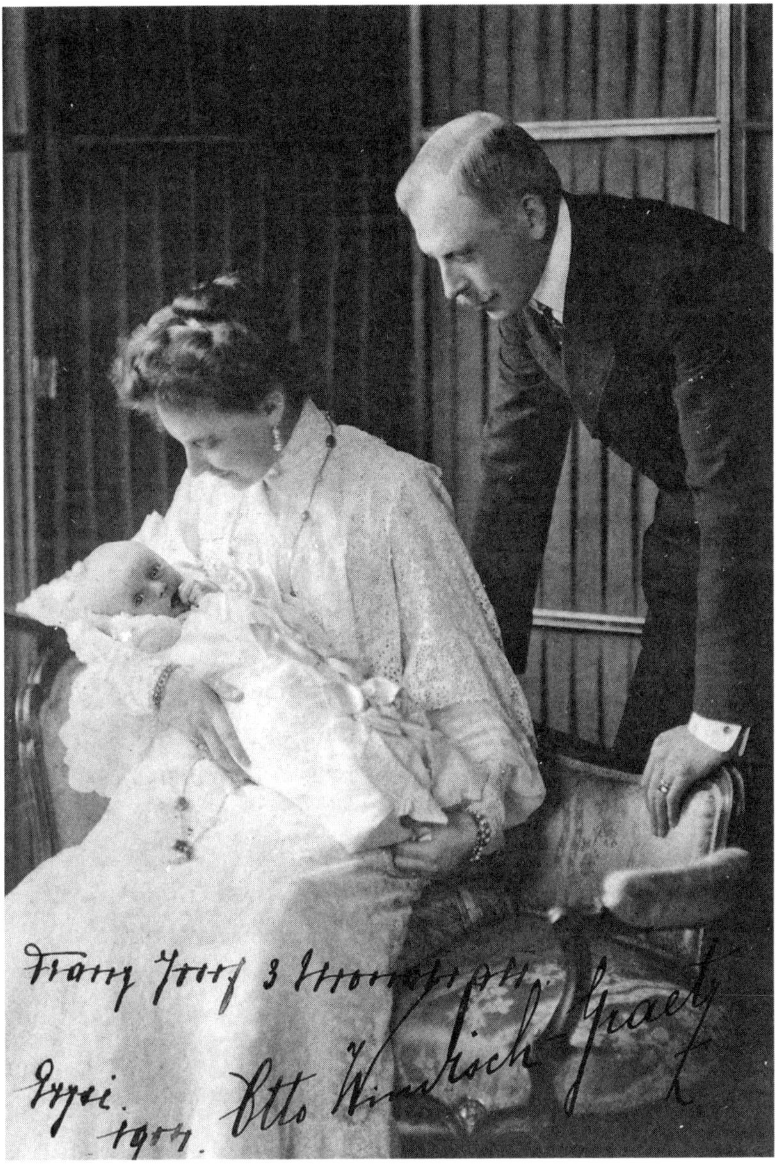

*Das Ehepaar Windisch-Graetz mit Franz Joseph,
dem ältesten von vier Kindern. Das junge Eheglück artete bald
in einen erbitterten Rosenkrieg aus.*

Sie verfasst ein Dokument folgenden Wortlauts: »Im Falle meines Todes hinterlasse ich mein *ganzes* Vermögen, meinen Schmuck und *alle* mir gehörenden Sachen meinem Manne.«

Ein paar Tage später, am 22. März 1904, bringt Erzsi ihr erstes Kind zur Welt. Der Knabe wird auf den Namen Franz Joseph getauft.

Der Kaiser schickt ein Glückwunschtelegramm. Einige Zeit später sucht der Fürst um die Entlassung aus dem Heeresdienst an. Als Gemahl der Enkelin des Kaisers hält er es für unstandesgemäß, sich in der k. u. k. Armee hochzudienen. Vom Vermögen seiner Frau wird er bequem leben können. Davon ist er fest überzeugt.

Nach der Geburt des zweiten Sohnes am 21. April 1905, der auf den Namen Ernst Weriand getauft wird, geben die Windisch-Graetz den Prager Wohnsitz auf und übersiedeln in das Schloss Ploschkowitz in Nordböhmen, das ihnen der kaiserliche Großvater zur Verfügung stellt. Das Schloss ist geräumig, aber nicht gerade behaglich. Die junge, unternehmungslustige Fürstin fühlt sich darin bald nicht mehr wohl. Sie bringt in diesem Domizil noch zwei weitere Kinder zur Welt: einen Sohn namens Rudolf, der am 4. Februar 1907 zur Welt kommt, und eine Tochter Stephanie, die am 9. Juli 1909 geboren wird. Erzsi ist durch die vier Geburten innerhalb von fünf Jahren geschwächt und oft krank. Sie muss sich kontinuierlichen ärztlichen Untersuchungen unterziehen und Kuraufenthalte absolvieren. In den Jahren von 1906 bis 1911 ist sie den größten Teil des Jahres unterwegs. Diese vielen Aufenthalte reflektieren nicht nur ihre innere Unrast, sondern auch den sich immer mehr verschlimmernden Zustand ihrer Ehe. Bei den meisten Aufenthalten in Abbazia, Brioni, Miramare, Franzensbad und an anderen Orten hat die Fürstin ihre Kinder mit, deren Gesundheitszustand viel zu wünschen übrig lässt. Alle drei Knaben sind blutarm und leiden wie auch ihre kleine

Schwester an periodischem Acetonerbrechen. Sie benötigen dringend therapeutische Heilbehandlung in Kurorten und Bädern. Das Reisefieber der Fürstin Windisch-Graetz hat aber auch eine persönliche Komponente. Erzsi ist sonnenhungrig. Sie hat das Bedürfnis, den Winter alljährlich im Süden zu verbringen.

Fürstin Elisabeth Marie Windisch-Graetz als junge, selbstbewusste Frau.

Der Fürst begleitet anfangs die Familie, aber die vielen Reisen sind ihm bald zuwider. Otto Windisch-Graetz geht bald seine eigenen Wege. Er vernachlässigt immer häufiger Frau und Kinder und widmet sich seinen Hobbys: der Jagd, dem Reitsport und dem Polospiel. Die Entfremdung zwischen den Ehegatten wächst. Die Beziehungen werden kühler, bis sie schließlich erkalten und in erbitterte Gehässigkeit umschlagen.

Die Ursachen für das Scheitern dieser Ehe sind nicht in Äußerlichkeiten zu suchen. Hier stehen einander zwei völlig verschieden geartete Persönlichkeiten gegenüber: eine selbstbewusste, eigenwillige junge Frau, die mit zunehmender Reife immer extravaganter und herrischer wird, und ein eitler, eigensüchtiger, oberflächlicher Mann ohne tiefere geistige Interessen, dem Geld und materieller Besitz alles im Leben bedeuten. Erzsi erkennt bald, dass Otto Windisch-Graetz nicht ihr Idealbild männlicher Schönheit und maskuliner Kraft verkörpert und dass er sie nicht aus Liebe, sondern aus Berechnung geheiratet hat. Ihre Jugendträume weichen einer sie seelisch erschütternden Ernüchterung und Enttäuschung.

AUCH IN DEN SEXUELLEN BEZIEHUNGEN der Ehepartner gibt es keine Erfüllung. Erzsi beschuldigt ihren Gatten, pervers und impotent zu sein, er wirft ihre Frigidität vor. Beide suchen Befriedigung bei anderen Partnern, betrügen einander nach Laune und Gelegenheit. Otto Windisch-Graetz unterhält schon kurze Zeit nach der Vermählung in Prag eine intime Beziehung zu einer Schauspielerin. Erzsi, die sich zu diesem Zeitpunkt in Wien aufhält, erfährt davon durch einen Hinweis eines ihr völlig ergebenen Bediensteten. Sie rast vor Eifersucht. Am nächsten Morgen setzt sie sich in einen Expresszug nach Prag, stürmt in die Villa, die das Ehepaar damals bewohnt, zieht eine Pistole und feuert auf die Schauspielerin einen gezielten Schuss ab. Über das fatale Ereignis bewahren alle Personen, die davon wissen, absolutes Stillschweigen. Es dringt nichts an die Öffentlichkeit, die Presse ist streng zensuriert. Auch in den folgenden Jahren wandelt Fürst Otto Windisch-Graetz unentwegt auf amourösen Abenteuerpfaden. So unterhält er zu einer Dame der Wiener Halbwelt eine jahrelange Beziehung.

Aber auch die sexbesessene Tochter des Kronprinzen Rudolf

treibt es bunt, lässt es an ehelicher Untreue nicht fehlen. Bei ihren alljährlichen Aufenthalten in den südlichen Nobelkurorten der k. u. k. Monarchie sind ihre sexuellen Exzesse bald stadtbekannt. Sie vergnügt sich in den Offizierscasinos von Brioni, Pola und an anderen Orten, flirtet und schäkert mit jungen Marineoffizieren, sucht sich einen ihr zusagenden Partner aus, lädt ihn zu sich in ihre Suite ein und lässt dort die Hüllen fallen. Ihre Gier nach erotischen Freuden ist schier unersättlich. Die exzessive Liebeslust der Kaiserenkelin findet in den Armen des k. u. k. Linienschiffkapitäns Egon Lerch ihre Erfüllung. Nach der ersten stürmischen Liebesnacht öffnet sie nur noch ihm die Türen ihrer Gemächer. Das Liebesabenteuer, in das sich die nymphomane Fürstin mit ihm stürzt, dauert etwa zweieinhalb Jahre, von Mitte 1913 bis August 1915. Aber es ist so heftig und aufwühlend, dass Elisabeth Marie die Erinnerung daran bis an ihr Lebensende in ihrem Herzen bewahrt. Nach ihrem Ableben findet man in ihrer Nachtkästchenlade neben dem Totenbett ein 98 Zentimeter langes schwarzes Band einer Matrosenmütze mit der in Gold eingewebten Aufschrift »S. M. Untersee-Boot XII« aus dem Nachlass von Egon Lerch.

Der aus dem Bürgertum stammende Marineoffizier sieht gut aus. Er ist groß, dunkelblond, blauäugig und athletisch gebaut. Er hat ein markantes Gesicht, das von einer scharf geschnittenen Nase und einem wohlgeformten sinnlichen Mund beherrscht wird. Der Frauenheld bringt in die Beziehung natürlich die nötige einschlägige Erfahrung mit.

Das Liebesabenteuer der Kronprinzentochter ist in Hof- und Aristokratenkreisen lange Zeit ein beliebtes Tagesgespräch. Erzsi kümmert sich nicht darum. Ihre Ehe ist längst gescheitert. Der gehörnte Gatte reicht eine Scheidungsklage ein, in der er die Beziehung seiner Frau mit Lerch detailliert beschreibt. »Das Liebesverhältnis ging so weit«, hält er genüsslich fest, »daß Lerch

Der U-Boot-Kapitän Egon Lerch
war die große Liebe der Kronprinzentochter.

zwei- bis dreimal allwöchentlich in ihrem Schlafzimmer übernachtete. Sie nachtmahlten zusammen; um halb 9 Uhr verabschiedete meine Frau ihn scheinbar; er kam aber dann gegen 12 Uhr nachts in ihr Schlafzimmer und ging entweder gegen 5 Uhr früh morgens oder gegen 9 Uhr morgens weg. Die Bediensteten und die Chauffeure hatten wiederholt Gelegenheit zu beobachten, wie meine Frau und Lerch sich auf dem Balkone, im Stiegenhaus, im Auto küssten …«

Der ehebrecherische Ehemann weiß über seine ungetreue Gattin noch mehr zu berichten. »Vom Jänner bis Juli 1915 hatte meine Frau, während ich im Felde war, häufige Zusammenkünfte mit Lerch in Wien«, weiß er. »Sie holte ihn mit ihrem Auto von einer vor Wien gelegenen Bahnstation ab und brachte ihn bei der Abreise wieder nach einer solchen Station, damit sie nicht mit ihm auf einem Wiener Bahnhofe gesehen werde.«

Die Fürstin und ihr Liebhaber unternehmen gemeinsam auch Reisen. Per Bahn nach Böhmen, im Auto Erzsis nach Graz und Budapest, wo sie sich jeweils in einem Hotel miteinander vergnügen. Auch im Haus des Fürsten in der Wiener Strohgasse (3. Bezirk) übernachtet Lerch in dessen Abwesenheit wiederholt. »Die leidenschaftliche Hingabe meiner Frau an Lerch ging so weit«, merkt der Fürst noch an, »daß sie jede Rücksicht beiseite ließ. Um mit ihm beisammen zu sein, ging sie im Frühjahr öfter abends vom Hause weg und kam am selben Tag gar nicht mehr nach Hause; einmal auch, obwohl unser ältester Sohn starkes Fieber hatte; bei diesem kamen am nächsten Tag die Schafblattern heraus.«

Erzsi argumentiert in ihrer Klagebeantwortung, ihr Gatte habe sie vernachlässigt. Sein Gesichtskreis sei beschränkt, er sei wenig intelligent und daher habe sie den Verkehr mit einem geistig hochstehenden Mann gesucht. Im Übrigen habe ihr Ehemann von ihrer Liebesbeziehung gewusst und nichts dagegen unternommen, um seine jährliche Apanage von 70.000 Kronen nicht zu verlieren.

Die intensive Liebesbeziehung der Kaiserenkelin mit Egon Lerch wird durch eine Schicksalsfügung beendet. Im August 1915 wird U-Boot U XII, dessen Kommando Egon Lerch bei Ausbruch des Ersten Weltkrieges übernommen hat, in der Adria versenkt. Die Nachricht vom Tod des Geliebten erschüttert die Fürstin zutiefst und hinterlässt ein Trauma, eine tiefe seelische Verwundung, die lange nicht und dann nur langsam verheilt.

Die Kronprinzentochter kann und will ihre Ehe nicht mehr weiterführen. Sie denkt an Scheidung. Der greise Kaiser will aber davon nichts wissen.

Franz Joseph hat ihr in all den Jahren seit ihrer Verehelichung große finanzielle Zuwendungen zukommen lassen, für seine Lieblingsenkelin tief in seine Privatschatulle gegriffen. Per Allerhöchstem Handschreiben sind aus dem Privat- und Familienfonds insgesamt Millionenbeträge an sie überwiesen worden. Der Kaiser hat sie bei der Auflösung ihres Prager Haushaltes unterstützt, hohe Summen für ihre Kuraufenthalte und für ihre Ärztekosten bezahlt, ihr auf Lebensdauer eine Unterstützung von jährlich 24.000 Kronen gewährt. Der größte Brocken in diesem Unterstützungsprojekt sind die Summen, die er ihr für den Ankauf eines geeigneten Gutsbesitzes zur Verfügung gestellt hat. Der Betrag beläuft sich auf etwa zweieinhalb Millionen Kronen. Eine riesige Summe.

Erzsi hat zu Vermögenswerten und Geld freilich überhaupt keine Beziehung. Sie fragt nicht danach, woher die Mittel kommen, die ihr eine luxuriöse, standesgemäße Lebensführung ermöglichen. Sie lebt ein ganzes Leben lang vom Erbe ihres Vaters und ihrer kaiserlichen Großeltern.

Der Ehemann nützt das Desinteresse seiner Frau an finanziellen Dingen schamlos zu seinem persönlichen Vorteil. Mit der Riesensumme des Kaisers zum Ankauf eines Gutsbesitzes wird Anfang Jänner 1911 die Herrschaft Schönau an der Triesting erworben. Zum Gutsbesitz gehören ein Schloss, eine große Parkanlage, die im 19. Jahrhundert in Nachahmung der Kaiserlichen Residenz von Laxenburg mit befahrbaren Kanälen, Grotten und Wasserspeichern ausgestattet worden ist, und ein ansehnlicher

Schloss Schönau an der Triesting (Niederösterreich).
Die Fürstin Windisch-Graetz erwarb das Schloss samt dem dazugehörigen großen Gutsbesitz 1911 mit dem Geld des Großvaters.

landwirtschaftlicher Besitz. Das Schloss muss mit seinen Nebengebäuden erst renoviert und umgebaut, der Park um- und neu gestaltet werden, ehe es die Fürstin mit ihren Kindern im Juni 1915 beziehen kann. Die Herrschaft Schönau bleibt bis 1928 in ihrem Besitz.

Nach dem Verkauf des Gutsbesitzes erwirbt die Fürstin Windisch-Graetz ein kleines Palais am westlichen Stadtrand von Wien in der Linzer Straße 452.

Elisabeth kümmert sich in Schönau tatkräftig um ihren Besitz, insbesondere um die Parkanlage. Sie lässt exotische Bäume und Sträucher pflanzen, richtet einen Bauernhof mit Kühen, Schweinen, Schafen, Ziegen und Hühnern ein und veranlasst den Bau eines Gestüts. Sie ahnt nicht, dass sich der Gatte entgegen der kaiserlichen Widmung und ohne ihre ausdrückliche Zustimmung die Hälfte des Besitzes grundbücherlich hat einverleiben lassen. Mit der Vermögensverwaltung hat er einen mit ihm befreundeten Anwalt betraut. Der Fürst lebt auf großem Fuß und häuft eine Menge Schulden an. Als Elisabeth über die Sachlage informiert wird, handelt sie rasch und entschlossen. Sie beauftragt einen anderen Rechtsanwalt, ihre Vermögensverhältnisse in Ordnung zu bringen.

Diese unerquicklichen Vorgänge sind bezeichnend für die totale Entfremdung zwischen den Ehegatten. Elisabeth Windisch-Graetz ist entschlossen, sich scheiden zu lassen. Der Fürst hat nichts dagegen. Die Trennung scheint eine beschlossene Sache zu sein. Da schaltet sich der Kaiser ein. Es hat in den vergangenen Jahren schon genug Affären im Kaiserhaus gegeben. Er will keine weitere dulden. Franz Joseph beauftragt Alfred Windisch-Graetz, den Chef der Familie des fürstlichen Hauses, zwischen den Ehegatten zu vermitteln und eine gütliche Vereinbarung auszuarbeiten, die die Weiterführung der Ehe ermöglicht. Nach monatelangen Verhandlungen steht ein Vergleich vor dem Abschluss. Dann spießt es sich aber doch an der widersprüchlichen Auffassung der Ehepartner über die Erziehung und das Bleiberecht der Kinder. Schlussendlich kommt es in dieser Frage zu einer Einigung. Es gibt auch eine vermögensrechtliche Übereinkunft. Die Versöhnung ist damit vollzogen.

Der greise Kaiser nimmt es mit Erleichterung zur Kenntnis. Die Ehe seiner Lieblingsenkelin ist gerettet. Aber die Versöhnung zwischen Erzsi und ihrem habgierigen Gatten ist nicht mehr als ein Waffenstillstand mitten im Ersten Weltkrieg. Nach dem Ende des sinnlosen Völkermordens führen Elisabeth und Otto Windisch-Graetz ihren Rosenkrieg mit unerbittlicher, gnadenloser Härte weiter.

Der spendable Ehebrecher

Franz Joseph und Anna Nahowski

DIE SZENE, DIE SICH IM MAI 1875 an einem Frühlingsmorgen im öffentlich zugänglichen »Kammergarten« des Schlossparks von Schönbrunn abspielt, könnte einem Kolportageroman entnommen sein. Eine junge Frau begegnet in Begleitung ihres Dienstmädchens bei einem Spaziergang um sechs Uhr früh einem Offizier, dem sie offenbar so gut gefällt, dass er sich mehrere Male nach ihr umblickt. Das Dienstmädchen erkennt ihn. Es ist der Kaiser! Die junge Frau ist verblüfft. Sie hält das, was sich an diesem Maimorgen und in den Jahren danach in ihrem Leben abspielt, in tagebuchartigen Aufzeichnungen fest. Ein Teil davon wurde vor längerer Zeit veröffentlicht, vor Kurzem wurden sie zur Gänze publiziert.

Die Aufzeichnungen sind von den Franz-Joseph-Biographen großteils unbeachtet geblieben oder mit ein paar knappen Bemerkungen abgetan worden. Kein Wunder. Sie eröffnen aus einer völlig neuen Perspektive einen Einblick in das Sexualverhalten des Kaisers, das lange Zeit ausgeblendet und tabuisiert wurde.

Franz Joseph war kein Don Juan. In der Wiener Hofburg gab es im Gegensatz zu Versailles keine Mätressenwirtschaft. Aber ein Kostverächter war der Kaiser nicht. Für schöne Frauen riskierte er so manchen kaiserlichen Blick. Mehr als nur das. Und so sticht ihm an diesem Frühlingsmorgen die blonde, mollige, bildhübsche junge Frau in die Augen, die zufällig seinen Weg kreuzt. Er macht kehrt, sie beschleunigt ihre Schritte, er folgt ihr. Anna in ihren Aufzeichnungen: »Ich eilte gegen das Jägerhaus in der Meinung, wenn ich beim Thürl hinein gehe wo der Weg zum Jägerhaus führt, bin ich sicher, so weit wagt Er mir nicht nach zulaufen. Ich eile hinein bin meinen Mädchen weit voraus, laufe noch ein Stückchen Weg wie ein Schulkind, u. bleib um Luft zu schöpfen. Ich blick mich nach der Lini um u. sehe o Entsetzen auch den Kaiser hier. Also von neuem laufen, doch ich höre seinen Tritt immer näher, jetzt ist er knapp hinter mir, – da von entgegengesetzter Seite kommt ein Burgwächter ich bin erlöst, der Kaiser verschwindet.«

Welch ungewöhnliches Schauspiel: ein Kaiser, der einer jungen Frau nachläuft! Eine filmreife Szene. Ob sich die Begebenheit im Detail so abgespielt hat, wie Anna Nahowski sie schildert, mag man bezweifeln. Ihrer Phantasie entsprungen ist sie ganz gewiss nicht. Man ersieht schon aus dieser Textstelle: Anna Nahowski ist keine gebildete Frau. Sie kann nicht rechtschreiben, sie formuliert frei von der Leber weg, ihr Deutsch ist in vielerlei Hinsicht fehlerhaft. Man wird allerdings in Rechnung stellen müssen, dass damals viele Leute nicht lesen und schreiben konnten. Und die junge Frau aus dem Volk kann auf einfache Weise den Verlauf einer Begebenheit anschaulich wiedergeben.

Zuhause angekommen, findet Anna keine Ruhe. Sie ist erregt, innerlich aufgewühlt. Tag und Nacht denkt sie an die Begegnung mit dem Kaiser. Soll sie ihre Spaziergänge in Schönbrunn fortsetzen? Nach längerer Überlegung entschließt sie sich dazu. Sie begegnet Seiner Majestät mehrere Male wieder. Aber der Kaiser grüßt nur höflich, geht an ihr vorüber.

Dann kommt der 24. Juni 1875. Es ist der Tag, an dem Franz Joseph sie anspricht. »Ich saß auf einer Steinbank mit Lini im Wald [damals die Fortsetzung der Schönbrunner Parkanlage hinter der Gloriette, nach Westen zu], der Kaiser kam des Weges u. setzte sich auf die nächste Bank. Nach einigen Minuten stand Er auf u. kam auf mich zu. Mein Herz schlug hörbar. Er blieb vor mir stehen, salutierte u. sagte: ›Sie gehen aber fleißig spazieren.‹« Es entspinnt sich ein kurzes Gespräch. Der Kaiser erkundigt sich, wo sie wohnt und ob sie jeden Tag in Schönbrunn einen Spaziergang macht. »Ja, täglich, wenn es schön ist«, antwortet Anna. Der Kaiser nickt, salutiert und geht. Am nächsten Tag treffen sie einander wieder. Der Kaiser schlägt eine Zusammenkunft für den 26. Juni vor. Diesmal geht Seine Majestät forscher ans Werk. Anna in ihren Aufzeichnungen: »Plötzlich reichte Er mir seine Hand, ich legte die meine hinein, Er beugte sich herab u. küßte die Hand. Ich stand verwirrt, u. wußte nicht, wie mir geschah. Schönes Mädchen, Frau, oder Kind, was Sie sind, geben sie mir einen Kuß. Ich wagte Ihm nicht anzublicken, die Bäume tanzten vor meinen Augen. Er wiederholte die Bitte immer dringender, beugte sich herab, hob meinen Kopf empor u. ich habe ihn wahrhaftig geküßt ...« Anna ist überglücklich. »Ich hätte die ganze Welt umarmen mögen«, notiert sie im Tagebuch.

Das Liebeskarussell beginnt sich zu drehen. Beim nächsten Mal überhäuft sie der Kaiser mit Aufmerksamkeit und Zärtlichkeiten, drückt und küsst sie bis zum Ersticken. In der ersten Julihälfte begegnet man einander täglich. Das seltsame Liebesverhältnis zwischen Seiner Majestät, dem Kaiser der k. u. k. Doppelmonarchie, und einer einfachen, jungen Wienerin hat begonnen. Es wird fast 14 Jahre dauern, die Kaiserin weiß nichts oder will nichts davon wissen. Die Öffentlichkeit wird nie etwas davon erfahren. Natürlich gibt es auf beiden Seiten Eingeweihte. Aber sie schweigen eisern. Der Kaiser, der seiner Sisi seitenweise von seinen vielen Verpflichtungen berichtet, wenn sie auf Reisen ist, verliert kein Wort über sein Techtelmechtel. Kann man es ihm verargen? Elisabeth entzieht sich schon jahrelang ihren ehelichen Pflichten.

Franz Joseph ist bei Beginn der Beziehung 45 Jahre alt und schon Großvater. Anna Nahowski ist 16 und schon verheiratet. Sie ist kein unbeschriebenes Blatt mehr.

WER IST DIESE JUNGE FRAU, aus welchen familiären und sozialen Verhältnissen kommt sie? Anna, geborene Nowak, hat in einer bürgerlichen Familie am 18. Juni 1859 das Licht der Welt erblickt. Der Vater ist von Beruf Korbwarenfabrikant. Anna ist noch keine 13 Jahre alt, als er stirbt. Die Mutter, die neun Kindern das Leben schenkt, führt die kleine Firma weiter. Sechs ihrer Kinder rafft der Tod frühzeitig hinweg. Die Kindersterblichkeit ist hoch in der »guten alten« Zeit. Die Tuberkulose und immer wiederkehrende Choleraepidemien fordern ihren tödlichen Tribut.

Materiell geht es der Familie vergleichsweise recht gut. Man kann sich ein Dienstmädchen und einen Hausdiener leisten. Anna muss der viel beschäftigten Mutter im Haushalt natürlich behilflich sein. Die vielen Todesfälle in der Familie prägen sie, belasten ihr Gemüt. Über ihre schulische Ausbildung wissen wir so gut wie nichts. Es ist anzunehmen, dass sie nach der Volksschule die Bürgerschule besucht hat.

Anna wächst zu einem hübschen Mädchen heran. Sie ist erst 14 ½ Jahre alt, als die Mutter für sie einen Ehemann sucht und findet. Es ist der Seidenfabrikant Johann Heuduck, den sie für ihre Tochter auserwählt. Er ist eine »gute Partie«, wie sie meint. Das zuständige Gericht und der Vormund des Mädchens geben die Zustimmung zur Heirat. Zum Zeitpunkt der Eheschließung im Jänner 1875 ist Anna noch keine 16 Jahre alt.

Die von der Mutter erhoffte gute Partie ist der Ehebund allerdings nicht. Bereits zwei Monate nach ihrer Verheiratung notiert

Anna in ihrem Tagebuch: »Mein Mann ist ein großer Lump, ein Kartenspieler, der sich um sein junges Weib nicht kümmert. O was hat mich diese Heirath schon Thränen gekostet, wäre ich doch lieber zuhause u. könnte auch sterben wie mein Vater u. meine Geschwister. Ja, wenn mein Vater leben würde, es wäre nicht geschehen diese Heirath ich war ja sein Herzenskind. Armer Vater! Wenn du wüsstest.«

Im September 1876 bringt sie ihr erstes Kind, einen Knaben, zur Welt, der zwei Monate nach der Geburt stirbt.

Der Ehemann unterhält sich beim Kartenspiel und durchzecht die Nächte in Gasthäusern. Er macht zum Schein wochenlange Geschäftsreisen, verspielt sein Geld, geht mit anderen Frauen ins Bett. Anna verabscheut ihn, aber die ehelichen Pflichten kann sie ihm nicht verwehren. Bald ist sie wieder schwanger. Sie ist verzweifelt und hegt Selbstmordgedanken. Eines Tages steckt sie einen Revolver in ihre Handtasche und macht sich auf den Weg nach Schönbrunn. Dort rastet sie ein wenig aus. Plötzlich steht der Kaiser vor ihr. Sie folgt ihm bis in ein Badehaus im »Wald«. »Dort reichte Er mir die Hand u. küßte mich. Ich war bleich wie der Tod, ich griff mit der Hand nach einem Baum, um nicht umzusinken, es kam zu plötzlich, ich hatte mir das Glück nicht mehr gehofft. Endlich erholte ich mich. Der Kaiser sprach hastig: ›Ich getraue mich kaum mit Ihnen zu sprechen hier in Schönbrunn wegen der Kaiserin.‹ … Er ging mit mir in den Fasangarten«, notiert Anna. Dort überreicht er ihr ein Kuvert mit Geld. Anna geht beglückt nachhause.

Drei Monate später, am 12. Dezember 1877, wird sie von einem Mädchen entbunden. Ihr Ehemann kümmert sich weiterhin nicht um sie, setzt sein Lotterleben fort. Die beiden Eheleute reden kein Wort mehr miteinander. Das Maß ist voll. Jetzt greift die energische Mutter ein. Eines Tages, als sie bei ihrer Tochter zu Besuch ist, kommt der Taugenichts wieder einmal erst am Morgen nachhause. Frau Nowak macht kurzen Prozess. Sie weist ihm mit barschen Worten die Tür. Der Nichtsnutz kommt nicht wieder. Die Ehe wird geschieden.

IM FRÜHJAHR 1878 bezieht Anna eine Mietwohnung in der Schönbrunner Allee Nr. 8 in der Nähe des Schlossparks. Das Liebesspiel mit dem Kaiser geht weiter. Franz Joseph und die nunmehr geschiedene junge Frau treffen einander mehrmals im Tirolergarten. Der Kaiser entschließt sich nach einigem Zögern, der adretten, jungen Wienerin in ihrem neuen Domizil einen Besuch abzustatten. Nach einem Spaziergang verabschiedet er sich eines Tages mit den Worten: »Wenn ich komme, werden Sie das lästige Mieder nicht haben. Wissen Sie was, wenn Sie mich lieb haben, erwarten Sie mich im Bett.«

Er kommt Anfang Oktober im Morgengrauen. Anna: »Es ist ½ 5 Uhr, ich höre Schritt u. ein rasches Klopfen an der Thüre. Ich eilte Ihm zu öffnen, u. zog ihn in's Zimmer, reichte ihm die Hand u. wünschte ihm einen ›Guten Morgen‹. Verschloß Thür und Fenster gut, u. brachte Licht aus meinem Schlafzimmer …«

Ende Oktober macht ihr der Kaiser seinen zweiten Besuch und übersiedelt dann von Schönbrunn in die Hofburg. Anna bezieht eine andere Wohnung in Wien und verbringt einen freud- und trostlosen Winter.

Im nächsten Frühjahr wiederholt sich das ungewöhnliche Techtelmechtel. Der Kaiser macht seiner heimlichen Geliebten etliche Besuche, die einen eindeutigen Zweck haben. Die gesellschaftliche Distanz bleibt trotz des Intimverhältnisses gewahrt. »So nahe wir uns sind, so sind wir doch himmelweit voneinander entfernt«, beschreibt Anna Nahowski geradezu poetisch, aber in kluger Einschätzung die Realität. Der Kaiser spricht sie stets per »Sie« an. »Es ist ihm nie eingefallen, ›Du‹ zu sagen und ich danke ihm dafür. Es wäre mir wie eine Beleidigung vorgekommen …«,

Sie war bildhübsch:
Anna Nahowski im Alter von 22 Jahren.

notiert sie. Und setzt hinzu: »Vergessen habe ich nie, dass er der Kaiser ist.«

Obwohl Anna mit »Leib und Seele« am Kaiser hängt, will sich die lebenslustige Frau mit den gelegentlichen Besuchen Seiner Allerchristlichsten Majestät in der Sommersaison nicht begnügen. Sie macht eines Tages in einem Gasthof in Brunn am Gebirge (Niederösterreich) die Bekanntschaft eines Herrn namens Franz Nahowski, der ihr auf den ersten Blick gefällt. Er ist ein stattlicher, groß gewachsener, fescher Mann, ein netter Plauderer und Frauenschwarm. Franz Nahowski, um zehn Jahre älter als sie, ist lebens- und liebeserfahren. Man trifft einander wieder. Anna ist überzeugt, den Mann für das Leben gefunden zu haben. Er besucht sie in der Hetzendorfer Wohnung, bedrängt sie stürmisch, aber sie bleibt standhaft. Das vermeldet unwidersprochen und unwiderlegbar das Tagebuch.

Dann wird der Beamte der k. u. k. Staatsbahnen nach Böhmen versetzt. Der Kaiser setzt unbehindert sein Besuchsprogramm fort. Anfang Februar 1882 kommt Nahowski nach Wien zurück. Er ist schlanker geworden und trägt einen hübschen Vollbart. Drei Wochen später ist es dann soweit. Anna: »Und nun am *21. Februar* kam der verhängnisvolle Tag, wo es kein Halten mehr gab, meine Kraft war gebrochen und ich gehörte ihm mit Leib u. Seele.« Das Paar entschließt sich zu heiraten. Anna ersucht Seine Majestät schriftlich um seine Zustimmung zur Verehelichung.

Der Herbst ist angebrochen. Anna fühlt sich schwanger, als ihr der Kaiser wieder seinen »Höflichkeitsbesuch« abstattet. Er setzt sich an den Bettrand und sagt: »Ich habe überlegt, es ist das Beste für Sie, wenn Sie heirathen. Eine größere Summe werde ich Ihnen zum Frühjahr mitbringen.« Ob er ihr jetzt wohl böse sei, fragt sie ihn, und ob er sie lieb habe. Der Kaiser schweigt eine Weile und sagt dann: » Das kann u. darf ich Ihnen nicht sagen. Ich darf Sie ja nicht lieben. – Ich darf Sie nun auch nicht mehr küßen, wenn Sie verheirathet sind, aber wir bleiben gute Freunde u. können, wenn Sie hinüber kommen zusammen spazierengehen, u. plaudern.« Welche Staatsgeheimnisse der Kaiser von Österreich-Ungarn mit der zukünftigen Frau Nahowski wohl besprechen will? Fürsorglicherweise wird der Eisenbahnbeamte wieder versetzt.

Bis zur Heirat verstreicht noch viel Zeit. Der Kaiser setzt die Besuche bei seiner Geliebten fort und händigt ihr eines Tages ein Kuvert mit 50.000 Gulden aus. Nach heutigem Wert entspricht das etwa einer halben Million Euro. Für Seine Majestät eine Kleinigkeit. Zum Vergleich: Ein Ziegelarbeiter verdient zu dieser Zeit monatlich zwischen 24 und 28 Gulden.

Mit diesem riesigen Betrag kauft Anna zunächst das Haus in Hetzendorf und später, abermals mit finanzieller Unterstützung des Kaisers, eine Villa in der heutigen Maxingstraße Nr. 46 mit großem Park im damaligen Vorort Hietzing, die sie umbauen und nobel einrichten lässt. Das Gebäude steht in der Nähe der Schönbrunner Schlossmauer. Der Kaiser lässt eine Geheimtür in die Mauer einbauen, durch die er mit ein paar Schritten über die Straße und wieder durch eine Geheimtür in das Anwesen seiner Geliebten gelangt. Beide Türen sind nur mit einem Sonderschlüssel zu öffnen.

Seiner sexuellen Bedürfnisse entledigt sich Franz Joseph zumeist in aller Herrgottsfrüh. Und er kann nicht lange bleiben. Er hat nicht viel Zeit. In seinem Arbeitszimmer in Schloss Schönbrunn warten die Aktenstöße auf ihn. Was noch wichtiger ist: Es darf ihn bei seinen Besuchen niemand sehen. Was gäbe das für ein Gerede, wenn das publik würde! Der fromme, sittenstrenge Kaiser, der jedem Mitglied seines Hofstaates mit unerbittlicher Härte begegnet, wenn er oder sie eine unstandesgemäße Heirat eingehen will – ein Ehebrecher! Der Skandal wäre nicht auszudenken. Natürlich gibt es auf beiden Seiten einige Bedienstete,

Das Ehepaar Nahowski lebte sich völlig auseinander.
Die ehemalige Geliebte des Kaisers litt unter dem Diktat ihres Mannes.

die über das Liebesverhältnis informiert sind. Sie schweigen jedoch eisern. Es kommt ihnen diesbezüglich kein Wort über die Lippen. Sie behalten das Geheimnis für sich. Auch die Nachbarn werden die gelegentlichen Besuche des Kaisers wohl bemerkt haben. Die Öffentlichkeit erfährt davon nichts. Erst 70 Jahre nach dem Tod des Kaisers kommt die Affäre an das Tageslicht. Das herkömmliche Charakterbild des Kaisers wird dadurch um ein untypisches, jedoch buntes Mosaiksteinchen erweitert.

AM 28. MAI 1884 heiratet die lebensfrohe Anna in Pressburg ihren Franz. Erst ab diesem Zeitpunkt heißt sie Nahowski.

Weiß Nahowski um das Verhältnis seiner nunmehrigen Gattin mit dem Kaiser? Selbstverständlich. Er ist mit der Beziehung einverstanden. Er profitiert davon und genießt die Annehmlichkeiten, die ihm das behaglich eingerichtete Domizil bietet. Aber dennoch gibt es wegen Annas Naheverhältnis zum Kaiser zwischen den Ehepartnern immer wieder unerquicklichen Streit.

Franz Joseph setzt seine Besuche auch bei der nunmehrigen Frau Nahowski fort. Notiz im Tagebuch: »Am 7. Juni kehrt der Kaiser zurück. Am 8. Juni gehe ich hinüber. Er begrüßt mich herzlich, frägt, ob ich verheirathet bin. Da ich dies bejae, reicht Er mir den Arm u. geht mit mir in Maxing spazieren. Ich ging fröhlich an seiner Seite, u. sah Ihm verstohlen an. Kein Blick traf mich. Majestät, sagte ich Ihm, warum sehen Sie mich gar nicht an? Ich kann sie nicht ansehen, sagte Er, sonst müßte ich sie küßen. Nun das wäre ja nicht so schrecklich, es sieht's ja Niemand. O sagte Er das darf nicht mehr sein. Gut, dachte ich mir, bin neugierig, wie lange.«

Die zur vollen Schönheit erblühte, attraktive junge Wienerin setzt ihre Verführungskünste ein. Nach der Rückkehr des Kaisers aus Ischl fragt sie ihn bei einem Spaziergang im Tirolergarten, ob er sie denn gar nicht mehr besuchen wolle. »Es wäre so schön, wir könnten im Trockenen sitzen u. rauchen an einem Tag wo mein Mann im Dienst ist«, turtelt sie. Als der Kaiser sich unentschlossen zeigt, setzt sie nach. »Majestät nicht wahr, Sie kommen?« Franz Joseph beantwortet die Frage nicht. »Plötzlich zieht Er mich nahe an sich«, berichtet sie, »sieht mir lange in die Augen, küsst mich leidenschaftlich, u. sagte ich komme.« Ihr weiblicher Instinkt hat sie nicht betrogen. Die guten Vorsätze des kaiserlichen Liebhabers von vorgestern sind verflogen. Was er sich zum Frühstück wünsche, will sie wissen. »Kaffee mit Milch«, lautet die Antwort des bescheidenen Monarchen.

Pünktlich wie immer stellt sich der Kaiser am nächsten Morgen – wir schreiben den 22. August 1884 – zum Rendezvous ein. Es ist sein erster Besuch nach ihrer Verheiratung. Sie erwartet ihn im hochgeschlossenen Kleid im Schlafzimmer und gießt ihrem hohen Gast eine Schale Kaffee ein. Er isst ein Kipferl dazu und zündet sich nach dem Frühstück eine Virginia an, während sie eine Zigarette raucht. So gemütlich geht es zu im Schlafzimmer Anna Nahowskis. Dem Kaiser gefällt es in ihrem Liebesnest. Anna liefert in ihren Aufzeichnungen ein paar Anmerkungen, die diese private Vertrautheit illustrieren. Eines Tages erscheint der Kaiser in seinem mit Orden behängten Waffenrock. »Beim Ankleiden sehe ich«, berichtet sie, »wie sehr Er sich abmüht, die Orden am Waffenrock fest zu machen. Einen hängt Er hinauf – ein Anderer fällt herab. Ich helf ihm. ›Bitte‹, sagt Er: ›Sie haben so geschickte Hände.‹ ›Nein, Majestät, so geht es nicht! Ziehen Sie den Waffenrock an, so – nun machen Sie sich recht *dick* und nun hänge ich die Orden einen nach den andern über das dünne Schnürl. Majestät, die sind aber schön – so viele Brillanten! Nicht wahr das Lämmchen in der Mitte hier beim Hals, ist das goldene Vlies? Möchte mir auch gut stehen!‹ Er lächelt.« Ein anderes Mal notiert sie: »Wenn ich Ihm beim Ankleiden helfe, sagt er: Sehen Sie nur die Kleider nicht viel an, ist alles abgeschabt u. alt ich trage meine Kleider 20 u. 30 Jahre. Die Beinkleider werden gewendet, und schließlich für Pantalons gerichtet. Wenn Er dann beim Spiegel stand, sagt Er es ist wirklich eine Schande ich sehe aus wie ein Bettler.«

Ein Bettler war der Kaiser bei Gott nicht, aber persönlich bescheiden und bedürfnislos.

Das Ehepaar Nahowski bezieht am 15. April 1885 die stattliche, geräumige Villa in der heutigen Maxingstraße. Fünf Tage später besichtigt Franz Joseph das Gebäude, das der Ehemann seiner Geliebten mit seinem Geld angekauft hat. Natürlich wieder am frühen Morgen.

Anna notiert ausführlich in ihren Aufzeichnungen: »Es ist drei Uhr Morgens. Ich stehe auf und mache Toilette. In jedem Salon, sowie im Schlafzimmer brennt, zur Hälfte abgedreht, ein Gaslicht. Die Vorhänge der Fenster sind zugezogen, mann kann unmöglich sehen, daß die Wohnung beleuchtet ist. Alles ist vorbereitet zum Frühstück. Über meinen weißen Morgenanzug hänge ich den Pelz um, u. setze mich ins ›Ritterzimmer‹ in Schaukelstuhl, um den Kaiser zu erwarten. Pünktlich wie immer erschien Er. Auf sein Klopfen öffne ich, ersuche Ihn zu achten wegen den Stufen, u. verschloß rasch die Thür. ›Oh, das ist aber schön‹, sagte Er. … Ich ging voraus über die Treppe, drehe die Flamme höher Er kommt nach und findet meine Wohnung sehr hübsch. Er sagt das muß viel Geld gekostet haben.« Frau Nahowski abschließend: »Er kniet sich zu meinen Füßen, küßte mir die Hand u. war an diesem Morgen überaus gut gelaunt.«

Ist der Kaiser nur gekommen, um Kaffee zu trinken und ihr die Hand zu küssen? Wo ist der Ehemann? Verkriecht er sich im Haus, wenn der Kaiser kommt, oder macht er gerade dann immer Nachtdienst bei der Bahn? Schon bald darauf wird Herr Nahowski nach Ala, einer kleinen Stadt in der Nähe des Gardasees, versetzt. Es ist doch besser, wenn er weit vom Schuss ist.

Am 29. Juli 1885 wird Anna Nahowski von einem Mädchen entbunden. Sie hätte lieber einem Knaben das Leben geschenkt. Der Ehemann, der vom Dienst entlassen und wieder nachhause zurückgekehrt ist, »ist lustig und heiter«. Aber die Gattin kennt seine Gedanken. Seine Lustigkeit, meint sie, sei »erkünstelt«.

Das Mädchen wird Helene getauft. Die Mutter bezeichnet Helene in ihren Aufzeichnungen als »gut ausgetragenes Kind«, was auf eine länger als neun Monate dauernde Schwangerschaft hindeutet. Die Vaterschaft des Kindes ist bis heute umstritten. Der Kaiser hat ihr im Jahr zuvor am 12. Oktober und am 5. Dezember seine beiden letzten Besuche abgestattet. Der Taufschein des Kindes weist Franz Nahowski als Vater aus.

In der Wiener Adelsgesellschaft wird der Kaiser hinter vorgehaltener Hand als der Vater des Mädchens gehandelt. Auch Helene scheint von ihrer kaiserlichen Abstammung überzeugt zu sein.

Das heranwachsende Mädchen ähnelt der Mutter. Es wird von ihr wärmstens umsorgt und erhält eine gute Ausbildung, die einen Musikunterricht durch eine Kammersängerin einschließt.

Die hochbegabte, willensstarke Helene Nahowski heiratet 1911, im Alter von 26 Jahren, den Komponisten Alban Berg, der mit Arnold Schönberg und Anton Webern zu den Hauptvertretern der Zwölftonmusik zählt. Sie stirbt am 30. August 1976 im 91. Lebensjahr. In ihrem Testament verfügt sie, dass die Aufzeichnungen ihrer Mutter, die ihr diese zur Aufbewahrung übergeben hat, der Öffentlichkeit zugänglich gemacht werden dürfen.

Etwa drei Wochen nach der Geburt des Kindes besucht der Kaiser nach seiner Rückkehr aus Ischl seine langjährige Geliebte. »Er beglückwünscht mich, u. sagt Sie sind aber stärker geworden. Ich sagte ja, leider bin ich Amme u. trinke Bier, das macht stark. Er frägt, warum nehmen sie keine Amme. Majestät, eine

Helene Nahowski erhielt eine gründliche musikalische Ausbildung. Die Vaterschaft des Mädchens ist bis heute ungeklärt.

Amme kostet Geld u. noch mehr Ärger. Da haben Sie wohl recht, sagte Er.«

In diesem Jahr kommt der Kaiser sehr oft zu Besuch, und zum ersten Mal auch am Nachmittag. Bei Tageslicht ist der Besuch des Kaisers ein äußerst gewagtes Unternehmen. Franz Joseph darf keinem Menschen begegnen, niemand darf ihn sehen. Das gäbe einen riesigen öffentlichen Skandal. Anna wartet: »Endlich ein Klopfen. Schnell öffnete ich. Er kam vor Aufregung etwas blaß herein … Nun da wäre ich, sagte Er mit einen Seufzer wenn ich nur wieder gut hinaus komme. O keine Sorge, denn es gehen hier ja sehr wenig Leute. Wir gingen hinauf. Ich frug ob er irgend etwas zu nehmen wünsche, was Er verneinte. Nach kurzen Aufenthalt, u. nachdem ich mich von allen Seiten überzeugte, daß kein Mensch geht, ließ ich Ihn ruhig hinaus.«

Der Ehemann, den das Dreiecksverhältnis zunehmend nervt, macht seiner Gattin heftige Eifersuchtsszenen.

ZWISCHEN FEBRUAR UND ENDE MAI 1886 stellt sich der Kaiser wieder zu einigen Besuchen bei seinem jungen Bettschatz ein. Aber dann macht er sich rar.

Was ist los? Anna macht sich Gedanken, hat schlaflose Nächte. Es vergehen Monate, bis Franz Joseph wieder den Weg in die Villa in der heutigen Maxingstraße findet. Anna ahnt, dass etwas nicht stimmt, fürchtet, dass sie die Gunst des Kaisers verliert oder schon verloren hat. Eintragung im Tagebuch am 23. September: »Er klagt mir das Er schon alt werde, u. nicht mehr so häufig kommen werde. Und endlich nicht mehr kommen werde sagte ich dazu. O nein das wird so schnell nicht sein, meint Er wenn ich auch alt, u. zu Nichts mehr bin, bleiben wir doch gute Freunde.«

Bald pfeifen es allerdings in der Wiener Innenstadt, in den Vorstädten und Vororten die Spatzen von den Dächern, dass der

Kaiser die Burgschauspielerin Katharina Schratt kennengelernt hat und sie verehrt. Natürlich kommt das Gerede auch Anna Nahowski zu Ohren. »Über ein Verhältnis zwischen den Kaiser u. der Schratt wird überall gesprochen. Mann sagt auch, daß der Kaiser bei keiner Vorstellung fehle, wo sie auftritt«, vermerkt sie und setzt fort: »Es wäre abscheulich, niederträchtig, wenn nach 12 Jahren dies mein Lohn wäre, daß man mich einfach stehen lässt, ohne ein Wort des Abschied's.«

Der Kaiser zeigt sich ein Vierteljahr nicht. Anna schwant Schlimmes, wird von Eifersucht geplagt. Obwohl sie zum Theater überhaupt keinen Bezug hat, besucht sie eines Tages eine Schratt-Vorstellung im Burgtheater. Der Kaiser sitzt in seiner Loge, ihre Blicke treffen einander. Endlich, am 30. März 1887, kommt der kaiserliche Liebhaber wieder zu Besuch. Seit ihrem letzten Zusammentreffen ist ein halbes Jahr vergangen. Anna sagt ihm ihre Meinung offen ins Gesicht und ist darauf gefasst, dass er die Beziehung beendet. Aber zu ihrer Überraschung tut er es nicht. Franz Joseph kommt wieder, in längeren Abständen zwar, aber doch.

Das Verhältnis geht auch im nächsten Jahr weiter. Die Liebesaffäre, das spürt sie, geht ihrem Ende zu. Aber sie will es doch nicht so ohne Weiteres zur Kenntnis nehmen. Sie unternimmt einen Spaziergang im Schönbrunner Schlosspark, in der Hoffnung, dem Kaiser zu begegnen. Tatsächlich kommt er des Weges, mit einer Frau an seiner Seite. Ohne sie eines Blickes zu würdigen, geht er an ihr vorüber. Als sie ihm an einem anderen Tag begegnet, bleibt er stehen und sagt barsch: »Was war denn das, das letzte Mal in Schönbrunn?« Dann tritt er nahe an sie heran, hebt drohend den Finger und befiehlt mit Kommandostimme: »Kommen Sie mir ja nie wieder nach Schönbrunn!«

Als der Kaiser sie am 27. April 1888 um viertel zwei Uhr wieder in ihrer Villa besucht, kommt es zu einem erregten Gespräch, in dem sie ihm den Satz an den Kopf wirft: »Sie haben vielleicht die Schratt in Schönbrunn getroffen, u. gleichzeitig mich besucht, denkend dies geht in einem Aufwaschen.« Sie schlägt ihrem Liebhaber vor, das Verhältnis zu beenden, aber der Kaiser reagiert darauf ganz anders als erwartet. Anna in ihrem Tagebuch: »Er fing hell zu lachen an! Mit einer raschen Bewegung hat Er mich erfasst u. hielt mich wie mit Eisenklammern fest. Jeder Versuch mich frei zu machen war umsonst. Er zog mich mit Gewalt nach meinem Bett, mein zorniges Gesicht mit Küssen bedeckend.« Das klingt nach sexueller Nötigung.

Franz Joseph besucht sie in den Monaten September und Oktober noch ein paar Mal. Als letztes Besuchsdatum vermerkt Anna den 29. Dezember 1888. »Wir wünschten uns gegenseitig glückliches Neues Jahr, nicht ahnend wie viel Leid das neue Jahr bringen wird.«

1889 ist tatsächlich ein Schicksalsjahr, sowohl für den Kaiser als auch für seine langjährige Geliebte. Kronprinz Rudolf nimmt sich Ende Jänner das Leben, im Leben der Anna Nahowski bricht ein neuer Lebensabschnitt an. Mitte März wird ihr ein Brief zugestellt. Baron Friedrich von Mayr, der Generaldirektor des Allerhöchsten Privat- und Familienfonds, ersucht »Ihre wohlgeborene Frau Anna von [sic!] Nahowski«, »ihm in seinem Büro in der Hofburg am 14. März 1889 zwischen 11 und 13 Uhr einen gütigen Besuch« abzustatten. Frau Nahowski ist perplex. Was will man von ihr?

Donnerstag, 14. März: Frau Nahowski fährt mit ihrer Schwester in die Stadt. Sie steigt bei der Augustinerkirche aus der Kutsche und legt dann den Weg in den Schweizerhof, wo sich das Büro des Barons befindet, zu Fuß zurück. Ein Burgwächter weist ihr den Weg. Sie wartet kurz im Vorzimmer. Der Baron empfängt sie freundlich. Er habe den Auftrag des Kaisers, ihr ein Geschenk zu überreichen. Die Nahowski fragt den Beamten keck, ob sie den Kaiser sehen könne. Mayr verneint. Den Kaiser habe das Unglück von Mayerling tief getroffen. Er wolle mit niemandem sprechen. Es folgt ein peinliches Gespräch, in dessen Verlauf sie respektlos über die Schratt herzieht und der Baron, auch nicht gerade edel und zurückhaltend, sie über ihr Liebesverhältnis mit dem Kaiser ins Verhör nimmt. Anna Nahowski ist, gelinde gesagt, empört. Nun kommt man zum Kern der Sache. Anna im Tagebuch: »Herr Baron ich möchte bitten, daß ich meine drei Kinder gut versorgen kann. Mein Mann hat wegen mir seinen Dienst verloren.

Das Geschenk darf in der Höhe sein wie das, welches Sie schon einmal erhalten haben.

Ja, sagte ich, das waren 100 000 fl.

Nicht möglich rief er.

Es ist doch so, fragen sie Ihn selbst.

Also sagte er, jedes Kind 50 macht 150 000 fl.

Bitte sagte ich, u. ich glaube er muß mir das Unbehagen u. den Ekel von Gesicht herabgelesen haben, was mir diese Fechterei [Bettelei] verursachte. Machen sie die zweiten Hunderttausend voll.

Schnell entschlossen sagte er ja, gut, stand auf, ging zu einer 3-thürigen großen Casse nahm zwei Packen Tausender heraus, u. war sichtlich erfreut so billig davon gekommen zu sein.« Dann ersucht er Anna niederzuschreiben, was er ihr diktiert. Der Text lautet: »Ich bestätige hiermit, daß ich am heutigen Tag 200 000 fl. als Geschenk von Seiner Majestät den Kaiser erhalten habe. Ferner schwöre ich, daß ich über die Begegnung mit Seiner Majestät jederzeit schweigen werde. Anna Nahowski, Wien, 14. März 1889.«

Der Baron steckt das Geld in einen grauen Papiersack, bindet ihn mit einer Schnur zu und händigt ihn ihr aus. Anna hat die Stirn, die Busennadel zurückzuverlangen, die ihr der Kaiser bei einem seiner Besuche geschenkt und die sie ihm nach einem Eifersuchtsanfall zurückgegeben hat.

So viel wertvollen Schmuck wie später Katharina Schratt hat ihr Franz Joseph nicht geschenkt, doch befindet sich in ihrem Nachlass immerhin ein Email mit seinem Porträt samt Goldkette, eine goldene Uhr und ein Herz aus Gold mit Rauten und Smaragden – und der galante Bettgenosse hat ihr regelmäßig großzügige Geldbeträge überweisen lassen. Zweimal jährlich eine Zuwendung, deren Höhe sie nicht verraten hat, ein anderes Mal 100.000 Gulden. Mit diesen Summen kann sie nicht nur ein großbürgerliches Leben führen, sondern auch ein Sommerhaus mit einem angrenzenden Grundstück in Trahütten bei Deutschlandsberg in der Steiermark kaufen und ihren Kindern eine ausgezeichnete Bildung angedeihen lassen.

Nach dem Besuch in der Hofburg lässt sie sich in ihre Hietzinger Villa zurückbringen. Ein außerordentlicher Abschnitt ihres Lebens ist zu Ende. »Also aus, Alles aus, u. vorbei. Jeder Gegenstand im Zimmer erinnert mich an Ihn. Hier ist Er gesessen, hier gestanden. Und nun: nie mehr wieder … Ich weinte bitterlich, u. konnte mich lange nicht beruhigen … Ich fühlte eine fürchterliche Leere«, jammert sie.

Am 10. Dezember 1889 wird sie von einem Sohn entbunden, der den Namen Franz Joseph erhält.

Der Kaiser ist nicht der Vater dieses Kindes, wie mancherseits behauptet wird. Seit seinem letzten Besuch in der heutigen Maxingstraße 46 ist mehr als ein Jahr verstrichen.

Anna Nahowski schreibt Seiner Kaiserlichen Majestät nach der Unterredung mit Baron Mayr noch einen Brief, den sie aber dann doch nicht abschickt. Sie dankt ihm im floskelhaften Amtsdeutsch der Zeit für die Hochherzigkeit und Gnade, die ihr zuteilwurde, und bittet ihn um seine allergnädigste Gewogenheit.

Franz Nahowski mit seinem Sohn,
dem Sorgenkind der Familie.

Der Tod Franz Josephs geht der mittlerweile 57-jährigen verhärmten Frau nahe. »Als man seine Leiche über die Freitreppe Schönbrunn in den Schloß Hof trug fielen zwei Sternschnuppen vom Himmel«, schreibt sie am 21. November 1916 in ihr Tagebuch. Und Jahre später einmal: »Die Gedanken an den Kaiser haben mich noch keine Stunde verlassen. Er ist wie verwachsen mit meinem Ich.«

Die Liebesbeziehung zu Seiner Majestät war für Anna Nahowski das aufwühlendste Ereignis ihres Lebens.

Der galante Herzensbrecher

Franz Joseph und Katharina Schratt

IN DEN JAHREN VON 1886 BIS 1889 ist Kaiser Franz Joseph neben dem riesigen täglichen Arbeitsprogramm, das er zu bewältigen hat, mit drei Frauen beschäftigt. Seiner Frau schreibt er lange, langweilige Briefe, mit Anna Nahowski schläft er zuweilen, Katharina Schratt trifft er da und dort, plaudert bei einer Tasse Kaffee und einem Kipferl mit ihr über Gott und die Welt und geht im Schönbrunner Schlosspark oder in Ischl mit ihr eifrig spazieren. Diese Vielfachbelastung überfordert seine sprichwörtlich enorme Schaffenskraft. Das ist einer der Gründe, warum er das langjährige Liebesverhältnis mit der urwüchsigen Anna Nahowski mithilfe einer großzügigen Abfindung aus seiner Privatschatulle beendet. Franz Joseph ist der reichste Monarch Europas. Eine Anweisung auf eine Zuwendung von 200.000 Gulden kostet ihn einen Federstrich.

Der Kaiser steht am Ende der Affäre im 59. Lebensjahr. Seine Herzdame ist jetzt eine attraktive, lebensfrohe Schauspielerin. Katharina Schratt hat im April 1889 mit großzügiger finanzieller Unterstützung aus der kaiserlichen Handkassa in der Gloriettegasse 19/Ecke Maxingstraße (die damals Hetzendorfer Straße hieß) in Hietzing eine Villa mit altem Park und großem Innenhof angekauft und ausstatten lassen. Das Gebäude ist nur ein paar Schritte vom Haus Anna Nahowskis entfernt und ebenfalls vom Schönbrunner Park aus leicht zu erreichen.

Das ehemalige Kaiserliebchen muss mit ansehen, wie der Kaiser mit seiner neuen Freundin an ihrem Haus vorbeigeht. Sie ist eifersüchtig und wütend. »Das Vorbeigehen an meinem Haus peinigt mich. Ich mache ein Ende, indem ich als Er mit Ihr kam auf den offenen Balkon hinaus trat, ruhig, gerade stehen blieb, die Hände an der Brüstung die Augen auf Ihn gerichtet, hinab sah! Ein leichter Ruck u. ein rascher Schritt über die Strasse, u. nie mehr ging Er mit Ihr über Maxing hinauf, sondern in der Strasse beim Fürstentürl hinein«, notiert sie grollend.

Franz Joseph benützt dann diesen Eingang, der von der Nahowski-Villa aus nicht eingesehen werden kann. Jetzt ist auch dieses leidige Problem gelöst.

Franz Josephs Beziehung zu Katharina Schratt ist zu diesem Zeitpunkt drei Jahre alt. Die Kaiserin hat sie persönlich eingefädelt. Elisabeth hat Gewissensbisse. Sie ist einen Großteil des Jahres unterwegs, der Kaiser ist viel allein. Nun hält sie Ausschau nach einer Frau, die ihrem Gemahl Gesprächspartnerin sein kann und Weggefährtin, in deren Gesellschaft er für kurze Zeit den schweren Alltag vergessen kann. Zufällig lernt Sisi bei einem Treffen des österreichischen Kaiserpaares mit Zar Alexander III. und seiner Gemahlin im August 1885 im mährischen Städtchen Kremsier die junge Schauspielerin Kathi Schratt kennen. Die Schratt hat in einem Lustspiel, das nach den politischen Gesprächen zur Aufführung gelangt, die hohen Gäste mit ihrem wienerischen Charme begeistert. »Es wurde noch nie so viel und so laut gelacht, wie an jenem Abend«, erinnert sich ein Teilnehmer.

Nach der Vorstellung gibt es ein Souper, zu dem gegen die Hofetikette auch die Künstler geladen sind. Die Kaiserin wechselt mit der Schauspielerin ein paar Worte und beschließt, diese junge, frische, unbekümmerte Person mit ihrem Gemahl zusammenzuführen. Sie entspricht genau ihren Vorstellungen. Zudem glaubt sie auch bemerkt zu haben, dass Franz Joseph an der

Burgmimin Gefallen gefunden hat. Der Kaiser hat in den vergangenen paar Jahren auffallend oft in der »Burg« Aufführungen besucht, in der die Schratt aufgetreten ist. Das hat nicht nur sie, sondern auch Marie Valerie bemerkt. Aber wie soll sie ein Treffen zuwege bringen?

Elisabeth erteilt dem Hofmaler Heinrich von Angeli den Auftrag, die Burgschauspielerin zu porträtieren. Das fertige Porträt macht sie dem Kaiser zum Geschenk. Sie arrangiert mit viel Geschick im Atelier des Malers in ihrer Gegenwart eine Begegnung zwischen ihrem Gemahl und Katharina Schratt. Es ist der Beginn einer 30-jährigen, wechselhaften Beziehung.

Zwei Tage später schreibt der Kaiser einen ersten, mit »Ihr ergebener Bewunderer« unterzeichneten Brief an sie, dem ein kostbarer Smaragdring beigegeben ist. In den nächsten Jahrzehnten werden die Schmuckgeschenke Franz Josephs zu einer Juwelensammlung von unschätzbarem Wert anwachsen.

KATHARINA SCHRATT ist 31 Jahre alt und hat bereits ein paar Flirts, eine Liebesbeziehung mit Alexander Girardi und eine Heirat hinter sich. Die in Baden geborene Tochter eines wohlhabenden Kaufmanns hat im Herbst 1879 als bereits gefeierte Schauspielerin den um ein Jahr älteren ungarischen Aristokraten Nikolaus Kiss de Ittebe das Jawort gegeben. Es ist das Jahr, in dem das Kaiserpaar die silberne Hochzeit feiert.

Kiss ist ein grandseignoraler Bonvivant, der über seine Verhältnisse lebt und schwer verschuldet ist. Das hat er der Braut verschwiegen. Bereits auf der Hochzeitsreise, die nach Holland führt, gibt es daher für sie eine peinliche Überraschung. Die Gläubiger, die dem Paar nachgereist sind, klopfen an die Hotelzimmertür.

Nach Wien zurückgekehrt, beziehen Kiss und seine Gattin eine elegante 14-Zimmer-Wohnung in der Gumpendorfer

Katharina Schratt war in jungen Jahren eine Frohnatur. Sie war charmant, unbekümmert und lebensfroh.

Straße. Der frischvermählte Ehemann führt sein kostspieliges Leben weiter. Er verbringt seine Zeit in Klubs oder auf der Rennbahn und verprasst Geld, das gar nicht ihm gehört. Die ansehnliche Mitgift von Katharinas Vater reicht für seine aufwendige Lebensführung nicht aus. Die Schulden häufen sich und wachsen zur Riesensumme von zirka 30.000 Gulden an. Es gibt heftige Szenen zwischen den Ehepartnern, man beschuldigt einander der Verschwendungssucht. Denn auch Katharina hat Sparsamkeit nicht gelernt. Sie ist freigiebig, großzügig, schätzt elegante Kleider und teuren Schmuck. Ihr Gatte peinigt sie zudem mit seiner Eifersucht. Die Ehe geht schon nach zwei Jahren in die Brüche. Das Paar trennt sich, die eheliche Verbindung bleibt aufrecht. Eine Scheidung ist damals rechtlich nicht möglich. Kiss lebt als österreichisch-ungarischer Konsularbeamter in Barcelona und Algier, in Tunis und Buenos Aires weiterhin weit über seine Verhältnisse und kommt nur selten nach Wien. Er macht riesige Spielschulden, die vom Kaiser über die finanziellen Zuwendungen, die er seiner »lieben, guten Freundin« macht, eingelöst werden. Als er am 20. Mai 1909 stirbt, schickt Franz Joseph seiner mittlerweile sehr vertrauten Gefährtin einen Kondolenzbrief: »Nur wenige Zeilen um Ihnen meine herzlichste Theilnahme an dem Tode des armen Kiss auszusprechen. Trotz Allem wird es Ihnen doch nahe gehen und jedenfalls Ihre Nerven angreifen. Mich hat das doch schneller als erwartete Ereigniß Gestern recht traurig gestimmt«, formuliert er mitempfindend.

Nach dem Scheitern der Ehe überlässt der Lebemann seiner Frau einen einjährigen Sohn, der auf den Namen Anton getauft und »Toni« gerufen wird. Toni ist das Herzbinkerl der Mutter, die ihn nach Strich und Faden verwöhnt und ihm alle Wege ebnet. Die Fürsorge für ihn bedeutet ihr mehr als ihre Karriere. Auch der Kaiser hegt für Toni große Sympathien. Er erkundigt sich in zahlreichen Briefen nach seinem Befinden, protegiert seine Aufnahme in das Theresianum und fördert dann seine Karriere im diplomatischen Dienst. Selbst die Kaiserin, die für Kinder nicht viel übrig hat, lädt den Buben einmal in die Hermesvilla ein und geht mit ihm an der Hand im Park spazieren. Anton

Kiss, der übrigens dann ein genauso verschwenderisches Leben führt wie die Mama, wird es sein Leben lang nicht vergessen.

KURZ NACH DEM ZUSAMMENTREFFEN des Kaisers mit der Schauspielerin im Atelier des Malers Angeli flattert ein Brieflein in ihre Wohnung. Graf Hans Wilczek, ihr Liebhaber, der davon erfahren hat, meldet sich zu Wort. Er schreibt seinem »geliebten, geliebten Weib«: »Katherl wenn Dir bei Angeli nur nicht doch etwas geschah – zwar Dir nicht – aber mir, ich muß immer daran denken – und frage mich – was denkt meine Katherl darüber? – wird mir das nicht etwas von ihr nehmen? – Schau Katherl ich bin ja eifersüchtig auf jedes Wort – welches Du mit einem Anderen sprichst ... – auf jeden Gedanken der einem Anderen gilt – also kannst Du Dir klar denken was ich gerade diesem Mann gegenüber fühle ... – Kathi wenn ich glauben könnte daß Du mich nicht mehr gern hast – ich könnte nicht mer essen nicht trinken nicht gehen nicht athmen – mit einem Wort – Deine Liebe ist für mich das Leben ... Du mein mein mein Weib Dein Hans.«

Nein, nein, das sind nicht die Liebesergüsse eines entflammten Jünglings. Graf Wilczek, 1837 geboren, ist damals 50 Jahre alt, seit mehr als einem Vierteljahrhundert verheiratet und Vater von vier erwachsenen Kindern. Der Graf, ein reicher Großgrundbesitzer, ist eine der bekanntesten, faszinierendsten Persönlichkeiten der Donaumetropole. Aber sein Ruf reicht weit darüber hinaus. Wilczek ist ein überaus kultivierter Mann mit weit gespannten Interessen. Er ist ein Naturliebhaber sowie eifriger Förderer der Wissenschaften und großherziger Kunstmäzen. Der Graf unterstützt großzügig die österreichisch-ungarische Nordpolexpedition, die zur Entdeckung von Franz-Joseph-Land führt. Mit Kronprinz Rudolf eng befreundet, ist er Mitbegründer des Rudolfinerhauses, der berühmten Krankenhausan-

Mit dem Grafen Hans Wilczek verband Katharina Schratt ein langjähriges, leidenschaftliches Liebesverhältnis.

stalt, er gilt als einer der Initiatoren der Gründung der »Wiener Freiwilligen Rettungsgesellschaft« und lässt zwei Burgen restaurieren und mit Kunstschätzen vollstopfen: Kreuzenstein im niederösterreichischen Weinviertel und Moosham im salzburgischen Lungau. Einen solchen Liebhaber kann sich eine Schauspielerin, die ständig in Geldnöten ist, nur wünschen.

Die Schratt hat bei der Begegnung im Maleratelier angedeutet, dass sie den Sommer am Wolfgangsee verbringen will. Der Kaiser ersucht sie zwei Tage später um die genaue Adresse, nicht ohne um »Verzeihung wegen seiner Zudringlichkeit« zu bitten. Er möchte ihr dort seine Aufwartung machen. Sie teilt ihm die Anschrift umgehend mit. Es ist die Villa Frauenstein, etwa eine halbe Stunde Wegzeit von St. Wolfgang entfernt, die sie für ihren Aufenthalt im Salzkammergut gemietet hat. Franz Joseph kommt am 9. Juli 1886 nach Frauenstein, genießt an diesem Tag und später an vielen anderen das Frühstück, das ihm die Schratt serviert. Ein paar Tage später kommen auch die Kaiserin und Marie Valerie auf Besuch. An den Festen, die die gesellige Schauspielerin dort inszeniert, nimmt Franz Joseph nicht teil. Und er weiß natürlich auch nicht, dass Graf Wilczek bei der Schauspielerin so manche Nacht zubringt. Der Liebhaber schwelgt in der Erinnerung daran in sprachlichen Ekstasen: »Kathi wie gut warst du in der Nacht für mich – wie noch nie – ich fühle deine Hand – sie hat ja meinen ganzen Leib berührt – ich fühle deine Augen sie haben mich so liebevoll angesehen. Ich fühle deine Küsse so warm so heiß – Kathi du hast mich gebißen – mein Bluth getrunken – … Frauenstein musst du gern haben – nicht weil ich eine Nacht mit dir dort glücklich war – nein – weil es herrlich ist – weil es schön ist – weil es der richtige Rahmen für dich ist – ich war entzückt davon – was thuts wenn Gäste kommen – an der Schönheit u. Lieblichkeit des Orthes sollen sie sich erfreuen – anderes dürfen sie nicht verlangen oder zulange bleiben – Katherl laß mich doch bei dir weilen … aber alein mit dir – kein Butler soll uns stören kein Kaiser.«

Nicht alle seine Briefe sind so voll von verbalen Ergüssen, die einem jungen Liebhaber gut anstehen würden. Aber von Leidenschaft durchglüht sind viele. »Alle Tage liebe ich dich heißer und leidenschaftlicher – ich fühle mich jeden Tag an dich gebunden und gekettet«, schreibt er ihr. Und: »Katherl, du kannst mich geistig und körperlich zugrunde richten, töten, aber los wirst du mich weder im Leben noch im Tod.«

Der Graf genießt die Liebesfreuden mit seiner Kathi auch auf seinem Schloss Moosham. Sie besucht ihn dort regelmäßig, verweilt oft sogar ein paar Wochen. Die Liebesaffäre zieht sich über Jahre hin, ist keineswegs spannungsfrei und endet dann natürlich auch. Wann, wissen wir nicht genau.

Der Kaiser ist noch mit der Nahowski-Beziehung beschäftigt. Er trifft die Schratt in ihrer neuen Villa in der heutigen Maxingstraße, geht mit ihr im Schönbrunner Schlosspark spazieren, kommt weiterhin nach Frauenstein. Wenn sie nicht in Wien ist, schreibt er ihr liebevolle Briefe, in denen selbst die Wendung nicht fehlt, dass er sie anbetet.

Zunächst bleibt es bei zärtlichen Begegnungen und der Beteuerung, dass man sich beherrschen werde. »Sie sagen, daß sie sich beherrschen werden, auch ich werde es thun, wenn es mir auch nicht immer leicht wird, denn ich will nichts Unrechtes thun, ich liebe meine Frau und will ihr Vertrauen und ihre Freundschaft für Sie nicht missbrauchen«, antwortet der Kaiser auf einen ihrer Briefe.

1889, drei Jahre nach ihrer ersten Begegnung, wird die Freundschaft zur sexuellen Beziehung. Franz Joseph hat die Liebesaffäre mit Anna Nahowski beendet, die Schauspielerin hält ihren Grafen auf Distanz. Die Briefe des Kaisers spiegeln das veränderte Beziehungsgeflecht wider. Sie werden jetzt inniger.

In einem Brief aus Ischl bittet er sie um Verzeihung, dass er sich nicht genügend für ihr Geburtstagsgeschenk bedankt hat: »Aber ich war noch ganz verwirrt von den wundervollen Dingen, die mir widerfahren sind.« Und etwas später aus Schönbrunn: »Es sind nicht viel mehr als acht Tage, daß ich Sie nicht gesehen habe und doch scheint diese Zeit mir eine Ewigkeit. So gewöhnt man sich an das Glück.« »Ich bin doch wirklich ein rechter Pechvogel. Ich hatte mich schon so gefreut, Heute und Morgen zu Ihnen kommen zu können und nun eine so lange Trennung! In solchen schmerzlichen Augenblicken fühle ich erst recht, wie *lieb ich Sie habe*«, schreibt er ihr, als sie ihm mitteilt, dass sie einen Hautausschlag hat. Der Kaiser zeichnet bald seine Briefe mit »Ihr Sie innigst liebender Franz Joseph«, und er weiß auch über ihre »stillen Wochen« Bescheid. »Wenn Sie erlauben, möchte ich am Dienstag um 1 Uhr zu Ihnen in die Gloriettegasse kommen«, schreibt er. »Da Sie wohl in der stillen Woche sein werden, so werden Sie mir hoffentlich im Bette Audienz ertheilen, was für Ihre Gesundheit zuträglich sein und mich freuen würde.« Und noch ein bisschen deutlicher: »… Ich werde mir erlauben, um 8 Uhr oder etwas später, in der Gloriettegasse zu erscheinen mit der Hoffnung, Sie, den Zeitumständen entsprechend, endlich wieder einmal im Bett zu finden, was Sie mir auch halb und halb versprochen haben …«

Anfang März 1889 teilt ihr Franz Joseph mit: »… Gestern und Vorgestern hatte ich den Staatsrath Braun und General Direktor Baron Mayer hier, mit dem ich mein neues Testament entworfen habe … Ich habe Sie und Toni so bedacht, daß sie auch einmal nach meinem Tode von Sorgen frei sein können. Das Nähere werde ich Ihnen mündlich mitteilen.«

Es handelt sich um einen Betrag von 500.000 Gulden, den er zwei Jahre später auf 625.000 Gulden, das entspricht 1,250.000 Kronen, erhöht. Schließlich richtet der Kaiser mit Datum vom

31. Dezember 1900 auch noch ein auf zweieinhalb Millionen Kronen lautendes Depot ein, von dem sie sich noch bei Lebzeiten Franz Josephs größere Beträge überweisen lässt. Nach heutigem Wert sind das nicht weniger als elf Millionen Euro. Wer möchte da noch von einer Seelenverwandtschaft reden?

Abgesehen davon: Auch wenn all das nur indirekte Beweise für eine nähere Beziehung sind, hat der Kaiser ein langjähriges Liebesverhältnis mit Anna Nahowski gehabt und es beendet, als er Katharina Schratt näher kennenlernte. Und nun soll der 58-jährige Monarch plötzlich von einem Tag auf den anderen bis an sein Lebensende auf jede sexuelle Betätigung verzichtet haben? Die Kaiserin stand ihm ja in dieser Hinsicht nicht oder kaum mehr zur Verfügung. Das spricht doch gegen jede menschliche Vernunft.

Ihre Besuche beim Grafen Wilczek verschweigt ihm die geliebte Schauspielerin nicht. Sie spielt das Verhältnis jedoch herunter und versichert, dass es nur einen Menschen gäbe, der sie interessiere, und das sei natürlich er. Mit dem Kaiser will sie es sich selbstverständlich nicht verscherzen.

FRANZ JOSEPH IST EIFERSÜCHTIG, und er hat allen Grund dazu. Die lebenslustige Schratt hat einen Schwarm von Verehrern und Bewunderern. Die Besuche des Grafen Wilczek in Frauenstein, über die er zweifellos informiert wird, machen ihn misstrauisch. Er schneidet das heikle Thema bei einem vertraulichen Gespräch an, bei welchem es ihr gelingt, ihn zu beruhigen. »Die Offenheit mit der Sie mir die Geschichte mit Wilczek erzählten, versetzte mich wieder einmal in die richtige Stimmung, um die lange Trennung ruhiger ertragen zu können«, schreibt er ihr aus Ofen. »Ich zweifle zwar nicht, daß die brouille nicht lange dauern wird und daß Sie in Ihrer Engelsgüte den reuigen Sünder Wilczek bald wieder in Gnaden aufnehmen werden, aber ich bin doch glücklich, daß Sie mir gegenüber kein Geheimnis mehr aus der Sache machen.« Es gehe ihn eigentlich nichts an und er habe kein Recht, sich in ihre Angelegenheiten zu mischen, meint er dann begütigend.

Nicht nur der Kaiser ist auf den Grafen, auch der Frauenheld Wilczek ist auf den Kaiser eifersüchtig. Er durchsucht sogar ab und zu die Post seiner Geliebten, sodass sich Franz Joseph bemüßigt sieht, sie zu ersuchen, einen sehr vertraulichen Brief zurückzuschicken. »Er könnte sonst vielleicht bei einer erneuerten Revision ihrer Correspondenz in die Hände des Grafen Wilczek fallen.«

Das Liebesverhältnis des Grafen mit der umschwärmten Schauspielerin geht weiter. Die heißen Nächte finden jetzt vorwiegend auf Schloss Moosham, dem geheimen Liebesnest der beiden, statt, das weit vom Schuss ist. So weit aber doch wieder nicht, dass der Kaiser es nicht trotzdem erfährt. In einem Schreiben an die Kaiserin aus dem Jahr 1895 stellt er nüchtern fest: »Die Freundin ist von ihrer Tour mit Toni und seinen Freunden zurück. Sie war zum Schluß drei Tage zu Besuch bei Hans Wilczek in einem alten Schloß südlich von Salzburg, das ihm gehört und das er im mittelalterlichen Stil restauriert hat. Es heißt Moosham.«

Drei Jahre später verabreicht die »Freundin« Franz Joseph wieder eine Beruhigungspille. »Ich kann Ihnen nicht genügend danken, daß Sie mir so offen und gleichzeitig so beruhigend über Ihre Begegnung mit Graf Wilczek geschrieben haben«, schreibt der gutgläubige Monarch daraufhin. »Ich habe mich bei dieser Gelegenheit wieder einmal unverzeihlich benommen, und ich hätte mir nie erlauben dürfen, Sie zu bitten, Graf Wilczek nicht mehr zu empfangen. Meine einzige Entschuldigung ist meine Eifersucht und die Tatsache, daß ich Sie so innig liebe.«

Armer Kaiser! Wenn er wüsste, dass seine Seelenfreundin

unterdessen auch eine Liebesbeziehung zum Schauspielerkollegen Viktor Kutschera unterhält, wie hätte er darauf reagiert? Hätte er ihr seine enormen finanziellen Zuwendungen entzogen, die sie nicht nur zur Begleichung ihrer eigenen Spielschulden, sondern auch jener ihres Ehegatten und zur Unterstützung des Kollegen verwendet?

Kutschera ist um zehn Jahre jünger als sie, verheiratet und hat zwei Kinder. Der hochgeschätzte Schauspieler gehört zum Ensemble des Deutschen Volkstheaters, wo er das gesamte Repertoire des klassischen und modernen Theaters spielt. Von 1895 bis 1898 ist er am Burgtheater beschäftigt. Dort hat sie den gutaussehenden Kollegen kennengelernt und sich in ihn verliebt Sie ist über 40. Torschlusspanik? Der Kaiser und der Graf sind alte Herren und als generöse Geldgeber gut zu gebrauchen.

Mit Kutschera steht die 50-Jährige 1903 im Lustspiel »Maria Theresia« dann ein letztes Mal auf der Bühne des Deutschen Volkstheaters und ziert sich zur Verblüffung der Theaterbesucher mit dem Schmuck des Kaisers. Kutschera spielt pikanterweise ihren geliebten Gemahl, Franz Stephan von Lothringen, der seit 1745 die Kaiserkrone trägt. Eine Geschmacklosigkeit, wie manche Kritiker finden. Die Liaison mit dem attraktiven Kollegen hat ihren Höhepunkt erreicht.

Die Kathi möchte ihren Viktor auf Dauer an sich binden. Sie ist bereit, seiner Frau ihren Schmuck und sogar ihre Villa in Hietzing zu überlassen und dankt dem lieben Gott, dass sie einander begegnet sind. Aber Viktor Kutschera löst seine Ehe nicht auf, trennt sich nicht von Frau und Kindern.

Franz Joseph ist wieder einmal in Ofen und vermeldet von dort, dass es ihm bis auf »abwechselnde hemeroidische Störungen« körperlich eigentlich recht gut geht. Nur seine Stimmung ist sehr trübe und er fühlt sich auch recht müde. Eifersüchtig auf den gefährlichsten seiner Nebenbuhler braucht er freilich nicht zu sein. Er weiß nichts von seiner Existenz. Aber auf den Grafen Wilczek ist er es noch immer.

Doch da ist noch ein anderer, der dem Kaiser viele Jahre so manche schwere Stunde beschert: Ferdinand von Sachsen-Coburg. Der »Bulgare«, wie ihn Franz Joseph in seinen Briefen nennt, hat seit 1887 als Fürst den bulgarischen Thron inne und legt sich zwei Jahrzehnte später den Titel eines Zaren zu. Er ist teils im Wiener Stadtpalais seiner Familie, teils auf Schloss Ebenthal im Marchfeld aufgewachsen. Liebenswürdig und reich begütert, wird er zwar in Adelskreisen nicht sehr geschätzt, im Künstlermilieu hat er aber einen guten Ruf.

Ferdinand liebt das Theater und die »große Oper«. Der Monarch reist oft nach Wien, besucht Vorstellungen im Burgtheater, bewundert und verehrt Katharina Schratt. Sein Werben um sie findet Gehör. Er trifft die Schauspielerin in Karlsbad und besucht sie in ihrer Hietzinger Villa. Die Beziehung wird innig. Er duzt sie in seinen Briefen, sie ist »ständig in seinen Gedanken«. Die Schratt schätzt seine Intelligenz und Seelengröße.

Der Kaiser hat noch einen Nebenbuhler und ist natürlich auch auf ihn eifersüchtig. »Daß Sie dem Bulgaren ausweichen werden, glaube ich nicht, denn er wird Ihnen doch viel zu interessant und unterhaltend erscheinen, als daß sie sich nicht seine Gesellschaft wünschen sollten«, schreibt er der Schratt. »Ich bin schon neugierig auf Alles was Sie mir von ihm erzählen werden.«

Aber vielleicht tröstet er sich mit dem Gedanken, dass die anderen Schratt-Verehrer, der deutsche Gesandte Philipp Graf Eulenburg, ihr Finanzberater Eduard Palmer und wie sie alle heißen, harmlose Statisten in ihrem aufregenden Liebesleben sind. Doch selbst auf Graf Eulenburg ist Franz Joseph eifersüchtig. »Daß Sie Graf Eulenburg dreimal gesehen haben, ist nach meinem Geschmacke zu oft«, macht er ihr zum Vorwurf. »Die Kaiserin machte gleich die Bemerkung, daß mir der Graf gefährlich werden wird. Das fürchte ich, wie Sie wissen, schon lange, denn der Botschafter ist sehr aimable, viel geistreicher und amüsanter wie ich und wird mich nur zu bald in Ihrem Herzen verdrängt haben. So werde ich beständig von schwarzen Gedanken verfolgt.« Wird Franz Joseph nicht auch von Minderwertigkeitsgefühlen heimgesucht?

DIE KAISERIN hält über die Beziehung ihres Gemahls zur Schratt ihre schützende Hand und gibt ihr in der Öffentlichkeit den Charakter der Legitimität. Elisabeth lädt sie zum Diner in die Hofburg ein. Die höfische Hocharistokratie ist darüber entsetzt. Eine Schauspielerin am Mittagstisch des Kaiserpaares, das verschlägt einem den Atem. Aber auch die Kaisertochter Marie Valerie ist keineswegs erfreut darüber. In ihrem Tagebuch findet sich die Eintragung: »Frau Schratt dinierte mit uns (zu viert), machte mit uns einen Spaziergang und blieb bis Abend. Ich kann nicht sagen, wie peinlich mir solche Nachmittage sind, wie unbegreiflich, dass Mama dieselben eher gemütlich findet.«

Die Kaiserin erkundigt sich, wenn sie nicht in Wien ist, und das ist sie sehr oft, über das Befinden der Schauspielerin, interessiert sich für ihre Reisen und schickt ihr von ihren diversen Aufenthaltsorten Geschenke aller Art. Einmal schenkt sie ihr sogar einen wertvollen Solitär. Franz Joseph berichtet beinahe in jedem Schreiben an Elisabeth über »die Freundin« und in jedem Brief an die Freundin über die Kaiserin. Die beiden Damen scheinen es nicht immer goutiert zu haben.

Elisabeth und Katharina Schratt sind zwei völlig verschiedene Persönlichkeiten. Die Kaiserin ist menschenscheu, kontaktarm, weltfremd, spindeldürr und leidet zunehmend an Depressionen. Die rundliche, kleine Schauspielerin ist eine Frohnatur. Sie ist gesellig, offenherzig, leichtfertig und steht mitten im Leben. Die Großzügigkeit und Naivität des Kaisers in Geldangelegenheiten nützen sie beide bis zur Neige aus. Die beiden verbinden ihre Reiselust, ihre Hypochondrie und ihre Vorliebe für Abmagerungskuren, die bei der einen überflüssig, bei der anderen notwendig sind. Franz Joseph amüsiert sich darüber: »Es ist merkwürdig, wie Ihr beide immer die selben medizinischen Experimente unternehmt, Gott lob ohne dabei besonderen Schaden genommen zu haben«, schreibt er der Gattin. Ein anderes Mal stellt er nüchtern fest: »Die Freundin ist verzweifelt, weil sie in den letzten Monaten sechs Kilo zugenommen hat. Sie hat angefangen radzufahren, um abzunehmen, aber bis jetzt war das einzige Resultat ein Sturz, bei dem sie sich den Kopf aufgeschlagen hat.« Die Schratt witzelt über ihre misslungenen Kuren. »Andere Menschen leiden an galoppierender Schwindsucht. Ich leide anscheinend an galoppierender Fettsucht«, schreibt sie dem Kaiser aus Karlsbad.

Elisabeth und Katharina Schratt kommen menschlich einander nach dem Tod des Kronprinzen am nächsten, als ihr die Schratt in ihrem Schmerz seelischen Beistand leistet. In ihrem geheimen Tagebuch kann es sich die Kaiserin freilich nicht verkneifen, über die »arme, dicke Schratt« zu spotten.

DIE BEZIEHUNGEN zwischen dem Kaiser und seiner geliebten Seelenfreundin laufen viele Jahre nach einem Ritual ab. Franz Joseph kommt in den frühen Morgenstunden in die Gloriettegasse, oder, wenn man sich in Ischl trifft, in die Villa Felicitas in der Nähe der Kaiservilla, die er zu Fuß bequem erreichen kann. An beiden Orten steht alles bereit. Eine Kanne Wiener Kaffee, Gebäck, ein Gugelhupf und ein paar Kipferl. Auch eine Zigarre ist in Griffweite, die der Kaiser am Morgen gerne raucht. Und worauf sich Franz Joseph ganz besonders freut: Die leutselige Freundin erzählt ihm auf ihre urwüchsige Art im Badener Dialekt die neuesten Tratschgeschichten, vorwiegend

Schönbrunn den 18. Dezbr 1905.

Theuerste Freundin

Ich habe wirklich Pech da mich gestern früh das entsetzliche Wetter hinderte Sie zu besuchen. Ich muß mich nämlich jetzt vor Verkühlung in acht nehmen, da ich mein Wohlbefinden in der gegenwärtigen schweren Zeit dringend brauche. Heute bin ich wieder den ganzen Tag mit Audienzen, Hohenzollern und Diner in Schönbrunn in Anspruch genommen, aber morgen früh um 8 Uhr werde ich zu Ihnen kommen wenn Sie mir nicht absagen.

Mit der Hoffnung baldigen Wiedersehens Ihr

Franz Joseph

Schönbrunn den 18[n] Dezbr. 1905.

Theuerste Freundin

Ich habe wirklich Pech da mich Gestern Früh das entsetzliche Wetter hinderte Sie zu besuchen. Ich muß mich nemlich jetzt vor Verkühlung in acht nehmen, da ich mein Wohlbefinden in der gegenwärtigen schweren Zeit dringend brauche. Heute bin ich wieder den ganzen Tag mit Audienzen, Hohenzollern und Diner in Schönbrunn in Anspruch genommen, aber Morgen Früh um 8 Uhr werde ich zu Ihnen kommen wenn Sie nur nicht absagen.
Mit der Hoffnung baldigen Wiedersehens Ihr

Franz Joseph

Der Kaiser schrieb Katharina Schratt Hunderte Briefe.

aus dem Burgtheater. Das heitert ihn auf, lässt ihn für kurze Zeit den trüben, aufreibenden Alltag vergessen.

Für die Schratt ist der morgendliche Besuch des Kaisers nicht unbedingt ein reines Vergnügen. Sie hat einen anderen Biorhythmus als der Kaiser. Franz Joseph legt sich um neun Uhr abends ins Bett und wird punkt halb vier Uhr morgens geweckt. Die Theatermenschen ticken anders. Die Schauspielerin kommt nach einem Bühnenauftritt erst spät abends nach Hause und muss dann in aller Früh aus den Federn, um für den Besuch des Kaisers alles vorzubereiten. Sie empfindet es allmählich auch als eine Last, stets unterhaltsam und guter Laune zu sein. Aber wenn man dafür eine jährliche Zuwendung von 30.000 Gulden bekommt, muss man das eben auf sich nehmen.

Katharina Schratt schafft sich natürlich ihre Freiräume, und der Kaiser hält sich nicht immer in Wien auf. Aber wenn er in

Schönbrunn seinen kaiserlichen Pflichten nachkommt, rechnet er fest damit, dass sie ihm zur Verfügung steht.

Katharina Schratt ist wie die Kaiserin ungeheuer reiselustig und sie hat wie Elisabeth auch ihre Extravaganzen. Neben ihren Amouren hat sie auch familiäre Sorgen, eine alte kranke Mutter, um die sie sich rührend kümmert, einen Ehemann, der ihr dauernd auf der Tasche liegt, und Kollegen, die ihr ihre Bühnenerfolge neiden.

Auch wenn sie auf Urlaub ist, ist der Kaiser brieflich immer präsent. Er weiß, wo sie sich aufhält und was sie macht. Und wenn es ihm nicht gefällt, was sie tut, macht er ihr nicht immer nur sanfte Vorwürfe. Das liest sich dann so: »Sie scheinen aber diesmal arg gespielt zu haben und diese Leidenschaft im Zunehmen zu sein. Wenn ich richtig zwischen den Zeilen lese, haben Sie ihr Reisegeld verspielt und werden daher welches pumpen müssen, um die Heimath wieder erreichen zu können …« Er bezahlt dann aber nicht nur die Spielschulden, sondern übernimmt manchmal auch die Kosten für die Rückreise aus Monte Carlo. Als sie einmal eine Ballonfahrt unternimmt, die damals groß in Mode ist, und er davon aus der Tagespresse erfährt, formuliert er etwas heftiger: »Die Ballonfahrt will mir nicht aus dem Kopfe. Seit den nun schon einigen Jahren, daß Sie mich mit Ihrer Freundschaft beglücken, ist es das erste Mal, daß ich auf Sie böse sein könnte, so bin ich nur gekränkt (aber nicht beleidigt). Daß die Luftfahrt ein großer Leichtsinn war, habe ich Ihnen schon gesagt …« Solche Bemerkungen nerven die Schratt natürlich.

DER TOD DER KAISERIN ist auch im Leben der Katharina Schratt eine Zäsur. Bei der Nachricht vom Attentat unterbricht sie sofort ihren Urlaub und eilt in die Hofburg, um dem Kaiser in den schwersten Stunden seines Lebens beizustehen. Franz Joseph dankt es ihr in tiefbewegten Worten.

Mit Elisabeth hat sie ihre Fürsprecherin am Hof verloren. Statt devoter Ergebenheit schlägt ihr jetzt seitens der Hofaristokratie spürbare Antipathie entgegen. Die stärkste Abneigung gegen die Freundschaft mit dem Vater kommt von Marie Valerie. Bereits zehn Tage nach dem Tod der Mutter vertraut sie ihrem Tagebuch an: »Jeden Morgen macht Papa seinen Spaziergang mit der Schratt, die ich auch wiederholt sehen und umarmen musste – nicht von Herzen … Ich will mich jedenfalls passiv verhalten, kann mich in Anbetracht Papas wahrer Freundschaft für sie nicht kalt gegen sie benehmen, fände es unrecht und grausam, Papa diesen Trost zu verbittern.«

Trotz dieser Beteuerung versucht die Erzherzogin, das enge Band zwischen dem Kaiser und der Schauspielerin zu lockern. Ohne ihr ausdrückliches Zutun kommt es dann doch zu ernsten Verstimmungen. Der Kaiser hat zur Erinnerung an seine tote Gemahlin den Elisabeth-Orden gestiftet. Die Schratt hofft, ihn als eine der ersten Frauen verliehen zu bekommen. Der Kaiser aber ist der Meinung, dass er das nicht tun könne. Das würde nur unnötige, bissige Zeitungskommentare zur Folge haben. Die Freundin ist tief beleidigt. Es kommt zu einem heftigen Wortwechsel, bei dem auch der Kaiser seine Selbstbeherrschung verliert. Er entschuldigt sich zwar brieflich dafür, aber die langjährige Beziehung hat einen Riss abbekommen. Weitere kleine Unstimmigkeiten verschlimmern die Spannungen, die in den folgenden eineinhalb Jahren in eine veritable Krise münden.

Katharina Schratt hat seit ihrer Bestellung zur k. k. Hofschauspielerin im Jahr 1887 in zahlreichen Lustspielrollen große, vom Publikum viel bejubelte Erfolge gefeiert. Im Burgtheater gibt es Eifersüchteleien und Intrigen gegen sie, hauptsächlich deshalb, weil sie ihre privilegierte Stellung dazu benützt, auf den Spielplan Einfluss zu nehmen und sich von der Direktion Sonderurlaube gewähren zu lassen. Sie ist dennoch nicht voll zufrieden und spannt den Kaiser für ihre Wünsche und Beschwerden vor den Karren. Franz Joseph leiht ihr, ganz gegen seine Gepflogenheit, sich in Theaterdinge nicht einzumischen, sein Ohr. Das macht natürlich böses Blut.

Mit Paul Schlenther, der 1898 die Direktion des Hofburgtheaters übernimmt, steht sie von allem Anfang an auf Kriegsfuß. Der neue Direktor ist nicht bereit, ihre Sonderstellung zu akzeptieren. Er verweigert ihr Hauptrollen in den damals modernen Stücken von Gerhart Hauptmann, Ibsen, Strindberg und Arthur Schnitzler, die seinen Spielplan dominieren, und räumt ihr in einem erneuerten Vertrag auch keine Vorrechte mehr ein. Katharina Schratt beschwert sich beim Kaiser und drängt ihn, den verhassten Direktor seines Amtes zu entheben. Franz Joseph ist dazu jedoch nicht bereit. Die Schauspielerin reagiert darauf bei einem Gespräch sehr heftig, und auch der Kaiser verliert die Fassung. Die langjährige Beziehung bekommt einen weiteren Riss und bleibt bis zum Hochsommer des Jahres 1900 auf das Höchste gespannt. Der geringste Anlass löst zwischen den Partnern unliebsame Kontroversen aus. Am 29. Juni 1900 gibt Katharina Schratt ihre letzte Vorstellung an der Burg und reist kurz darauf nach Paris ab. Von der französischen Hauptstadt aus informiert sie die Theaterintendanz, dass sie ihren Vertrag per 7. Oktober aufzukündigen beabsichtige. Es ist ihr damit allerdings gar nicht so ernst. Sie möchte den Direktor mit dieser Drohung zwingen, ihr bessere Rollen zu geben. Aber ihre Gegner nützen die sich bietende Gelegenheit, sie loszuwerden. Sie legen die Kündigung dem Kaiser vor, der sie guten Glaubens und ohne mit ihr Rücksprache zu pflegen, unterzeichnet. Die 47-jährige Schauspielerin wird mit Datum vom 1. Oktober 1900 in Pension geschickt. Das Maß ist voll. Die Burgschauspielerin a. D. kündigt nun auch die Beziehung mit dem Kaiser auf.

IN DEN NÄCHSTEN EINEINHALB JAHREN spielt sich zwischen den beiden eine Tragikomödie ab. Die nervlich schwer angeschlagene Schauspielerin macht es wie ihr Vorbild, die Kaiserin. Sie verlässt Wien und unternimmt Reisen. Sie hält sich in Deutschland, Italien und der Schweiz auf, bereist Südamerika, verbringt ein paar Wochen auf den Kanarischen Inseln. Der Papst empfängt sie in Audienz. Der völlig aus der Fassung gebrachte, sie »innigst, ewig und unaussprechlich liebende« Kaiser sendet ihr beschwörende, flehentliche Briefe. »Ich bin namenlos traurig«, schreibt er ihr, »denn der Gedanke, daß ich bei meinem vielen Kummer meinen Trost, diejenige, die mich aufrecht erhaltet, mit der ich Alles besprechen konnte, verlieren soll, ist schrecklich. Früh Morgens beim Aufstehen waren sie immer mein erster Gedanke … Und nun sollte das Alles anders werden, ich soll in meinen Alten Tagen einsam weiter leben. Das können Sie nicht wollen«, gesteht er ihr.

Der Kaiser bemüht sich nach besten Kräften um eine Versöhnung. Vergeblich. Die Schratt ist ein Dickschädel. Erst im Jänner kommt sie für kurze Zeit nach Wien. Es gibt in der Gloriettegasse eine Aussprache, aber die Begegnung verläuft alles andere als harmonisch. Die »Gnädige Frau« ist schwer gekränkt und zeigt sich unversöhnlich.

Im Juni gibt es das nächste Wiedersehen, doch auch diesmal bleibt die erlösende, endgültige Versöhnung aus. Der Kaiser verbringt wie jedes Jahr den Sommer in Ischl, die Schratt reist nach St. Moritz. Franz Joseph am 10. Juli 1901 aus Ischl: »Meine Stimmung ist recht traurig, ich lebe in der Erinnerung an schöne hier verlebte Tage, an welche mich Alles mahnt und meine Gedanken sind viel in der Gloriette Gasse. Meine einzige Erheiterung sind die Kinder, mit denen ich viel beisammen bin und in deren Gesellschaft ich mehr und mehr in das kindische Alter verfalle.« Am zweiten Tag nach seiner Ankunft macht er sich auf den gewohnten Weg zur Villa Felicitas. Den alten Steg über die Ischl gibt es nicht mehr. Der Monarch muss über einige Pfeiler und Bretter steigen, um an das andere Ufer zu gelangen. Auf dem gewöhnlichen Privatweg kommt er bis zum »Gitterthor beim Waldhäusel«. Es steht offen. Er betritt den Garten, »besieht das liebe Haus von Außen« und blickt durch Fenster in die Bauernstube. »Es ist noch Alles so«, schreibt er der Besitzerin, »als wenn Sie dort wohnen würden, in der Veranda hängen noch alle Bilder und sogar die Kukuruzkolben von vorigem Jahr.«

Der Kaiser steht im 71. Lebensjahr und benimmt sich wie ein Jüngling auf Freiersfüßen. Mitte August kehrt die Schratt nach Bad Ischl zurück, und jetzt gibt es endlich die ersehnte Versöhnung. Eine innige Beziehung wird es freilich nicht mehr. Aber der Kaiser ist überglücklich.

Die Schratt spielt wieder Theater, feiert im Theater an der Wien ein umjubeltes Comeback, geht wieder auf Reisen und setzt ihre Kuraufenthalte fort. Franz Joseph sorgt sich in seinen Briefen wieder um ihre Gesundheit und warnt sie vor ihren ausgedehnten Wanderungen, die er als »gefährliche Gebirgstouren« klassifiziert. Er selbst fällt bei einem Besuch Marie Valeries in Wallsee eine Treppe hinunter. Die Rückenschmerzen, die er sich dabei zuzieht, plagen ihn noch lange. »Ich schlafe meistens unruhig«, klagt er, »und mein Rücken (Hexenschuß) will nicht besser werden und thut mir oft recht wehe …« Auch seine »Hämerhoiden« peinigen ihn. Selbst ein Kaiser bleibt von solchen körperlichen Widerwärtigkeiten nicht verschont.

DAS LETZTE JAHRZEHNT im Leben des Kaisers ist angebrochen. Franz Joseph ist müde geworden. Der zeitliche Abstand zwischen den Briefen an die Freundin wird länger.

Katharina Schratt führt ihr verschwenderisches Leben weiter. Ihre Spielleidenschaft ist schon längst zur Sucht geworden. Sie

Franz Joseph und Katharina Schratt
blieben bis in das hohe Alter einander verbunden.

verspielt in Monte Carlo (wieder einmal) riesige Summen und muss wegen eines nervösen Hautausschlages einen Arzt konsultieren. Als sie es dem Kaiser mitteilt, antwortet er mit ironischer Feder: »… Die medizinische Wissenschaft hat durch Ihre Krankheit offenbar eine neue Entdeckung gemacht, denn von einem durch Unglück im Spiele herbeigeführten Ausschlage habe ich noch nie etwas gehört.« Er ersucht sie neuerlich, Monte Carlo zu meiden. Aber jedes Wort ist umsonst. Ihre Monte-Carlo-Krankheit ist unheilbar. Die Rückkehr in die Gloriettegasse ist für ihn dennoch »ein Lichtstrahl in seiner trüben Existenz«. Da sie wahrscheinlich von der »stillen Woche« heimgesucht wird, bittet er sie, ihn im Bett zu erwarten. »Neben demselben sitzend plauscht es sich gemüthlich und es wird so viel zu erzählen geben. Sie werden lieb sein ich werde glücklich sein und so werden wir hoffentlich ein glückliches Wiedersehen feiern.«

Im März 1907 kauft die Schratt mit dem Geld des Kaisers das ehemalige Ringstraßenpalais des Bankiers Moriz Königswarter am Kärntner Ring Nr. 4. Der Kaiser ist bestens informiert: Franz Hawerda, der stellvertretende Direktor der kaiserlichen Familienfonds, hat ihm über den Hauskauf und die Bauangelegenheiten berichtet, und er hofft, dass dieser gemeinsam mit ihrem Finanzberater Eduard Palmer den Kauf mit Eifer betreiben wird.

Im Jahr 1908 wird in der Donaumonarchie mit Ausnahme Böhmens das 60-jährige Regierungsjubiläum Franz Josephs gefeiert. Den Höhepunkt der Feierlichkeiten, die sich über das ganze Jahr erstrecken, stellt der Huldigungszug auf der Ringstraße dar, bei dem 12.000 Abordnungen aus den Kronländern am Kaiser vorbeimarschieren. Der greise Monarch steht drei Stunden lang stramm und aufrecht auf dem Podium. Aber so kräftig und gesund, wie es den Anschein hat, ist Franz Joseph längst nicht mehr. Er wird von einer immer wiederkehrenden

Bronchitis heimgesucht, seine Schritte sind zappelig geworden, die Sehkraft hat stark nachgelassen. Im Mai des gleichen Jahres schreibt er der vertrauten Freundin: »Verzeihen Sie das Gekritzel; ich kann die Feder nicht mehr führen.« Aber er setzt dann seinen Namenszug unter das Handschreiben, in dem er den Staatsoberhäuptern der Großmächte die bevorstehende Annexion Bosniens und der Herzegowina ankündigt.

Im Jahr darauf stirbt Nikolaus Kiss. Katharina Schratt ist ehelich nicht mehr gebunden. Der Kaiser soll nun mit seiner langjährigen Gefährtin in der Andreaskapelle des Erzbischöflichen Palais in Wien eine sogenannte »Gewissensehe« eingegangen sein. Einen schriftlichen Beweis dafür gibt es nicht, da das Trauungsbuch, in das diese Ehen eingetragen wurden, nicht mehr existiert. Die meisten Franz-Joseph-Biographen halten diesen Schritt des Kaisers für im höchsten Maße unwahrscheinlich.

DER KAISER FÜHLT seine Kräfte schwinden. Im Mai 1910 schreibt er an seine liebe, gute Freundin. »Mir geht es auch nicht famos, ich bin oft entsetzlich müde und fühle das hohe Alter täglich mehr.« 1911 plagt ihn während eines Besuches bei Marie Valerie wieder einmal sein Bronchialasthma so stark, dass er das Bett hüten muss. Die Ärzte sind beunruhigt, aber der Kaiser besteht darauf, dass ihm die offiziellen Papiere zur Durchsicht und Unterschrift von einem Kurier nach Wallsee gebracht werden.

Nach Schönbrunn zurückgekehrt, setzt er sein immenses tägliches Arbeitsprogramm fort. Die Öffentlichkeit bekommt ihn jetzt kaum mehr zu Gesicht. Die Sommermonate verbringt er wohl noch in seinem geliebten Ischl, aber den größten Teil des Jahres sitzt er in Schönbrunn über Akten gebeugt, die er nur noch mühsam lesen kann. Katharina besucht ihn täglich, wenn sie in Wien ist, geht mit ihm an schönen Tagen im Park spazieren und hilft ihm bei Schlechtwetter bei der Aktenarbeit.

Die unerfreulichen politischen Vorgänge in den einzelnen Teilen seines großen Herrschaftsgebietes und in der weiten Welt dringen wie ferne Botschaften an sein Ohr. Seine Minister und Ratgeber übermitteln ihm nur die wichtigsten Informationen, schirmen ihn weitgehend von der Außenwelt ab. Die getroffenen Entscheidungen werden von ihm als letzte Instanz nur noch sanktioniert oder abgelehnt.

Nach der Ermordung Erzherzog Franz Ferdinands, des ungeliebten Thronfolgers, am 28. Juni 1914 in Sarajewo, arbeitet die Kriegspartei mit dem Generalstabschef Conrad von Hötzendorf an der Spitze auf eine militärische Auseinandersetzung mit dem Königreich Serbien hin. Serbien ist der verhassteste Gegner der k. u. k. Doppelmonarchie auf dem Balkan. »Serbien muss sterbien«, ist die Parole.

Franz Joseph wehrt sich. Er will keinen Krieg. Unterstützt wird er dabei vom Grafen Koloman Tisza, dem Ministerpräsidenten der ungarischen Reichshälfte. Einen Monat später ist sein Widerstand gebrochen. Am 28. Juli unterschreibt er in Bad Ischl die Kriegserklärung Österreich-Ungarns an Serbien. In der gesamten Monarchie wird sein Kriegsmanifest veröffentlicht, das mit den Sätzen endet: »Ich habe alles geprüft und erwogen. Mit ruhigem Gewissen betrete ich den Weg, den die Pflicht mir weist.« Der Text stammt nicht von ihm. Und natürlich hat er auch nicht alles geprüft und erwogen. Das wäre ihm unter den gegebenen Umständen gar nicht möglich gewesen.

Am Abend dieses schicksalhaften Tages sieht Katharina Schratt von der Veranda ihrer Villa Felicitas aus, wie der greise Monarch gebeugt und zögernden Schrittes die Brücke überquert, die zur Villa führt. Sie ahnt, dass die Würfel endgültig gefallen sind. »Ich habe mein Möglichstes getan«, soll der Kaiser dann ihr gegenüber geäußert haben, »aber dies ist das Ende.«

Kaiser Franz Joseph hat sehr oft nicht das Richtige getan und nicht immer Recht behalten. Aber in diesem Fall haben die historischen Ereignisse der nächsten vier Jahre seine prophetischen Worte bestätigt. Mit der Ausrufung der Republik am 12. November 1918 ist die jahrhundertelange Herrschaft des Hauses Habsburg-Lothringen besiegelt. Von der Rampe des Parlamentsgebäudes in Wien aus wird unter tumultuösen Umständen die Republik Deutsch-Österreich ausgerufen. Auch das noch zu erleben, ist Franz Joseph erspart geblieben.

DER KRIEG MIT SERBIEN ist zum Weltenbrand entflammt. Auf den Schlachtfeldern Europas müssen Tausende Soldaten tagtäglich das wahnwitzige Großmachtstreben der wirtschaftlichen und politischen Machteliten mit dem Leben bezahlen. Dem alten Kaiser in Schönbrunn werden die Erfolge und Niederlagen seiner Armeen und die wichtigsten politischen Ereignisse in Stößen von Akten übermittelt, die auf seinem Schreibtisch landen. Aber er hat nicht mehr die Kraft, sie alle durchzulesen. Über die Not und das Elend der Menschen in Wien, die Engpässe in der Lebensmittel- und Brennstoffversorgung setzt ihn Katharina Schratt in Kenntnis, die in Hietzing ein Lazarett für Offiziere eingerichtet hat.

Anfang November 1916 wird Franz Joseph wieder von einer hartnäckigen Bronchitis mit schweren Hustenanfällen heimgesucht. Fieberschübe gesellen sich dazu. Der Zustand des Patienten gibt Anlass zu größter Besorgnis. Der Leibarzt rät dem Kaiser dringend, seine Arbeit einzuschränken. Franz Joseph schlägt den ärztlichen Ratschlag in den Wind. Am 16. November empfängt er den Besuch seiner Lieblingsenkelin Elisabeth Marie. Drei Tage später, am Namenstag der Kaiserin, kommt, wie in den vielen Jahren zuvor, die geliebte alte Freundin. Franz Joseph ist kaum noch zu einem Gespräch fähig. Als sie das Arbeitszimmer an diesem trüben Herbsttag verlässt, weiß sie, dass sie den

Kaiser nicht mehr lebend wiedersehen wird. Franz Josephs Leben geht zu Ende.

Am 21. November versammeln sich die engsten Familienangehörigen am Bett des Todkranken: Marie Valerie, Elisabeth Marie, Erzherzog Karl, der Großneffe des Kaisers, der dessen Nachfolge antreten wird, und seine Gemahlin Zita von Bourbon-Parma. Um halb neun Uhr abends spendet der Hofkaplan dem Sterbenden die Letzte Ölung. 35 Minuten später ist der Kaiser tot. Kurz darauf klingelt in der Gloriettegasse das Telefon. Obersthofmeister Alfred Fürst Montenuovo teilt Katharina Schratt den Tod des Monarchen mit und ersucht sie, auf Wunsch Seiner Majestät in das Schloss zu kommen. Im Vorraum des Sterbezimmers reicht ihr der junge Kaiser seinen Arm und geleitet sie zum Totenbett. Katharina Schratt verneigt sich ehrfürchtig, verrichtet ein stilles Gebet, geht auf den Verstorbenen zu und legt zwei weiße Rosen in seine gefalteten Hände. Dann verlässt sie tief gebeugt den Raum.

Dem Begräbnis des Kaisers darf sie nicht beiwohnen. Das Hofzeremoniell schließt das kategorisch aus.

Die langjährige Gefährtin und Vertraute des habsburgischen Langzeitkaisers hat ihre Rolle, die wohl bedeutendste in ihrem abwechslungsreichen Leben, ausgespielt.

Nachklänge

MIT DEM TOD DES KAISERS entschwindet Katharina Schratt mehr und mehr aus dem Blickfeld der Öffentlichkeit. Bühnenauftritte hat sie längst keine mehr. Lediglich im Jahr 1922 hält sie ein paar Lesungen zugunsten wohltätiger Organisationen. Sie geht nur noch selten auf Reisen, die Kuraufenthalte schränkt sie ein. Ihre finanzielle Situation ist keineswegs rosig. Sie hat keinen reichen Gönner mehr, nur Zar Ferdinand von Bulgarien, der nach seiner Abdankung in Coburg Zuflucht gefunden hat, stellt sich ab und zu mit Geschenken bei ihr ein.

Die Nachkriegszeit ist angebrochen. Die Menschen hungern, leben von der Hand in den Mund, frieren in ihren Wohnungen. Die Inflation steigt von Tag zu Tag und erklettert astronomische Höhen. Auch die Schratt bekommt die Notlage zu spüren, sie ist jedoch weniger stark betroffen davon als die Mehrheit der Bürger. Sie kann immerhin ihren Schmuck verkaufen, der in ihrer Acht-Zimmer-Wohnung im ersten Stock ihres Stadtpalais randvoll zahlreiche Vitrinen, Schränke und Truhen füllt. Schweren Herzens trennt sie sich davon. Denn jedes Stück weckt wehmütige Erinnerungen.

Natürlich könnte sie diese Erinnerungen auch zu Geld machen. Die Journalisten bestürmen sie um Interviews, man will ihr Leben verfilmen. Ein amerikanischer Verleger bietet ihr Unsummen für ihre Memoiren. Aber Katharina Schratt schweigt eisern. »I hab schon viel gewusst«, sagt sie zu einem befreundeten Theatermann, »aber niemand wird je etwas von mir erfahren. Man macht nicht seine Vergangenheit und sein begrabenes Glück zu Geld.«

Die Schratt lebt sehr zurückgezogen. Nur gelegentlich empfängt sie Gäste. Dann hält sie auf Zeremoniell, lässt von ihrem Hauspersonal, von dem sie sich nicht trennt, wie bei Hof eine Speisenfolge nach der anderen servieren. Die Konversation wird in französischer Sprache abgewickelt. Auch im engsten Familienkreis trifft man sich. Der Sohn, seine Frau und eine Nichte wohnen bei ihr, andere Familienmitglieder stoßen dann dazu. Völlig von der Öffentlichkeit abgeschirmt lebt sie nicht. Gelegentlich besucht sie eine Vorstellung im Burgtheater, fährt nach Salzburg zu den Festspielen. In gewissen Zeitabständen sucht sie die Kapuzinergruft auf und verrichtet vor den Särgen des Kaiserpaares ein Gebet. Wenn sie sich auf der Straße zeigt, schlägt ihr immer noch Sympathie entgegen.

Zu ihrem fixen Tagesprogramm gehört der Besuch der Frühmesse, turnusweise in einer der sieben Kirchen, die sie dafür auserkoren hat.

Die »gnädige Frau« ist wohltätig. Sie hat ein großes Herz für arme Menschen. Dies spricht sich in Bettlerkreisen herum. Jeden Morgen warten bei jeder der Kirchen ein paar von ihnen, und sie werden beschenkt. Nicht nur mit Geld, sondern auch mit Brötchen und Kuchen. Katharina Schratt ist aber auch eine warmherzige Tierliebhaberin. Sie beherbergt herrenlose Hunde und unterstützt großzügig den Tierschutzverein.

Zuhause ist die alte Dame hauptsächlich mit dem Legen von Puzzles in allen Größenordnungen beschäftigt, einem Hobby, dem sie stundenlang frönt. Die im hohen Alter zuweilen mürrische und eigenwillige Frau lebt in ihrer eigenen Welt. Als im März 1938 entfesselte Menschenmassen auf der Ringstraße dem Führer und Reichskanzler Adolf Hitler zujubeln, zieht sie ostentativ die Rollläden ihrer Fenster herunter. Beim Weihnachtsfest 1939, einem Anlass, zu dem sie immer zahlreiche Menschen mit Geschenken überhäuft hat, ist sie schon sehr krank. Von ihrem

Sohn und der Schwiegertochter aufopfernd betreut, hört ihr großes Herz am 17. April 1940 auf zu schlagen.

BEI SEINEN BEIDEN TÖCHTERN und ihren Familien hat der Kaiser nach dem Tod Elisabeths fast jedes Jahr die Oster- und Weihnachtsfeiertage zugebracht, sie haben ihn in Ischl und Schönbrunn oft besucht. Jetzt treten sie ein reiches Erbe an. Der Papa hat sie in seinem Testament jeweils mit einem Drittel seines Vermögens bedacht, das dritte Drittel geht an seine Lieblingsenkelin Elisabeth Marie.

Die fromme Marie Valerie hat zehn Kindern das Leben geschenkt. Trotzdem scheint die Ehe nicht ganz ihren christlichen Vorstellungen entsprochen zu haben. Der Ehemann dürfte auf Abwege geraten sein. Die ausgesprochen wohltätige Erzherzogin überlebt den Vater nur um acht Jahre. Sie stirbt 56-jährig im Kreis der Familie an Lymphdrüsenkrebs.

Ihre Schwester führt in München ein gastfreundliches Haus. Gisela hat das Wesen des Vaters geerbt. Sie ist bescheiden und hat für Prunk absolut nichts übrig. Gisela hat ein großes Herz für arme Menschen, denen sie in ihrer Notlage seelischen Trost und materielle Hilfe angedeihen lässt. Die Kaisertochter ist volksverbunden, die Leute mögen sie.

Mit den geänderten politischen Verhältnissen nach dem Ende des Ersten Weltkrieges kommt sie gut zurecht. Sie nimmt sogar an der ersten demokratischen Wahl zur deutschen Nationalversammlung im Jänner 1919 teil. Dann muss sie mit ihrem Gemahl und ihrem Sohn vor der »roten« Revolution vorübergehend aus München fliehen. Nach der Rückkehr in das Palais in der Leopoldgasse lebt das Ehepaar, das im April 1923 die goldene Hochzeit feiert, aber sich im Laufe der Jahre auseinandergelebt hat, sehr zurückgezogen. Die Inflation hat das Vermögen aufgefressen, es gibt keine großen Empfänge mehr, es sind nur mehr ein paar Bedienstete im Haus. Die Einkäufe und Besorgungen macht die Hausherrin selber. Am 18. September 1930 stirbt der Ehemann, zwei Jahre später, am 27. Juli 1932, scheidet sie nach einem schweren Schlaganfall aus dem Leben.

VOM LIEBESVERHÄLTNIS Anna Nahowskis mit ihrem Vater haben die beiden Töchter nie etwas erfahren. Die langjährige Geliebte des Kaisers erleidet im Alter von 37 Jahren einen Monat vor der Entbindung eine Fehlgeburt, die ihr psychisch schwer zu schaffen macht. Der Ehemann betrügt sie und entwickelt sich zum Haustyrannen. Er ist eigensinnig, launisch und rechthaberisch, kümmert sich nicht um die Familie und überlässt die Erziehung der Kinder ganz ihr. Der Sohn bereitet der liebevollen Mutter große Sorgen. Er ist geisteskrank, wird entmündigt und verbringt viele Jahre in Nervenheilanstalten.

Das facettenreiche Leben der willensstarken Frau geht fünf Jahre nach dem Tod ihres Mannes am 23. März 1931 zu Ende. Ihr Leichnam wird auf dem Hietzinger Friedhof, nicht weit von ihrer Villa entfernt, beigesetzt.

TURBULENT VERLÄUFT DAS LEBEN der Kronprinzentochter Elisabeth Marie. Nach dem Tod des Kaisers wird der Ehestreit mit schonungsloser Rücksichtslosigkeit fortgesetzt. In diesem erbitterten Rosenkrieg geht es in erster Linie um das Bleibe- und Besuchsrecht der Kinder, das beide Elternteile für sich beanspruchen. Nach einem langen juristischen Hickhack ordnet ein Richter schließlich an, dass die Kinder, die sich bei der Mutter auf Schloss Schönau befinden, an den Vater übergeben werden sollen, nötigenfalls gefesselt und gebunden. Elisabeth Marie hat das rebellische Blut ihres Vaters geerbt. Sie kämpft wie eine Löwin um ihre Rechte als Mutter und wird dabei von den Arbeitern aus Schönau und Umgebung unterstützt. Der richterliche

Die Kronprinzentochter mit ihrem zweiten Ehemann Leopold Petznek, mit dem sie eine glückliche Ehe führte.

Exekutionsbeschluss kann nicht ausgeführt werden, die Kinder verbleiben bei der Mutter. Im März 1924 wird das Fürstenpaar von »Tisch und Bett« geschieden.

Für Elisabeth Windisch-Graetz beginnt ein neuer Lebensabschnitt. Die liberal gesinnte Fürstin hat sich geistig längst von ihrer hochadeligen Herkunft emanzipiert. Ihre politischen Sympathien gehören der Sozialdemokratie. In der Zeit ihrer größten Bedrängnis kreuzt sich ihr Lebensweg bei einer sozialdemokratischen Wählerversammlung mit jenem des sozialdemokratischen Lehrers und Abgeordneten zum niederösterreichischen Landtag Leopold Petznek. Aus dem durch die Zeitumstände geborenen Kontakt wird eine Bekanntschaft, die in eine lebenslange Verbindung mündet.

Die Tochter des habsburgischen Kronprinzen begleitet ihren Gefährten, der einer kleinbäuerlichen Familie entstammt, zu Wahlveranstaltungen, betätigt sich bei den roten Kinderfreunden, in der sozialdemokratischen Frauenbewegung und beteiligt sich an den Feiern zum 1. Mai. Sie macht dann auch den letzten Schritt: Sie wird Mitglied der Sozialdemokratischen Arbeiterpartei.

Im Jahr 1930 verkauft die »rote Erzherzogin« die Gutsherrschaft Schönau und erwirbt eine geräumige Biedermeiervilla mit einer dazu gehörenden Liegenschaft von 27.000 Quadratmetern am westlichen Stadtrand von Wien, die sie kostbarst ausstattet und von oben bis unten mit Kunstschätzen aller Art füllt.

Ihren aristokratischen Lebensstil führt sie weiter. Im Palais in der Linzer Straße Nr. 452 geht es wie ehemals am Kaiserhof zu. Die Fürstin legt im Stil ihres Großvaters Wert auf Pünktlichkeit, erteilt Befehle, ordnet an und behandelt ihre Dienerschaft nicht eben mit Glacéhandschuhen. Der vornehm gesinnte Lebensgefährte, ein feiner, kultivierter Mann, ein Grandseigneur vom Scheitel bis zur Sohle, lässt sie schalten und walten.

Elisabeth Petznek, geborene Habsburg-Lothringen, verbrachte ihre letzten Lebensjahre gichtgeplagt im Rollstuhl.

Im Februar 1934 wird der Sozialdemokrat inhaftiert und erst nach fünf Monaten wieder entlassen. Zehn Jahre später schlagen die politischen Machthaber noch härter zu. Im August 1944 wird Leopold Petznek von der Gestapo verhaftet und in das KZ Dachau verbracht. Krank und seelisch gebrochen, kehrt er bei Kriegsende in die Linzer Straße zurück. Die Villa ist unterdessen von den Russen heimgesucht und von der französischen Besatzungsmacht beschlagnahmt worden. Elisabeth und Leopold Petznek, die 1952 standesamtlich heiraten, müssen in ein Ersatzquartier in der Nähe ausweichen und ein Jahrzehnt lang in zwei kleinen, nassen Räumen ihr Leben fristen. Dann erst darf das alte Ehepaar in sein Besitztum zurückkehren. Im Jahr 1956 stirbt

Das Grab der Kronprinzentochter auf dem Hütteldorfer Friedhof.

Leopold Petznek. Die gichtgeplagte Kaiserenkelin kapselt sich, an den Rollstuhl gebunden, von der Außenwelt völlig ab.

Zwei Jahre vor ihrem Tod, am 16. März 1963, erleidet sie einen schweren Schlaganfall. Beidseitig gelähmt ist sie, von Krankenschwestern betreut und von ihren geliebten Schäferhunden bewacht, an das Bett gefesselt. Sie wird am Hütteldorfer Friedhof begraben. Der Grabstein trägt keinen Namen.

Elisabeth Marie hat in ihrem Leben viel durchgesetzt. Aber ihre Lebensspuren ganz zu verwischen, wie sie es sich vorgestellt hat, ist dieser starken, eigenwilligen Frau nicht gelungen.

Anhang

Gedruckte Quellen

CERNY, HEIMO (Hg.): Die Jugend-Tagebücher Franz Josephs (1843–1848). Wien 2003

HAMANN, BRIGITTE (Hg.): »Fast jede Nacht träume ich von Ihnen.« Die Briefe Kaiser Franz Josephs an Katharina Schratt. München 2011

HAMANN, BRIGITTE (Hg.): Kaiserin Elisabeth. Das poetische Tagebuch. Wien 1995

HEYDEN-RYNSCH, VERENA V. (Hg.): Tagebuchblätter von Constantin Christomanos. München 1983

KETTERL, EUGEN: Der alte Kaiser. Wie nur einer ihn sah. Wien–München–Zürich 1980

KÖRNER, HANS MICHAEL UND INGRID (Hg.): Leopold Prinz von Bayern 1846–1930. Aus den Lebenserinnerungen. Regensburg 1983

NOSTIZ-RIENECK, GEORG (Hg.): Briefe Kaiser Franz Josephs an Kaiserin Elisabeth. Band I und II. Wien–München 1966

PRASCHL-BICHLER, GABRIELE (Hg.): Kaiserliche Kindheit. Aus dem aufgefundenen Tagebuch Carl Ludwigs, eines Bruders von Kaiser Franz Joseph. Wien–München 1997

SAATHEN, FRIEDRICH (Hg.): Anna Nahowski und Kaiser Franz Joseph. Aufzeichnungen. Graz–Wien 1986

SCHAD, MARTHA UND HORST (Hg.): Marie Valerie. Das Tagebuch der Lieblingstochter von Kaiserin Elisabeth von Österreich. München 2006

SCHNÜRER, FRANZ (Hg.): Briefe Kaiser Franz Josephs I. an seine Mutter. München 1930

SÉGUR-CABANAC, FRANZ MARCEL VON: Journal 1771–1847. Briefe an seine Gemahlin Fanny

STURMFEDER, M. L. W. VON: Die Kindheit unseres Kaisers. Wien 1910

SZTÁRAY, GRÄFIN IRMA: Aus den letzten Jahren der Kaiserin Elisabeth. Wien 2004

WALLERSEE, MARIE FREIIN V.: Meine Vergangenheit. Berlin 1913

WEISSENSTEINER, FRIEDRICH (Hg.): Lieber Rudolf. Briefe von Kaiser Franz Joseph und Elisabeth an ihren Sohn. Wien 1991

Die Briefe Erzherzogin Sophies an ihre Mutter wurden zitiert nach Gerd Holler (siehe Literaturauswahl)

Briefe des Grafen Hans Wilczek an Katharina Schratt: http//www. bda.at/text 136/9o8/15602; Kurier, 14. u.15. November 2010

Viktor Kutschera und Katharina Schratt: Kurier, 6. Mai 2012

Literaturauswahl

Berg, Erich Alban (Hg.): Der unverbesserliche Romantiker. Alban Berg. Wien 1985

Bled, Jean-Paul: Franz Joseph. »Der letzte Monarch der alten Schule«. Wien–Köln–Graz 1988

Corti, Egon Caesar Conte; Sokol, Hans: Kaiser Franz Joseph. Graz–Wien–Köln 1960

Exner, Lisbeth: Elisabeth von Österreich. Reinbek 2004

Fabel, Renate: Der kleine Adler. Napoleons Sohn. Wien 2011

Fischer, Lisa: Schattenwürfe in die Zukunft. Kaiserin Elisabeth und die Frauen ihrer Zeit. Wien–Köln–Weimar 1998

Hamann, Brigitte: Kaiserin wider Willen. München 1982

Haslip, Joan: Die Freundin des Kaisers. München 1991

Herre, Franz: Kaiser Franz Joseph von Österreich. Sein Leben – seine Zeit. Köln 1978

Holler, Gerd: Sophie. Die heimliche Kaiserin. Mutter Franz Josephs I. Wien–München 1983

Holler, Gerd: Gerechtigkeit für Ferdinand. Österreichs gütiger Kaiser. Wien–München 1986

Knaus, Herwig: Anna Nahowski und Kaiser Franz Josef. Ihr Leben – ihre Liebe – ihre Kinder. Wien 2012

Markus, Georg: Katharina Schratt. Die heimliche Frau des Kaisers. Wien–München 2004

Palmer, Alan: Franz Joseph I. Kaiser von Österreich und König von Ungarn. München 1994

Praschl-Bichler, Gabriele: Kaiserin Elisabeth. Mythos und Wahrheit. Wien 1996

Schad, Martha: Kaiserin Elisabeth und ihre Töchter. München 2003

Schiel, Irmgard: Stephanie. Wien 1978

Sokop, Brigitte: Jene Gräfin Larisch. Wien–Köln–Graz 1985

Stephanie von Belgien: Ich sollte Kaiserin werden. Leipzig 1935

Thiele, Johannes: Elisabeth. Das Buch ihres Lebens. München 1996

Tschuppik, Karl: Elisabeth. Kaiserin von Österreich. Prag 2009

Unterreiner, Katrin: Sisi. Mythos und Wahrheit. Wien 2005

Unterreiner, Katrin: Kaiser Franz Joseph 1830–1916. Mythos und Wahrheit. Wien 2006

Weissensteiner, Friedrich: Die rote Erzherzogin. München 2011

Windisch-Graetz, Ghislaine: Kaiseradler und rote Nelke. Wien–München 1988

Personenregister

Bildnachweis

Schutzumschlag: Kaiser Franz Joseph I. in seinem Arbeitszimmer, um 1910 (IMAGNO/Österreichisches Volkshochschularchiv); Porträts von oben nach unten: Katharina Schratt, um 1880 (IMAGNO/ÖNB); Kaiserin Elisabeth von Österreich, 1866 (IMAGNO/ÖNB); Anna Nahowski, um 1885 (IMAGNO/ÖNB)

IMAGNO/ÖNB (Seite 17, 41, 60, 90, 115, 130, 160, 177, 181, 186, 218), IMAGNO (32, 58, 215, 235), Österreichisches Staatsarchiv/Abteilung Haus-, Hof- und Staatsarchiv (103), Verlag Erwin Meixner (189), Archiv des Autors, Archiv des Amalthea Verlages

Der Verlag hat alle Rechte abgeklärt. Konnten in einzelnen Fällen die Rechteinhaber der reproduzierten Bilder nicht ausfindig gemacht werden, bitten wir Sie, dem Verlag bestehende Ansprüche zu melden.